女ぎらい

ニッポンのミソジニー

上野千鶴子

朝日文庫

本書は、二〇一〇年十月に紀伊國屋書店より刊行されたものです。

なお、「諸君！　晩節を汚さないように」はWEBRONZAの連載、「こじらせ女子のミソジニー」は文庫解説として執筆。共に文庫化にあたり加筆のうえあらたに収録しました。

本文中の年齢・肩書等は単行本刊行時のものです。

女ぎらい——ニッポンのミソジニー ● 目次

女ぎらい

ニッポンのミソジニー

1　「女好きの男」のミソジニー

ミソジニーとは何か

ミソジニー。「女性嫌悪」と訳される。「女ぎらい」とも。ミソジニーの男には、女好きが多い。「女ぎらい」なのに「女好き」とはふしぎに聞こえるかもしれない。それならミソジニーにはもっとわかりやすい訳語がある。「女性蔑視」である。女を性欲の道具としか見なさないから、どんな女にもハダカやミニスカなどという「女という記号」だけで反応できる。おどろくべき「パブロフの犬」ぶりだが、このメカニズムが男に備わっていなければ、セックス産業は成り立たない。

性別二元制のジェンダー秩序に深くふかく埋めこまれた核が、ミソジニーだ。このシステムのもとで男になり女になる者のなかで、ミソジニーから逃れられる者はいない。それはシステムのなかに重力のように瀰漫《びまん》しており、あまりにも自明であるために意識することすらできないほどだ。

だが、ミソジニーは男女にとって非対称に働く。男にとっては「女性蔑視」、女にとっては「自己嫌悪」。もっと卑近な言い方で言いかえよう。これまでの一生で男のうちで、「女でなくてよかった」と胸をなでおろさなかった者はいるだろうか。女のうちで、「女に生まれてソンをした」と一度でも思わなかった者はいるだろうか。

女好きの男が女ぎらい《ミソジニー》だと言えば、矛盾して聞こえるかもしれない。ミソジニーという英語は訳しにくい。ミソジニーの代わりに、女性憎悪《ウーマン・ヘイティング》ということばもあるが、もし女好きの男がウーマン・ヘイティングだと言えば、読者はもっと面食らうだろう。「性豪」と呼ばれる男性を思い起こせばよい。かれらは「モノにした」女の数を誇るが、逆に言えば女と言えばだれにでも発情するほど、あるいは女体や女性器に、あるいは女性性の記号やパーツに自動反応するほど、条件づけされた「パブロフの犬」であることを告白しているも同然だろう。かれらが反応しているのは、女ではなく、実のところ、女性性の記号なのだ。でなければどんな女でも「女というカテゴリー」のなかに溶かしこんでしまえるわけがない。

男性の自己省察の学問である男性学の成果のひとつ、森岡正博の『感じない男』〔2005〕には、「男はなぜミニスカに欲情するのか」、いや「自分という男はなぜミニスカに欲情するのか」という自問自答がある。ミニスカという記号に、それを身につけているのが女性であるか男性であるかを問わず（実は男性であることを知っていたにもかかわらず）反応してしまったフェティッシュな自分の欲望について、正直に告白する。フェティシズムとは換喩《かんゆ》的な関係によって、欲望の対象が置きかえられる記号的な操作のことを言う。男の欲望は断片化《パーツ》された女の記号にたやすく反応してしまえるほど、自動機械のようなフェティシズムを身体化しているように見える。誤解を避けるために付け加えれば、フェティシズムとは、動物的なものではなく、高度に文化的なものだ。「パブロフの犬」でさえ、お約束を「学習」した結果なのだから。

吉行淳之介と永井荷風

女好きのミソジニーの男、というとき、わたしの脳裏に苦い思いで浮かぶのは、吉行淳之介である。吉行は文壇の色男として知られていた。モテた、と言われるが、かれの描く世界は、娼婦やくろうと女の世界だ。かれの芥川賞受賞の出世作、『驟雨《しゅうう》』は、永井荷風の『濹東綺譚《ぼくとうきだん》』を意識していると言われる。荷風も商売女の世界を描いた。女好きのミソジニーの男に共通するのは、娼婦好きということだ。娼婦が好きとは、娼婦を人間として愛するということではない。カネで買った女を自由にもてあそび、ときには本人の自制に反してまでみずからすすんで従わせることが好き、という意味である。荷風作とされる『四畳半襖の下張』[*1]〔1972〕は、身を売った女に快楽で我を忘れさせるという、遊客の「通」の文化、究極の男性支配を言語的に遂行したテキストである。

奥本大三郎〔1981: 162〕は、吉行を「まぎれもなく女性嫌悪思想の系譜に連なる作家である」と書く。「しかし、女性嫌悪思想の持ち主というのは、どうしても女に無関心でいられないのが、その弱点なのである」とかれは付け加える。そして吉行に女性の読者が増えていることをさして、「何だか猟師の鉄砲に小鳥が止まったような具合である」と揶揄《やゆ》する。

奥本は女好きの男のミソジニーをずばり指摘するが、その謎を解くなら、男性として性的主体化をとげるためには女という他者に依存しなければならないという背理に、かれらが敏感だからだ、と言うべきだろうか。べつの言い方をすれば、自分を性的に男だと証明しなければならないそのたびに、女というおぞましい、汚らわしい、理解を超えた生きものにその欲望の充足を依存せざるをえないことに対する、男の怨嗟《えんさ》と怒り——が女性嫌悪である、と。

男は内心どこかで、女なしでやっていきたい、と思っているにちがいない。だからこそ、少年愛を賞揚した古代ギリシャ人の女性嫌悪のほうが、異性愛の近代人より徹底していると言えるだろう。男性性を美化する同性愛者にわたしが感じる不信感は、ここに由来している。

今から約二〇年前、富岡多恵子、小倉千加子と共著で『男流文学論』〔1992〕を出したとき、その冒頭に吉行淳之介を持ってきたのは、わたしがかれに恨みつらみを持っていたからである。べつに吉行に個人的にセクハラを受けたというわけではない。当時吉行の読者であった同世代の男たちから、セクハラまがいの発言を受け、それを甘受しなければならなかったからだ。かれらはこう言った。

「吉行を読めよ。女がわかるから」

なかには、「女が何か知りたくて、吉行を読んでいます」という女さえいた。他の女がベッドでどうふるまうかは、男に訊かない限り女にはわからない。女性経験の多い男になら教えてもらえるだろう——だが、そこに描かれているのがリアルな女ではなく、女に対する男の妄想であることに気がつくのは後になってからのことなのだが。とはいえ、男の「妄想」の共演者になることを、吉行の著作から「智恵」として学んだ女もいることだろう。

吉行は文壇では「女の通」ということになっていた、たんにセックスした女の数と回数が多く、その経験を小説の主題にしているというだけで。性の相手が多いことは、それだけでは自慢にはならない。とりわけ相手がくろうと女性の場合には、それは性力の誇示ではなく、権力や金力の誇示にすぎない。作家吉行エイスケと、美容家として成功した吉行あぐりの息子として生まれた淳之介は、カネに困らないぼんぼんだっただろう。

権力、富、威信に女はかんたんになびく。吉行が銀座のバーでモテたのは、カネばなれがよいだけでなく、「ボク、作家の吉行です」と自己紹介したからこそだろう。その点では、昨今の流行作家、渡辺淳一センセイと変わらない。荷風のように身分を隠して女のもとへ通い、女あしらいがうまいからモテた、という話は聞かない。

吉行には妻がいたが、それとはべつに、有名な女優と夫婦同然の暮らしをしていた。死後、自分が『暗室』の女でした、と名のりでた女性がいたことで、そのほかにも晩年囲っていた女がいたことが発覚した。小説『暗室』は、ほとんど私小説というべきだろう。女優の愛人は経済力を持っていたが、もうひとりの愛人は、月々の手当を受けて吉行に経済的に依存していた。『暗室』のなかで完結した関係なら、沈黙のなかに封じこめておけばよいものを、「あの吉行の女」だったという彼女の自尊心は、名のりでなければ満たされなかったのだろう。彼女は吉行の死後、かれとの『暗室』の暮らしを、くりかえし本に書きつづけている〔大塚（英子）1995; 1998; 2004〕。

今では有名人になっているあるお笑いタレントが、かつて週刊誌に書いたエッセイが忘れられない。かれは自分が落ちこんだり自信喪失したりすると、手帳の上から順に、かたっぱしから女に電話をかけ、「オレはタレントの某だ、くどいている暇はない、何分以内にオレのところへ来てくれ」と頼むのだ、という。そうやってそのうちのどの女かが、実際にかれのもとへやってくると、それでようやく「オレはまだまだイケル」と安心するのだとか。それを読んでわたしはその男のあまりの正直さに胸を衝かれ、人気商売の男のアイデンティティの脆弱《ぜいじゃく》さを知らされた。声をかけられた女は、有名人ブランドに反応しているのであって、その男の人格や肉体に反応しているわけではない。「あの有名人」がわたしに声をかけてきた、からやってくる女は、タレントからベッド・メイトのお声がかかるのを待っているグルーピーと変わらない。声をかける男にとって女が取り替え可能なように、女のほうにしても相手は人格であるより記号である。それを百も承知で、それでもやってくる女がいると癒される——のは、名声や権力という自分の記号の効果を確かめたいからにほかならない。男のセクシュアリティの疎外はここまで深いのか——と感じたことを覚えている。

吉行の『砂の上の植物群』〔1967, 1985〕に、さえないサラリーマンの主人公が行き詰まって娼婦を訪れ、「憤怒に似た感情」を相手にぶつけるシーンが出てくる。いや、逆だ。「憤怒に似た感情」を抱いたときに、それをぶつける便利な相手として娼婦がいる。しかも吉行にとって女は、それに抗するどころか、どこまでも受けいれ、やがてそれを自分の快楽にさえ変えてしまうつごうのよい存在だ。自分の怒りや鬱屈のゴミ捨て場として求めた女が、それをみずから求めて享受すらしてくれれば、男は罪の意識を感じずにすむ。そして相手の女が「苦痛の替りに歓喜の声をあげ」たときに、「なんてこった、女は化け物だ」と、女は未知の領域へと放逐され、二重に他者化される。

実話かどうかはわからない。客が娼婦の快楽に頓着するとは考えられないし（そもそも娼婦を買うのは、相手の反応に配慮する必要がないからこそではないか）、女がほんとうに快楽を感じたのかどうかは、本人に聞いてみるまでわからない。もしかしたらそういう女が現実にいたのかもしれないし、もしそうでなくても「歓喜の声をあげる」ぐらいは、女にとってお手のものだ。リブ以後の記念碑的な女性のセックス・レポート『ハイト・リポート――新しい女性の愛と性の証言』〔Hite 1976=1977〕にならって、日本で刊行された『モア・リポート』の改訂版『モア・リポートＮＯＷ』〔モア編集部編 1990〕によれば、六割以上の女が「オーガズムのふりをしたことがある」と答え、そのうち七割以上が、「相手はそれに気がついていない」と確信している。ときには「女のいくフリを見抜くことができる」と豪語する男もいるが、どちらも確かめようのないキツネとタヌキの化かしあいだ。

だが反俗を気取った「性の探求」小説は、おどろくほど通俗的なポルノの定石どおりに展開する。ポルノの鉄則は、女が誘惑者であること、そして最後は女が快楽に支配されることだ。「だって、彼女が誘ったんだもん、ボクちゃん、悪くないもん」と、男の欲望を免責する、あまりにわかりやすいしかけである。いやがる女を無理に押し倒し、というレイプものでも、最後は女の快楽で終わる。「だって結局、キミもよかったんでしょう？」と言わんばかりに。まるで女性器は、どんな苦痛や暴力をも快楽に変換する底なしのブラックホールであるかのようだ。ポルノグラフィの到達点が、男の快楽ではなく、女の快楽であることの逆説は、謎でもなんでもない。

女の快楽とは、男のセクシュアリティの達成が効果として測定できる指標であり、男による女の性的支配が完成するゴールだからだ。「こいつはね、オレのこれがよくて、離れられないいんですよ」と言ってみたい——と思わない男はいないのじゃないだろうか。

言っておくが、実際の女の快楽はこんなに便利な（つまり男に好つごうな）ものではない。あまりこの種の幻想がまき散らかされているために、ほんとうに信じこむ人たちがいるのじゃないかと心配になる。吉行はそういう性幻想をまき散らかした戦犯のひとりである。そして実際、それを信じこんだ男や、そして女も、同時代にはいたのだ。「吉行を読めば、女がわかる」と思いこんだ男も、そして女も、そういう人々だった。そして男にはたんにつごうのよい言説も、女には抑圧的に響く。なぜなら、「わたしは吉行の女のように感じない。なら、わたしは女として未熟なのじゃないかしら」と感じただろうから。吉行を女に読ませたがった男たちは、自分につごうのよい女を量産したかっただけだろう。

実際のところ、吉行を読んでも「女はわから」ない。かれの作品を読んでわかるのは、女とは何か、何者であるべきか、何者であってほしいか、についての男の性幻想についてである。この事情は、オリエンタリズムと似ている。エドワード・サイードは「オリエンタリズム」を、「オリエントを支配し再構成し威圧するための西洋の様式《スタイル》」、言いかえれば「東洋《オリエント》とは何かについての西洋の知」と定義した。だからオリエントについて書かれた西洋人の書物をこれでもか、といくら読んでも、わかるのは西洋人の頭のなかにあるオリエント妄想だけであって、実際のオリエントについてはわからない、というのが、『オリエンタリズム』〔Said 1978=1986〕という書物におけるかれの発見だったのだ。

吉行の背後には、実はもうひとりの仮想敵がいる。吉行が手本とする、陋巷《ろうこう》の世界に身をおいたといわれる反俗の作家、永井荷風である。戦後文学の「第三の新人」のひとりであった吉行は、やがて日本の文学史から忘れ去られるかもしれないマイナーな作家だが（いまどき、吉行の読者はどのくらいいるだろうか）、永井荷風のほうはそうではない。荷風は今でもくりかえし参照される文学史上の大家である。吉行のみならず、今でも荷風を手本として慕う男の物書きは絶えない。それを見るたびに、奥本の言う「女性嫌悪思想の系譜に連なる作家」が再生産されていると、思わないではいられない。

荷風もまた女好きで、娼婦のもとへ通い、娼婦の客になることよりも情人になることを好んだ。吉行と違って荷風は身分を隠し、「何やらいかがわしい職業の気のいいおじさん」として娼婦に対した。カネばなれはよかったかもしれないが、地位を餌にはせず、娼婦から情人の待遇を受けるほど彼女たちから好かれた。吉行は情人となった娼婦が他の客をとることに嫉妬を覚えたが、荷風はなじみの女にべつの客が来ると、商売の邪魔にならないように身を隠す節度を持っていた。荷風のほうが性の通人であり、女あしらいがうまいことは想像に難くない。性の技巧もなまなかでなかったことは、快楽を感じないようにセルフ・コントロールしているはずのくろうと女を我を忘れる絶頂に導いたこと（になっている）から推察される。こんなおじさんとお友だちになってみたかった、って？　だが、荷風もまた奥本の言う「女性嫌悪思想の系譜に連なる作家」だと言えば、奇妙に聞こえるだろうか？

『濹東綺譚』のなかで、荷風は陋巷の女についてこう書く。

> わたくしは若い時から脂粉の巷《ちまた》に入り込み、今にその非を悟らない。或時は事情に捉《とら》はれて、彼女達《かのをんなたち》の望むがまゝ家に納《い》れて箕帚《きさう》を把《と》らせたこともあつたが、然しそれは皆失敗に終つた。彼女達は一たび其境遇を替へ、其身を卑しいものではないと思ふやうになれば、一変して教ふ可からざる懶婦《らんぷ》となるか、然らざれば制御しがたい悍婦《かんぷ》になつてしまふからであつた。〔永井 1971: 104〕

女と懇意になるために身分は隠すが、あるとき警察官に検問を受けて以来、自分の印鑑と印鑑証明と戸籍抄本を持ち歩く周到さを忘れない。それというのも、自分がこのようなちまたを徘徊するにふさわしくない地位も身分もあるひとかどの紳士だと、官憲に対して証明するためである。つまり、自分は別世界の人間だという証拠を握ったまま女と交わり、女がその境界を越えて自分の領分に入ることをけっして許さない。女と目線の高さを同じくしてつきあったというより、女を別人種と見なすからこそ、成立した関係である。

このように厳然と引かれた階級とジェンダーの境界線を舞台装置として、苦界にある女への同情や身の上話への共感は、絶対安全圏にいる者の自己満足のための資源となる。これさえ場合によっては出来芝居だ。娼婦があれこれの身の上話を客の好みに応じて仕立て上げ、客に「よい人」の付加価値をつけて返すのは、よく知られた商行為だからだ。それをナイーブに信じるほど、荷風は野暮ではなかったはずだ。『濹東綺譚』で「お雪」と呼ばれた女は、ゲームを逸脱した純情を荷風に示した。結果から言えば、荷風が自認するとおり、「其身体のみならず其の真情をも弄《もてあそ》んだ事になるであらう」〔永井 1971: 105〕。

女から逃走する男たち

吉行を読んで怒りを覚える代わりに、吉行を男の性幻想のかっこうのテキストとして読むという読み方もある。そう考えれば、むかむかする読書体験も、男とは何かについてここまで赤裸々にばらすか、という教訓的な読書となる。実際、そうでも思わなければ、たいがいの男の書いたものは心おだやかに読んでいられない。あのノーベル賞作家、大江健三郎の作品にも、加藤秀一が指摘するように、「しばしばフェミニズムに対する警戒心たっぷりの揶揄やあからさまなホモフォビア〔引用者注：同性愛嫌悪〕的言辞が無造作にかきつけられ」〔加藤 2006: 100〕ている。だがいちいちむかつく代わりに、サイードがオリエンタリズムについてそうしたように、男の作品を「女についてのテキスト」ではなく、「男の性幻想についてのテキスト」として読めば、学ぶことはたくさんある。そのなかでかれらは、男という謎について、あきれるほど率直に語っているからである。

近代日本の男性文学を、そのように読んだ文学者がいる。水田宗子《のりこ》である。彼女は「女への逃走と女からの逃走――近代日本文学の男性像」のなかでこう書く。

男性作家が女性を理解せず、女性を正確に描いてこなかった、人間としての女性を描いてこなかったというのは、それ自体は正しい指摘だが、男性作家批判としては的を外している。（中略）その男の内面の模様を織りなす作家の〈女という夢〉の構造こそ、批評によって分析されねばならないのである。男性作家たちは女に勝手な夢を託したり、女を勝手に解釈したりしてきたが、彼らが描いた夢の女と現実

の女性との距離の大きさこそが、男の内面の風景を絢爛たるものにしたのだ。〔水田 1993: 75〕

わたしはこの一文を、『男流文学論』に対するもっとも痛烈な批判として読んだ。男は女を描きながら、その実、自分自身についてもっとも雄弁に語ってきたのだ。論文の題名どおり、水田は近代日本の男性文学を「女への逃走」と「女からの逃走」というふたつのキーワードで読む。このいささか大胆すぎる図式は、だがわたしには目からウロコ、の発見だった。水田によれば、近代男性文学における〈女〉とは――生身の女ではなく、フェティッシュな記号としての女だから〈女〉と表記する――男の内面が成立する私的な場所だった。男は公的世界からの逃避を求めて〈女〉という場所へ向かい、そこで現実の女に遭遇して「不可解で不気味な他者」を見いだし、しかるのちにそこからふたたび逃走を試みた。その逃走が、「家庭からの逃走」のかたちをとるか、「家庭への逃走」のかたちをとるかは文脈による。「家庭からの逃走」であればわかりやすいが、逃走した先にかれらが見いだすのもまた、かれらの〈夢〉を満たさないもうひとりの他者であり、かれらはさらにそこからも逃走することになる。そう解釈してみれば、なんと多くの男性作家による近代私小説が読み解けることだろう。吉行の作品もこのパターンから逃れていない。

わたしと同世代の日本文学研究者、いったんは吉行にはまって、それから卒業した関根英二は、吉行の作品が男にとってどんなに魅力的なテキストだったかを告白する。関根はかれの論文集に『〈他者〉の消去──吉行淳之介と近代文学』〔1993〕という意味深長なタイトルを与えている。女を「他者化」するとは、その実自分の手に負える「他者」のカテゴリーに女を抑えこむことであり、そのような他者は魅惑と同時に侮蔑の対象となる。「聖女」とあがめられようが、「売女《ばいた》」とさげすまれようが、同じ盾の両面だ。関根が吉行を「卒業」できたのは、アメリカ人女性と恋愛して結婚したことによる（らしい）。異文化の女は、「わたしはあなたのつごうのよい『他者』ではない」と主張しつづけるからだ。そこにあらわれる他者は、正真正銘の「他者」、理解することも制御することもできないほんものの他者、自分とは違う未知の怪物《モンスター》である。

『男流文学論』のなかでわたしが島尾敏雄の『死の棘』を日本近代文学におけるひとつの達成と見なしたのは、そのなかでは妻が「異形《いぎょう》の他者」として「異形の他者」のままに描かれており、その現場から作家が逃げようとしていないからだ。そしてその態度が男のあいだではどれほど稀有《けう》であるかを、わたしが知っていたからである。

水田はこの論をさらに先へ進める。なら女の作家はどうか？　自分の内面を見いだす場として、彼女たちは〈男〉という夢を見たか？　答はみごとに非対称である。男は女という夢を見たが、女は早々と男という現実にめざめて、男の代わりに女に、つまり自分自身に向かった。「近代女性文学には、男という幻想が稀薄なことが特徴である」〔水田 1993：86〕と彼女はあっさり結論する。ジェンダーはその性幻想の形成においてさえ、かくも非対称にできている。

対幻想とは、男の見た夢だ、とは斎藤環〔2006b〕の慧眼である。男の性幻想にはまって、そのなかで〈夢の女〉を共演してあげようとした女もいたかもしれない。だが、今日びの女はそんなばかばかしいことをやってられないと、男のシナリオから降りはじめた。男が現実の女から「逃走」して、ヴァーチャルな女に「萌え」るのは、昔も今も同じである。

＊1　荷風作とされる戯作風のポルノ作品。一九七二年に雑誌『面白半分』に掲載されて摘発を受け、「四畳半襖の下張事件」として知られるようになった。

2　ホモソーシャル・ホモフォビア・ミソジニー

男の値打ちは何で決まるか

男を見ていると、かれらは女といるよりも、男同士でいることのほうがもっと好きで、気持ちよいのではないか、と思わされることがよくある。女の値打ちは男に選ばれることによって決まる（と考えられている）が、男の値打ちは女に選ばれることによっては決まらない。その点では、異性愛の秩序は、男と女にとって非対称にできている。男の値打ちは何で決まるか？　男同士の世界での覇権ゲームで決まる。男に対する最大の評価は、同性の男から、「おぬし、できるな」と賞賛を浴びることではないだろうか。時代劇に出てくるように、刃《やいば》を交えた好敵手《ライヴァル》から鍔《つば》迫《ぜ》り合いでにじりよられて、このことばを耳元で囁《ささや》かれたときの、ぞくぞくするような快感にくらべたら、女からの承認などなにほどのものでもない――と思うんじゃないかと、男でないわたしにはよくわからないが、そう推量するだけの根拠がある。

男は、男の世界の覇権ゲームで、他の男たちから実力を認められ、評価され、賞賛されるのが好きだ。覇権ゲームのなかには、地位を争う権力ゲームと、富を争う致富ゲーム、名誉を争う威信ゲームなど、いろいろなものがあるが、覇権ゲームの勝者になれば、女はあとからごほうびとして自動的についてくる――ことになっていた、つい最近までは。ホリエモンことライブドア元社長の堀江貴文が、「女はカネについてくる」と豪語したのは、あながち誇張ではない。男はヒーローになることが好き。女はヒーローの男が好き。女を得たければ、まず男のあいだの覇権ゲームの勝者になるほうが早い。ヒーローには女が群がってくる。男が女からの評価を気にするようになったのは、女が自分自身の力で地位と富と名誉とを獲得するようになってからのことだ。

この逆は女の世界では起きない。女の世界の覇権ゲームは女の世界だけでは完結しない。かならず男の評価が入って、女同士を分断する。少なくとも、男の認める女と、女の認める女とのあいだには、二重基準があり、両者は一致しない。

男こういう男同士の強い絆を、わたしは長いあいだ、同性愛とカンチガイしていた。男同士の性愛をホモセクシュアルと言うが、性的でない男同士の絆をホモソーシャルと呼んで、ホモセクシュアルから区別したのは、イヴ・セジウィック〔Sedgwick 1985=2001〕である。ホモセクシュアルには「同性愛」という訳語があるが、ホモソーシャルには今のところ、ぴったりした日本語の訳語がない。訳書のタイトルどおり、「男同士の絆」とでも呼ぶのがいちばんふさわしいだろうか。ホモソーシャルとホモセクシュアルとは似ているようで似ていない。似ていないようで、似ている。その語感を尊重するために、このことばを翻訳せずにカタカナのまま、使うことにしよう。

男の連帯の成立条件

ホモソーシャルは「性的でない男同士の絆」と書いたが、もっと正確に言えば「性的であることを抑圧した男同士の絆」のことだ。

性的であるとはどういうことか？　フロイトは「生の欲動」をアイデンティフィケーションとリビドー・カセクシスとのふたつに分けた。前者を「同一化」と、後者を「欲求充当」とも訳す。このふたつを、「なりたい欲望」と「持ちたい欲望」という、このうえもない簡明な日本語で表現したのが、社会学者の作田啓一である。父と母から生まれ、家族の三角形のなかで育つ子どもにとって、父に同一化し、母（と似た者）を「持ちたい」と思った者が「男」となり、母に同一化し、父（と似た者）を「持ちたい」と思った者が「女」となる。現実の母を所有することはできないから（すでに父親によって所有されているので）、母のような者を求めて、母の代理人を妻に求める者が異性愛の男となる。他方、自分と同様に母にファルス（象徴としてのペニス）がないことを発見して父のファルスを欲望した者は、ファルスの代用品としての息子を求めて母に同一化することで、異性愛の女になる。すなわち、「なりたい欲望」と「持ちたい欲望」とを異性の親にそれぞれふりわけることに成功した者だけが、異性愛の男もしくは女となる。このような精神分析の発達の理論には、男または女になる以外の選択肢が与えられていないが、この発達の過程には「失敗」も起きる可能性がある。フロイトの発達の理論には、もともと生物学的な運命論の要素はない。ちなみにフロイト理論を徹底的に記号論化した精神分析家がラカンだが、斎藤環の『生き延びるためのラカン』〔2006a〕は、本人の自負に恥じない「日本でいちばんラカンがわかる本」である。この本を読むと、フロイト理論がいっそうよく理解できる。

それなら同性愛者とはだれか？　フロイトによれば、「なりたい欲望」と「持ちたい欲望」との性的分化に失敗した者、すなわち男性同性愛者であれば、同性の男に「なりたい欲望」と「持ちたい欲望」の両方を差し向けた者、ということになる。「なりたい欲望」と「持ちたい欲望」とはそんなにかんたんに分離できるわけではない。「あの人のようになりたい」と切に欲望することと、「あの人を自分のモノにしたい」と熱く欲望することとは、しばしば重なりあう。ホモソーシャルのなかには、ホモセクシュアルな欲望が含まれている、両者は連続体である、とセジウィックは言う。

ホモソーシャルにホモセクシュアルな欲望が含まれることには、危険がともなう。なぜなら「なりたい欲望」とは対象への同一化を通じての性的主体化、「持ちたい欲望」とは対象への欲望を通じての性的客体化を意味するからである。したがって同一化の対象である他者（主体）を、同時に性的欲望の対象（客体）にすることはできない。「同一化」とは「あの人のようになる（つまり他者になる）」ことをつうじて主体となることであり、異性愛秩序のもとでは、息子が「男になる」とは、父のように「女（性的客体）を所有する」性的主体に同一化することをさす。

男の歴史は、この「なりたい欲望」と「持ちたい欲望」との調整に苦労してきた歴史、と読める。有名なフーコーの『性の歴史』［Foucault 1976–84=1986–87］も、この観点から読み解くことができる。古代ギリシャでは、性愛の最高位に同性愛があったが、正確に言えばこれは少年愛であって、成人男性同士の性愛ではなかった。自由民の成人男性が性的にアクセスできるのは少年または奴隷の男性に限られており、両者の関係は非対称的だった。他方、女は、自由民の男性にとって子を産むための手段であり、家畜や奴隷と同じく財産の一種とされた。異性愛は、責任ある自由民の男性の義務であり、少年愛のように高貴な権利ではなかった。

なぜギリシャの同性愛は対称性を持たなかったのか？　それは、ペニスをもって「貫く者（penetrater）」と「貫かれる者（penetrated）」とのあいだには一方的な関係があり、

「貫かれる者」は劣位にあるとされたからだ。べつの言い方をすれば、「貫く者」は性的主体、「貫かれる者」は性的客体として、両者のあいだに混乱があってはならなかったからだ。なかでも、自由民の少年がみずからの自由意思で性愛の客体になることを選ぶ（ようにしむける）ことが最高の価値ある性愛であり、選択の自由のない奴隷との性愛はランクが劣るとされた。自由民の少年は「貫かれる者」の位置にあるが、いずれ成人して、今度は他の少年を性的客体として、みずから性的主体となることが可能だからだ。貫かれること、モノにされること、性的客体となることを、べつの言い方で「女性化される（feminize）」とも言う。男性がもっとも怖れたことは、「女性化されること」、つまり性的主体の位置から転落することであった。

ホモソーシャルな連帯とは、性的主体（と認めあった者）同士の連帯である。「おぬし、できるな」とはこの主体成員のあいだの承認を言う。「よぉーし、おまえを男の仲間に入れてやろう」という、盟約のことである。この主体成員のあいだでは、相互を性的客体にしかねないホモセクシュアルなまなざしは、主体のあいだに客体化が入りこむことによって「論理階梯《クラス》の混同」を侵す結果になる。したがって性的主体のあいだで互いを客体化する性的まなざしは、危険なものとして、禁忌され、抑圧され、排除される。もともとホモソーシャルがホモセクシュアルと区別しにくいという事情が、この排除をことさらに苛烈なものにする、とセジウィックは指摘する。自分のなかにあるものを否認する身ぶりは、まったく異質なものを排除することにくらべて、よりいっそう激しいものにならざるをえない。かくして「あいつ、おかまかよ」という表現は、男のあいだでは男性集団の成員資格失墜を意味する、最大の悪罵となる。男に値しない男を男の集団から放逐する表現が、「おかま」——「女のような男」という女性化のレトリックをともなっているのは象徴的である。逆に、「おかま」が自分たちの集団に潜在していることの怖れは、自分がいつ性的客体化されるかもしれない、という主体位置からの転落の恐怖でもある。だから、男の集団のあいだでは、「おかま」狩りがきびしくおこなわれることになる。これを同性愛嫌悪《ホモフォビア》と言う。性的主体としての男性集団の同質性を保つには、それが不可欠だからである。

かくてホモソーシャリティは、ホモフォビアによって維持される。そしてホモソーシャルな男が自分の性的主体性を確認するためのしかけが、女を性的客体とすることである。裏返しに言えば、女を性的客体とすることを互いに承認しあうことによって、性的主体間の相互承認と連帯が成立する。「女を（最低ひとりは）モノにする」ことが、性的主体であるための条件である。

「所有《モノ》にする」とはよくも言ったものだ。「男らしさ」は、女をひとり自分の支配下に置くことで担保される。「女房ひとり、言うこと聞かせられないで、何が男か」という判定基準は今でも生きている。女を自分たちと同等の性的主体とはけっして認めない、この女性の客体化・他者化、もっとあからさまに言えば女性蔑視を、ミソジニーと言う。ホモソーシャリティは、ミソジニーによって成り立ち、ホモフォビアによって維持される――ここまでは、セジウィックがその卓抜な論理で、わたしたちに教えてくれたことである。

以上をカタカナことばではなく、平明な日本語で言えばこうなる――男と認めあった者たちの連帯は、男になりそこねた男と女とを排除し、差別することで成り立っている。ホモソーシャリティが女を差別するだけでなく、境界線の管理とたえまない排除を必要とすることは、男であることがどれほど脆弱《ぜいじゃく》な基盤の上に成り立っているかを逆に証明するだろう。

ところで中間項を排除する性別二元制の普遍性に対する反証として、ドゥルーズ、ガタリの言う「n個の性」[*1]を挙げる人々がいる。事実人間の歴史には、男／女の二項だけでなく、「第三の性」と呼ばれる男とも女ともつかぬ中間的なジェンダーの存在が知られている。北米先住民のベルダーシュ[*2]、インドのヒジュラ[*3]、トンガのファカレイチー[*4]等である。だが、このカテゴリーの人々には、以下の共通点がある。第一はかれらは生物学的には男であること、第二は女装などの女性性の記号によって「女性化」されていること、第三はしばしば宗教上の儀礼的役割に従事するのみならず、(男性相手の)売春に従事していること。かれらは「男でありながら、男になりそこねた男」「女性化された男」であり、かれらの存在意義はもっぱら男のために「性的客体」となることにある。このような「第三の性」はしばしば「n個の性」の証拠として言及されてきたが、以上のような分析からわかるのは、「第三の性」とまちがって呼ばれているカテゴリーは、男と女の中間にある性ではなく、性別二元制のもとのサブカテゴリーだということだ。男だけが「第三の性」に移行することがありえ、女が「第三の性」に移行することがないのは、逆に性別二元制がいかに強固であるかを証明する。論理的には考えられるが現実には発見されていない「n個の性」は、このことからも反証される。

　男という性的主体への同一化は女を性的客体にすることで成り立っており、その境界は混乱がありうるからこそ厳重に管理されなければならない。そう考えれば、さまざまな謎が次々に解けてくる。

　戦時強姦が、しばしば他の仲間の面前でおこなわれる公開の強姦であったり、仲間同士の輪姦であったりするのはなぜだろうか。ここでは性行為は私秘性を持たない。彦坂《ひこさか》諦《たい》は『男性神話』〔1991〕のなかで、戦時強姦の目的は男同士の連帯を高めるため、と答えている。こんな状況でも男は勃起できる生きものだろうか、と素朴な問いを立てる必要はない。こういう状況で勃起できることが、「よぉーし、おまえを男と認めてやる」ことの条件なのだ。こうして女を共通の犠牲者と化すことが、男同士の連帯のための儀式となる。

戦時強姦は、輪姦《まわし》と呼ばれる平時の強姦の延長上にある。思い出すのはスーフリ事件のこと、早稲田大学のイベントサークル、スーパーフリーの強姦事件である。スーフリのドキュメント［小野 2004］を読む機会があったが、そこで述べられていたのは、次のような経緯だった。イベント打ち上げの飲み会につきあった女の子を、アルコール度の強い酒の一気飲みの連続で泥酔させ、ほとんど意識がなくなった状態で、次々に仲間内で輪姦する。地方から上京した仲間にも、「いい思いをさせてやるから」と言って、「次はおまえの番だ」とけしかける。泥酔し、吐瀉《としゃ》物をまき散らし、意識を失い、反応しない女体に対しても勃起するほど、現代の若者の男性としての性的主体化は確立している、と言うべきだろうか。草食系男子の反面で、ケダモノ君たちも再生産されている。ちゃちな特権意識と、男らしさ、それに共犯性の共有から来るこのホモソーシャルな連帯を、上野ゼミでスーフリについてレポートを書いた学生は、「絶妙の労務管理術」と呼んだ。軍隊の兵士管理術と、これはなんと似ていることだろう。

男は性について語ってきたか

もうひとつ、男同士の猥談《わいだん》を例にとってみよう。女を性的客体とし、それを貶《おとし》め、言語的な凌辱《りょうじょく》の対象として共有する儀礼トークが猥談だ。下半身ネタを語ればすなわち猥談になるわけではない。猥談には作法があり、ルールがある。それは自分がいかに男として「性的主体」であるかを相互に確認する儀式である。これを加藤秀一〔2006〕は「男語り」と呼ぶ。

男は性についてあんなに語っているように見えるが、その実、自分の性的経験については一人称で語ることばを持ってこなかったのではないか、とわたしはかねてから怪しんでいた。女は下半身や性器について、口にすることさえはばかられてきた。口にしようとしたとたん、男仕立ての侮蔑にまみれたことばしか使えないために、言いたいことも言いよどむ思いをしてきた。セックスすることを俗語で「おまんこする」と表現するが、「ちんこする」とは言ってこなかったのがその端的な例である。女の性器は、そのまま性行為の代名詞になるほど男の欲望の客体として捉えられ、女自身のものではないかのように見なされてきた。性器を陰部と、性毛を陰毛と呼ぶ呼び名も、女が自分のからだに向きあうことを妨げた。女が自分の身体や性的経験についてようやく口にするようになったとき、その新鮮な経験に互いに驚きと興奮を感じて、口々にとどまることなく語りだしたのはつい最近のことだ。そのうちのいくつかは、『ハイト・リポート――新しい女性の愛と性の証言』〔Hite 1976=1977〕や『からだ・私たち自身』〔Boston Women's Health Book Collective 1984=1988〕という書物にもなっている。

「女が性についてようやく語りはじめた」と言うとき、わたしの頭をよぎる問いがある。

ところで男は？　男はほんとうに性について語ってきたのか？　あんなに猥談好きに見える男が、ほんとうは猥談という定型のなかでしか自分のセクシュアリティについて語ってこず、定型化されない経験については、言語化を抑圧してきたのではないだろうか。むしろそれほど、男性の性的主体化についての定型の抑圧は強いのではないだろうか、と。

加藤〔2006〕は、「男にとって身体とは何か」という問いを、『身体をめぐるレッスン2　資源としての身体』〔鷲田ほか編 2006〕の編者である荻野美穂から投げかけられて、それにおずおずと一人称で答えようとする。「身体史」の提唱者であった荻野は、身体と言えばつねに女性身体が対象化される身体として自明視され、男性が身体史を扱う場合にさえ、男の身体が主題化されることがないことを厳しく批判してきた。その彼女から投げられた問いを引き受けたとき、加藤はみずからに倫理を課したはずだ。かれはそこで、「一人称の身体」と「三人称の身体」とを区別し、男が語ってきた身体はもっぱら「三人称の身体」であるという。「な、ご同輩、おまえも男だからわかるだろ？」と互いに同意を求めあうような定型の語りを、かれは「男語り」と呼ぶ。「男語り」をみずからに禁じるとしたら、そのうえでどんな語りが可能になるだろうか。その誠実さは買うにしても、加藤自身がその試みに成功しているわけではない。「差別するには三人の男が「男になる」ための同一化と排除はひとりではできない。

人間がいる」と喝破したのは、『差別論――偏見理論批判』〔2005〕の著者、社会学者の佐藤裕《ゆたか》だ。かれの差別の定義を少し修正して言いかえるとこうなる。

「差別とは、ある人を他者化することによって、それを共有するある人と同一化する行為である」

前者の「ある人」に女を、後者の「ある人」に男を代入すればこのまま「性差別」の定義になる。佐藤が挙げる卓抜な例は、次のようなものである。

「まったく女ってのは何を考えているのかさっぱりわからないね」

これは男性Aが女性Bに向けて言った発言ではなく、男性Cに対して女性Bを共同して他者化することで、同じ「男たち《われわれ》」を構成することに同意を求めた発言である。この場に女性Bはいなくてもよい。佐藤が指摘するように、「排除とは共同行為である」。男性Cが「まったく」と男性Aに同調すれば（すなわち同一化すれば）、差別行為は完成する。「いや、そんなことはありませんよ」と抗弁すれば、男であることの集合的アイデンティティの構成に失敗し、その困惑を隠すために、男性Aは、男性Cを逸脱化するという反撃に転じるだろう。「なんだって、おまえ、それでも男かよ」。男でなければ女、女でなければ男、中間項を許さないこの屈強の性別二元制のもとで、男からの逸脱は「女性化された男」と同義である。

佐藤と同じく、加藤も「男語り」の成立を語り手と聞き手の「共犯関係」に求める。

そしてつねにこのような定型へと男に同一化を強いる語りを、かれは「男語り」と呼ぶ。しかり、男であることを請けあってくれるのは、異性の女などではない、同性の男だ。男性としての性的主体化に必要なのは、自分を男と認めてくれる男性集団である。ラカンが「欲望とは他者の欲望である」と喝破したように、男は他の男の性的欲望を模倣することをつうじて、男として性的主体になる。だから男になるなり方に、多様性はない。猥談が定型の語りとなり、けっして「おれは……」と一人称の語りにならないのはそのためだ。男が勃起の能力と射精の回数にあれほどこだわるのも、それだけが男同士のあいだで比較可能な一元的尺度だからだ。「男の性が貧しい」と言うとき、わたしたちは、男が性的主体になるなり方そのものが、逸脱と多様性を排除した定型的なものであることにまで、さかのぼって考察しなければならない。

＊1　フランスの哲学者、ジル・ドゥルーズと精神分析家、フェリックス・ガタリの共著『アンチ・オイディプス——資本主義と分裂症』〔Deleuze et Guattari 1972=1986〕で提起された、性の多様性を示す概念。

＊2　北米先住民社会で見いだされた「第三の性」、女装する男性のカテゴリーをさす。

＊3　インド社会にある「第三の性」カテゴリーのアウト・カースト集団。女装する男性で、去勢を受けることもある。宗教的儀礼にも売春にも従事する。

＊4　トンガの「第三の性」を意味する用語。ファカレイチーは、セックスは男でありながら、女の仕事をし、女性的なしぐさと要素を持ち、ときには男性と結婚したり売春したりする存在である。サモアにはべつに、「ファファフィネ」という「第三の性」、すなわち女の仕事をする男のカテゴリーがある〔石原 2005〕。

3 性の二重基準と女の分断支配——「聖女」と「娼婦」という他者化

ジェンダー・人種・階級

相手とどうしてもわかりあえないとき、あるいはわかりあう努力を放棄してもかまわないと思えるとき、こういうせりふが口をついて出ることがある——しょせん、人種が違うのよ。

このわたしにしてからが、男を見ているとときどきこのせりふをつぶやきたくなる——なんてこった、同じ生きものとは思えん、しょせん人種が違うからね。

「団塊世代」とまとめて扱われるたびに、わたしは団塊男と団塊女とは「人種が違う」と言いつづけてきた。ロマンチック・ラブ・イデオロギーを愚直に生きた最初で最後の世代である団塊世代のカップルは、結局同床異夢だった。一九六〇年代後半に配偶者選択過程において「恋愛」が「見合い」をうわまわり、家父長的な家族のなかで育ってきた団塊世代の男女は、「ぜったい、恋愛結婚でなきゃ」とあこがれ、それを実践した。だれから強制されたわけでもなく、自分で選んだはずだったのに、あのときわたしが「愛した」と思ったのは、この目の前にいるエイリアンだったのか?……と多くの妻たちは索漠とした思いで、食卓越しに夫の顔を眺めたことだろう。

相手を理解不可能な存在――すなわち異人、異物、異教徒――として「われわれ」から放逐する様式（これを「他者化」ともいう）には、人種化とジェンダー化のふたつがあり、このふたつは密接にからまりあっている、とサイードは『オリエンタリズム』〔Said 1978=1986〕のなかで指摘する。すなわち、「東洋《オリエント》」とは「女」なのだ。ここでいう「オリエント」とは「異邦（異郷）」の別名であり、「オリエンタリズム」とは異なる社会を他者化する様式のことである。

サイードはオリエンタリズムを「東洋とは何かについての西洋の知」と簡明に定義する。オリエンタリズムとは「東洋」が何であり、何であるべきであり、何であってほしいかについての西洋人の妄想の別名なのであり、したがっていくらオリエンタリズムについて知っても、かんじんの「東洋」については少しもわからない。わかるのは「東洋」についての「西洋人」のアタマのなかみばかりである。

もっとも人口に膾炙《かいしや》した「オリエントの女」は、プッチーニのオペラ、「蝶々夫人」の主人公、マダム・バタフライであろう。そう、オリエンタリズムのなかでは、ニッポンは蝶々夫人として表象される。今ふうに言えば、蝶々夫人は、単身赴任の駐在員の現地妻。本国から配置転換の命令を受けた愛人から体よく捨てられるが、あきらめきれずに来る日も来る日も海を眺めて「ある晴れた日に、あなたはきっとわたしを迎えにくる……」と妄想を持ちつづけているまったく無力な女である。もはや説明するまでもないが、この妄想は、蝶々夫人のアタマのなかではなく、蝶々夫人をつくりだしたプッチーニのアタマのなかにある妄想にほかならない。

「西洋《オクシデント》」の「男」にとってこんなにつごうのよい妄想はない。相手が理解不能な他者であり、魅惑的な快楽の源でありながら、自分をおびやかす可能性がまったくない無力な存在であること。誘惑者として登場し、すすんで身を任せるだけでなく、自分が去ったあとも、恨みもせずに慕いつづけてくれる。「ワタシが・捨てた・オンナ」に対するチクリとした心の痛みも、女の愛の大きさが浄化してくれる——これほど「西洋の男」の自尊心を満足させてくれる物語があるだろうか。ンな女、いるわきゃねぇだろ、という声は、西洋人の巨大な妄想のもとではかきけされる。オリエンタリズムとは、支配的な集団が他者の現実を見ないためのしかけだから、いくら「ニッポンのオンナはほんとはこうなのよ」と言っても声は届かない。もっと下世話に言えば、オリエンタリズムとは西洋人男性のマスターベーションのおかずなのだから、こんな「ずりネタ」を見て、拍手喝采する日本の聴衆の気が知れないというものだ。わたしなどは「蝶々夫人」を見るたびにむかつくので、気分よく見ていられない。

人種は階級とも結びついている。

最近の人種研究のなかでは、ジェンダーと同じく「人種」も歴史的な構築物であることは常識となってきた。ホモ・サピエンスは一属一種、どの人も九九％以上ＤＮＡが同じなのに、わざわざ「人種（race）」というカテゴリーをつくって、肌の色で人間を区別する。ジェンダーが「男でない者」、すなわち男になりそこなった男と女とを排除することで維持される境界であり、男が男として主体化される装置であるように、人種とは（それを発明した）白人種たちが、「白人でない者」を排除することで、「白人であること」を定義するための装置だったことは、白人性研究〔藤川編 2005〕のなかで次々とあばかれてきた。「白人であること」とは、劣等人種を支配してもよい資格を持つことだった。歴史的に言えば、「人種」という概念は、帝国主義の世界支配のイデオロギーと共に誕生したのである。

ノーベル賞作家の黒人女性、トニ・モリスン〔Morrison 1992=1994〕は、アメリカの建国神話とも言うべき国民的物語、マーク・トウェインの『ハックルベリー・フィンの冒険』を分析した著作のなかで、ハックの「白人性（whiteness）」の確立のために、黒人の逃亡奴隷が不可欠な役割を果たしていることを指摘する。少年が大人の男になるこのアメリカ版ビルドゥングス・ロマン（成長小説）は、「いかにしてほんもののアメリカ人（男性であって女性ではない）が生まれるか」についての国民的物語なのだ。逃亡奴隷を助けることを通じて、ハックは独立戦争と南北戦争を戦ったアメリカ、奴隷解放のアメリカ、民主主義と自由の国であるアメリカの、高貴なる「白人男性（white man）」性のシンボルとなる。そして「白人性」について、白人たちがいっこうに無自覚でありそれと取り組む様子を見せなかったからこそ、モリスンのような黒人女性の手によって、白人性研究（whiteness studies）は生まれたのである。

人種というカテゴリーは、かつては今とは違う使い方をされていた。明治時代はあからさまな西洋の人種主義的偏見が日本に入ってきた時代で、当時の文献には「上等人種」「下等人種」のような用語が登場するが、今の「上流階級」「下流階級」と同じ意味で使われている。貧困や怠惰、性的堕落が「下等人種」の特徴であり、ほとんどＤＮＡのごとく世代的に受け継がれ、改善は期待できないかのように描かれる。

たとえば娼婦は「下等人種」のなかから生まれるが、そしてそれは社会的には否定できない事実だが、それは彼女たちが貧困だからではなく、生来「淫乱」だからである、と説明される。あの明治時代随一の「女の味方」、巌本善治《いわもとよしはる》センセイまでが、身をもちくずした女には本人にそうなる理由があったのだ、と「自己責任」説を展開する。

そういえば、明治の男女同権論者として有名な植木枝盛は、言行不一致で知られている。自由民権論者でもあった植木は各地で演説会をおこなっており、そこで男女同権論も説いた。かれは、毎日克明な行動記録を日記に残したことでも有名で、『植木枝盛日記』が刊行されている。そのなかにこんな記述が出てくる。

「明治一三年九月一七日　夜、千日前席にて演説を為す。男女同権論を述ぶ。菊栄奴を召す」〔高知新聞社編 1955：173〕

男女同権を論じたその足で登楼し、娼婦を買ったという証言である。このために植木は、のちにフェミニストから「言行不一致」で非難されるのだが、これは植木にとってはなんの「矛盾」でもない。娼婦は「人種が違う」からどう取り扱ってもよく、「同権」の対象にはなりえないと考えていたからだ。他方、かれはべつのところで、自分の妻となるべき女性は、徳が高く学問があり、尊敬できる女性でなければならない、という旨の発言をしている。階級によって女の二重基準が成立すると考えれば、これはかならずしも「言行不一致」とは呼べない。これが「言行不一致」と見なされるのは、階級を問わず女もすべて同じ人間だ、という「平等思想」が広まってのちのことである。

「聖女」と「娼婦」の分断支配

男が男として性的に主体化するために、女性への蔑視がアイデンティティの核に埋めこまれている――それがミソジニーだ、と論じてきた。ホモフォビアもまた、女との境界をゆるがす不安への恐怖として理解できる。自分は「女のような男」ではない、と男は証明しつづけなければならないからだ。

だが、このミソジニーにもアキレス腱はある。母である。自分を産んだ女をあからさまに侮蔑することは、自分の出自をあやうくすることになる。ミソジニーには実のところ、女性蔑視ばかりではなく女性崇拝というもうひとつの側面がある。これは矛盾だろうか？

この矛盾が矛盾でないことを説明してくれるのが、性の二重基準（sexual double standard）だ。

ミソジニーの歴史をふりかえってみると、一九世紀の男性思想家たち、ショーペンハウエルやオットー・バイニンガーなどぞくぞくと名前が挙がるが、おもしろいことに、これら近代性別二元制の思想的指導者《イデオローグ》たちは、同時に性の二重基準の発明者たちでもあった。歴史的に言えば、性の二重基準の成立は、夫婦中心家族として知られる近代家族の形成期に、同時に産業としての売買春が成立することと、ウラオモテをなしている。ミシェル・フーコーの『性の歴史』第一巻〔Foucault 1976=1986〕の第一章には「我らヴィクトリア朝の人間」という皮肉なタイトルがついている。近代の黎明期であったイギリスはヴィクトリア女王の統治下、一九世紀のはじめは、一夫一婦制の単婚家族と売買春とが同時に制度として確立した時代であり、したがって「ヴィクトリア朝の」とか

「ヴィクトリア時代の」という用語は、「偽善的な」と同じ意味で使われてきた。ゴキブリを見ただけで悲鳴をあげて気絶するようなお上品な「淑女」をたてまつる一方で、売春宿に通う「紳士」があたりまえだった時代だからである。

性の二重基準とは、男向けの性道徳と女向けの性道徳とが違うことを言う。たとえば男は色好みであることに価値があるとされるが（吉行淳之介や永井荷風のように）、女は性的に無垢で無知であることがよしとされる。だが、近代の一夫一婦制が、タテマエは「相互の貞節」をうたいながら、ホンネでは男のルール違反をはじめから組みこんでいたように（守れないルールなら、最初から約束なんかしなければよい）、男のルール違反の相手をしてくれる女性がべつに必要となる。

その結果、性の二重基準は、女性を二種類の集団に分割することになった。「聖女」と「娼婦」、「妻・母」と「売女《ばいた》」、「結婚相手」と「遊び相手」、「地女《じおんな》」と「遊女」……の、あの見慣れた二分法である。生身の女には、カラダもココロも、そして子宮もあればおまんこもあるが、「生殖用の女」は快楽を奪われて生殖へと疎外され、「快楽用の女」は快楽へと特化して生殖から疎外される。この境界を乱す子持ちの娼婦は、気分を削ぐ存在だ。

そしてこの快楽は、男の側の快楽であって、男は女の快楽に頓着しないですむ。それにつけても、だれが考えたか、「慰安婦」とは、うまいネーミングだった。この「慰安」はもっぱら男の側の「慰安」であって、「慰安婦」にとっては地獄の奴隷労働だった。だからこそ、生存者による証言が次々に登場したとき、「わたしは『慰安婦』ではない」〔「アジア・太平洋地域の戦争犠牲者に思いを馳せ、心に刻む集会」実行委員会編 1997〕と、その呼び名をきっぱり拒否する人々もあらわれたのだ。

「分割して統治せよ（divide and rule）」。それが、支配の鉄則だ。分断しておいて、互いに対立させる。そのあいだに「連帯」など、もってのほか。女の側から言えば、男による「聖女」と「娼婦」の分断支配である。それに加えて、階級や人種の亀裂が入る。

「慰安婦」を例にとってみよう。慰安婦には日本人女性もいたことが知られているが、日本人慰安婦と非日本人（とりわけ朝鮮人）慰安婦とのあいだには、処遇の格差があった。日本人慰安婦は将校用の専属（現地妻扱い）待遇が多かったという（すべてがそうではないが）。他方、朝鮮人慰安婦は兵卒用の性の道具だった。軍隊の隠語には「朝鮮ピー屋」という呼び名まであった。「ピー」とは女性器をさす中国語から転用したことばというが、この呼び名からは彼女たちは人格ですらなく性器に還元されていたことがわかる。このように慰安婦のあいだには民族の境界線が引かれていた。「人種が違えば相手を人間扱いしなくてよい」かのように。

軍隊には従軍看護婦たちもいたが、彼女たちは戦場で慰安婦の女性たちが傷ついた兵士の看護をすることで、自分たちとの境界があいまいになるのをいやがったという。従軍看護婦は、兵士の「母」であり「姉妹」であることは引き受けるが、「性の対象」であることは拒む。「慰安婦扱いしないで」というのが、彼女たちを支えるプライドだった。このなかには、性の二重基準のもとで分断された一方の女が他方の女を蔑視する「娼婦差別」がある。実際には、従軍看護婦たちには、死んでゆく若い兵士たちから「死ぬ前におっぱいをおがませてくれ」などと要求され、それにこたえたというエピソードが伝えられている。今ふうに言えば、セクハラだ。憐憫《れんびん》や合意から要求にこたえた例ばかりでなく、なかには強要だってあっただろう。だが、看護婦の「聖女」イメージは、自分たちが性の対象であるという可能性そのものを否認させる効果を持った。そのせいか、従軍看護婦の記録には、ふしぎとセクハラや強姦の記録が残っていない。女の「娼婦差別」は、自身が性的対象となる可能性を認めることすら「汚れ」と見なすほどに強い。そのせいで自分が受けた性的な侵害を認めることも告発することも、抑制されてしまうのだろう。

証言によると、人手が足りなくなった戦場では、「慰安婦」の女性たちが、昼は弾薬を運び、後方では傷病兵を看護し、さらに性の相手もつとめた、と言われる。前線へ移動する兵士を、ときには日の丸を振って送りだす愛国婦人会の役目も果たしたという。植民地出身の慰安婦たちは、日本名を持ち浴衣《ゆかた》掛けのような和装をして、「故国の女」を擬装していた。そして戦争末期には、追い詰められた兵士たちと多くが運命を共にした。

戦時中の日本には、国防婦人会と愛国婦人会という二大翼賛婦人団体があったが、どちらかといえば良家の婦人たちの集まりだった愛国婦人会にくらべて、大阪発の国防婦人会はその庶民性で人気を獲得していた。その秘密のひとつは、白い割烹着《かっぽうぎ》とたすきがけというそろいのユニフォームの発明だった。「白い割烹着」という「聖女」のしるしさえ身につければ、その一瞬だけ、階級も人種の壁も越えることができた。事実、大阪の遊郭、飛田の女たちは「白い割烹着」をつけることで国防婦人会の隊列につらなり、自分たちもお国のお役に立てたことに「感激」した、と国防婦人会の記録にはある。「割烹着」は、良家の奥様方と飛田の女とのあいだの「階級の壁」を、一時的にであれ覆いかくしたからである〔加納 1987〕。

他方で、「銃後の妻」たちはどうだったか？　兵士の妻や未亡人が貞操を疑われては前線の兵士の士気にかかわるから、と「貞操問題」は国家のひそかな課題になった。兵士の留守宅の慰問という名のもとにおいて、妻の貞操の監視は国防婦人会の隠れた使命だったことを、「銃後史」研究者の加納実紀代〔1987〕はあばく。出征兵士の妻や英霊の未亡人たちの妻・母としてのセクシュアリティは生殖へと封じられ、快楽から疎外される。「産めよ、殖やせよ」と呼びかけられても、夫以外の子胤《こだね》をはらんではならないのだ。

男子国民の五〇〇万人を戦争で失ったドイツでは、戦争の末期になると男が払底して、出産奨励策をとることがむずかしくなった。それなら、ととっておきのナチの親衛隊の男たち（折り紙つきのアーリア人種だ）と銃後の妻たちの「不倫」を勧めたが、さすがにこれはひんしゅくを買って沙汰やみとなったようだ。

生殖からの疎外も生殖への疎外も——裏返して言えば快楽への疎外も快楽からの疎外も（どちらも男にとっての快楽だが）——女にとっては抑圧だ。慰安婦だけが抑圧されていたわけではない、銃後の妻も抑圧されていた。つまり女のセクシュアリティは、生殖向きと快楽向きとに分断されて、互いに対立させられながら、疎外されていた。もちろんそのあいだには抑圧と搾取の程度の差があり、格差と蔑視があるが、だからといって「聖女」にまつりあげられることがありがたいわけではない。言いかえれば「聖女」も「娼婦」も女性の抑圧のふたつの形態であり、どちらもていのよい「他者化」にはちがいない。そして「聖女」は「娼婦扱いしないで」と娼婦に対する蔑視をあからさまにし、「娼婦」のほうは「奥様」と違って「カラダをはって生きている職業婦人」であることを誇ることで、「しろうと女」の依存と無力さを憫笑《びんしょう》することになる。*1

性の二重基準のディレンマ

性の二重基準のもとでの女の分断支配は、それをつくりだした男の側に、奇妙な悲喜劇を生む。特定の女性に「真剣」ならばその女性を「性の対象」と見てはならず、逆に「性の対象」と見るなら相手を「まじめ」に扱っていないことになる、というディレンマのなかに、男自身が陥ることだ。ある旧制高校出身の高齢の男性から、こんなエピソードを聞いたことがある。その人は遠くを見るような目をして、若い頃のこんな「ロマンチックな思い出」を語ってくれたのだ。

「昔、好きだった女性とふたりで旅をして、数日間一緒に過ごしましたが、とうとう指一本触れませんでしたよ。旅のあいだ、彼女は苦しんでいたようですが、ぼくはそれでよかったと思っています。大事にしたいひとだったから、きれいなままで別れました」

ひとりよがりもたいがいにせえよ、と言ってやりたいところだが、この年代の男性たちにとっては、それが女性を「大事にする」ということだったのだろう。生身の女なら、そういうシチュエーションで「苦しむ」のはあたりまえだ。「苦しみ」がわかりながらそれを無視するなら、たんなる「自己チュー」。この男性が「大事にした」のは相手の女性ではない、自分の思いこみに殉じただけ。それにつきあわされた女性のほうは、いい面の皮と言うべきだろう。こういうのを「純粋」だの、「ロマンチック」だのと呼ぶのは、たんなるカンチガイ、というものだろう。

過去の話ではない。愛しているからセックスできない？　セックスしてしまうと愛していないことになる？　という性の二重基準から来たディレンマは今でも生き延びている。セックスを迫るカレは、本気なんだろうか、それとも……と悩むティーンズの女の子の悩みは昔と変わらないように思える。風俗では勃《た》つが、妻には勃たないとぼやくED（勃起障害）の男性も、もと旧制高校生のオヤジと変わらない。相手の反応に配慮しなければならない相手には勃起できず、そうせずにすむ相手にはいかようにもふるまえる、という落差を生きているからだ。自分で蒔《ま》いたタネだから、自業自得と言うべきか。

この二重基準のからくりがわかってしまえば、植木枝盛の「言行不一致」は「不一致」ではなくなる。かれはみごとに女の「用途別使い分け」をした。つまり遊郭の女は性の玩具とする一方で、「妻となるべき女」には「男女同権」にふさわしいリスペクトできる相手を求めたのだ。そしてその分断を正当化したのが、階級という壁だった。明治という時代がどれほど身分社会だったかを思い起こせばよい。そして「身分」とは越すに越せない「人種の壁」の別名だった。

だが男仕立てのルールにはいつも、ルール違反を許容するウラがある。低階層の女は正妻にはなれないが、愛人や妾にはなれる。どうしてもというなら、身分の高い家の養女になってから縁組みするという手もある。婚姻とは男にとっても女にとっても、家と家の盟約をつうじて互いの社会的資源を最大化する交換ゲームだから、正妻になる女には家柄や財産がのぞまれる。だから遊女を身請けして妻の座に据えたり、女中に手を出して結婚したりするのは、この資源最大化のチャンスをみすみす逃す、おろか者の選択だ[*2]。

思えば、妻になる女に美貌と家事能力（つまり娼婦と女中の組み合わせだ）が求められるようになるとは、植木の時代の人々は想像もしなかっただろう。正妻には美貌も性的魅力もいらない。家柄や家産のほかには、ただ家政能力と子を産む能力さえあればよい。場合によっては、出産能力さえいらない。「嫁して三年、子なきは去れ」は神話にすぎない。家と家の盟約のかなめとしての正妻の地位は、そのくらいではゆるがない。江戸時代の自然不妊率は一〇組に一組というが、子どもが欲しければよそから養子縁組で調達してくればよいからだ。あるいは妾奉公で子を産ませればよい。明治期の越後の農村には、婚姻のあとも、子どもが生まれるまで実家を離れない嫁がおり、婚家に移るときには主婦権の移譲を前提に、跡取りの子どもをともなって堂々と嫁入りしたことを、柳田国男は報告している。氏素性の知れない女が美貌だけで勝負することで、階層の梯《はし》子《ご》を駆け上がるというシンデレラ物語は、ほんものの身分制社会にはありえない、近代のファンタジーなのだ。

この「聖女」と「娼婦」の分断支配をもっとも痛烈に告発したのが、今日では日本のウーマン・リブのマニフェストとして知られる田中美津の「便所からの解放」[*3]である。

男にとって女とは、母性のやさしさ=母か、性欲処理機=便所か、という二つのイメージに分かれる存在としてある。（中略）男の〈母〉か、〈便所〉かという意識は、現実には結婚の対象か、遊びの対象か、という風にあらわれる。（中略）男の〈母〉か、〈便所〉かという意識は、性を汚れたものだとする性否定の意識構造から生じる両極の意識としてある（中略）。遊びの対象に見られようと結婚の対象に見られ選ばれようと、その根はひとつなのだ。

〈母〉か、〈便所〉かは、ひとつ穴のむじなであり、どちらに見られようと本質的には同じことなのだ……。〔溝口ほか編 1992: 202; 井上ほか編 1994; 田中（美）2004〕

最近の生殖テクノロジーのもとでは、女は「性欲処理機」のみならず、「産む機械」[*4]にもなった。「胎《はら》は借り物」ということばが、文字どおりの意味を持つ代理母の時代がやってきたからだ。カナダ人の作家、マーガレット・アトウッドが『侍女の物語』〔Atwood 1985=1990〕を書いたのが一九八五年。妻の同意のもとに、快楽抜きのセックスをして子どもを産む、生殖専用のメイドという究極の生殖管理社会の悪夢を描いたSFだが、それからほどなくしてこの悪夢は「夢」でなくなった。性交などという野蛮な行為をしなくても、人工授精だけで借り腹をはらませることができる。子宮を貸すのはもちろんカネのためであり、人類愛のためなどではない。代理母ビジネスへの報酬はアメリカでは約六万ドル、他方インドでは約一万二千ドルと破格に安い。グローバリゼーションのもとでは、国境を超えた経済格差が利用される。インドでは村全体が仲介業者のもとにある代理母ビジネスがある。今や自分の子どもを産んだ女に「一生責任」とらなくてもすむ時代なのだ。

八〇年代から九〇年代にかけての日本で、女性は「聖女」と「娼婦」に分断された自分の身体をまるごととりもどしていった。つまり「しろうと女」と「くろうと女」の垣根が低くなり、妻・母・娘たちが性的身体として性の自由市場へとあふれだしていった。「金妻」や「援交」[*5]に男たちが震撼したのは、もはや自分の妻や娘ですら、境界のこちら側にいるとは限らないという事実を、つきつけられたからだ〔宮台 1994, 2006〕。それというのも、「性的使用を禁止された身体」[*6]の持ち主である女子中学生や女子高生に男が高い価値をつけることで、「しろうと女」が性的存在である事実を、彼女たちみずからが「発見」したからだが。そこから性の二重基準をひとつの身体で演じ分けた、東電OLまでの距離は、遠くない。

＊1　祇園の芸者の世界でフィールドワークしたアメリカの人類学者、ライザ・ダルビー〔Dalby 1983=1985〕は、構造的な差別を見ずに、彼女たちの職業的な「誇り」の代弁者になるという、人類学者としては初歩的なミスを犯している。

＊2　見合い結婚のみならず恋愛結婚においても、階層内婚という資源最大化の選択が働いていることはさまざまなデータから知られている。

＊3　この記念碑的なビラは、侵略＝差別と斗うアジア婦人会議一九七〇年八月二二―二三日大会で配られた。文中の文献に再録されている。

＊4　二〇〇七年一月二七日、安倍内閣の柳沢伯夫厚生労働相（当時）は、少子化問題に触れて女性を「産む機械」と発言し、陳謝した。

＊5　援助交際の略語。実際には少女買春の婉曲語法。初期はOLや女子大生などに学費や衣服を「援助」するという名目でおこなわれたが、のちに中高生相手の少女買春をさすようになった。

＊6　大塚英志の『少女民俗学――世紀末の神話をつむぐ「巫女」の末裔』〔1989, 1997〕に

依拠して、わたしは「少女」を「性的に成熟した年齢に達しているにもかかわらず、その性的使用が禁止された身体の持ち主」と定義している。

4 「非モテ」のミソジニー

「性的弱者」論の罠

いつごろからだっただろうか。若手の男性論者のあいだで、「性的弱者」論が登場したのは。

恋愛と性の市場の規制緩和（森永卓郎）が言われ、性の自由市場化が進行するとそのなかには恋愛資源の多寡に応じて、性的強者と性的弱者とが生まれる。そうなれば一部の「モテ系」男性にますます女性が集中し、「非モテ系」はいよいよ女性に見向きもされなくなる……という言説だ。そのひとり、宮台真司は言う。「セックスの相手を見つけるシステムが『自由市場化』すればするほど、多くの男たちが性的弱者としてあぶれるようになる」〔宮台 1998: 265〕

一読してただちにわかるように、この文章の主語の性別が「男」であることは自明視されている。なぜなら女性の「性的弱者」については、かれらはまったく言及しないからだ。女性のなかにも「男性に一顧だにされない」性的弱者がいるはずなのだが、第13章で論じるように、「ブスは女ではない」「オレ様の性的欲望を刺激しない女は女の資格がない」という基準からすれば、彼女たちは「性の市場」にプレイヤーとして登場すらしない。それどころか現実には、美醜も年齢も外見をも問わず、どんな女性も強姦の被害に遭っているという経験的事実を見れば、男は女の属性に対してではなく、女という記号に反応しているだけなのだが。障害を持った女性は女であることを剝奪される一方で、セクハラの対象にもなる。知的障害を持った女性も、まともな恋愛や結婚の対象とは扱われないのに、強姦の対象となって妊娠する。だが、彼女たちを「性的弱者」に含めて論じる者はいない。性の市場に登場するプレイヤーには、はっきりしたジェンダー非対称性がある。

「性的弱者」論は、「弱者」という用語を採用したことで、「社会的弱者」「少数者《マイノリティ》」という問題系に接続することになった。[*1]「弱者」は社会的現象であり、「弱者」を「弱者」たらしめるのは社会の側（ここでは女性による選択）なのだから、社会が「弱者」の救済に責任がある、というなんとも奇妙なロジックである。このロジックは女性の側にはまったく反転しない（つまり「女性の性的弱者を生んだのは男による選択なのだから、その救済に対して男に責任がある」とはならない）のだから、ここでもジェンダー非対称称性はあきらかである。それどころか「男による女の性的救済」とは、女を男の性的欲望の対象にすることにほかならないのだから、そんな「救済」はまっぴらごめんだ、と多くの「性的弱者」女性は言うことだろう。

このロジックをすこぶる単純なかたちで提示したのが、「『丸山眞男』をひっぱたきたい——31歳、フリーター。希望は、戦争。」でオヤジ論壇を震撼させた赤木智弘〔2007〕である。もちろんこの程度の雑ぱくな議論に「震撼」した論壇は、丸山眞男コンプレックスや「戦争」という用語に挑発されるみずからの「オヤジ度」を証明しただけであり、赤木にとっては思惑どおり投げ餌に獲物がひっかかったようなものであろう。かれは以下のような素朴な人種差別、性差別、年齢序列ぶりを露呈する。

私であれば「日本人の三一才の男性」として、在日の人や女性、そして景気回復下の就職市場でラクラクと職にありつけるような年下の連中よりも敬われる立場に立てる。フリーターであっても、無力な貧困労働層であっても、社会が右傾化すれば、人としての尊厳を回復することができるのだ。〔赤木 2007: 219〕

そのうえ赤木は、自分たちのような性的弱者をキャリアウーマンは「主夫」として養う義務があると主張する〔赤木 2007〕。それならこれまで女が家庭で引き受けてきたたすべての経験、家事・育児・介護、性的奉仕、DV（ドメスティック・バイオレンス）への受忍までをも引き受ける覚悟があるのか、と聞いてみたくなるが、そこにはかれは踏みこまない。「主夫」が少ないのは、主夫を養うだけの経済力のある女性が少ないばかりでなく、男性のあいだに主夫の志願者が少ないからだ。それは主婦にかぎらず主夫であることも不利であることを、男性がすでに知っているからにほかならない。その一方で、家計に貢献しないにもかかわらず家事を負担することもない夫は昔からたくさんいるが、そういう夫を「主夫」とは呼ばないだけである（代わって「ヒモ」と呼ぶ）。婚姻関係のもとでは夫婦は互いに経済的扶養義務を負うが、そして現実には、稼得能力のある男性が経済的弱者である女性を養ってきたが、その約束はしばしば破られるばかりか、「養われる」ために、弱者女性の側が経済力のある男に選ばれるためのありとあらゆる努力や犠牲を払ってきたことにも言及はない。かれの提示する、「強者男性（仕事＋）」＞「強者女性（仕事＋、家事－）」＞「弱者女性（仕事－、家事＋）」＞「弱者男性（仕事－）」という奇妙な図式では「弱者男性」が最下位に来るが、この序列からは、「最弱者女性」、すなわち非婚無職の女性や、不利な条件で働いた上に子どもまで扶養しているシングルマザーが意図的に排除されている。男なみの収入を確保できる「強者女性」が圧倒的な少数派であるのみならず、彼女たちが結婚したら負担の重い仕事に加えて「仕事＋、家事＋」となることも忘れられているし、「弱者女性」も「弱者男性」も

「仕事こ」という共通点を持つなら、まだ家事負担がないぶんだけ、「弱者男性」のほうが有利かもしれないことにも気づかない。こういうつっこみどころ満載の議論からわかるのは、かれが女性の現状に理解も関心もないことだ。

「性的弱者」論は、かくして性の自由市場を怨嗟《えんさ》する声となり、性の自由市場をいくらかでも前提として認める議論はすべて、「強者の論理」として退けられる。わたし自身も宮台真司との対談〔上野・宮台 1999〕で、性的弱者に対して「コミュニケーション・スキルを磨け」と発言するだけで、批判の対象となった。[*2] 性も恋愛も、他者の身体に接近するための技術である。そのためには、相手と自分の警戒心の掛けがねを、段階を追ってひとつひとつはずしていかなければならない。このスキルは、広義にはコミュニケーション・スキルの一部である。社会的なスキルだから社会的に習得することができるはずだ。売買春とはこの接近の過程を、金銭を媒介に一挙に短縮する（つまりスキルのない者でも性交渉を持てる）という強姦の一種にほかならない。

性の自由市場

山田昌弘〔1996〕の言うように、性の自由市場では「魅力資源」は不平等に分配されているが、その魅力資源は学歴、職業、地位、収入のような社会経済的資源だけに還元されるわけではない。学歴が高く高収入でも「非モテ」の男性はたくさんいる。それなら、身長や外見、運動能力などの身体資源が決定因になるかと言えば、そうではない男性もモテているからかならずしもそうとは言えない。「魅力資源」とは交換価値ではなく、それを消費する当事者にとってのみ有用な、使用価値で測られるものだ。そうなれば、結局のところ、性や恋愛とは対人関係そのものをさすことになる。性の市場が規制緩和されるとは、男にもまたこの「対人関係の技術」が要求されるようになったということを意味するだろう。

この性の自由市場を怨嗟する人々は、「規制緩和」される以前の結婚市場にノスタルジーを感じる傾向がある。「黙っていても世話焼きの親戚のおばさんが釣書を持ってきてくれたあのよき時代」には、「婚活」に努力しなくてもよかった。結果としてほとんどの男女が結婚相手を見つける「全員結婚社会」が出現した。一夫一婦制なら当然そうなるだろうと思うのは、まちがいである。階層差の大きい身分制社会では、上位の男がたくさんの女を独占し、下層の男には女がゆきわたらない。独身者の都市であった江戸には、かれらのための遊郭が発達したことは知られている。近代になっても重婚状況はなくならず、正妻はひとりでも、「甲斐性のある」男は妾や愛人などを何人も囲いこんだ。高度成長期の日本で初めて、ほとんど一〇〇％の男に女性がゆきわたるようになった。これを「再生産平等主義」(すなわち女と子どもの平等分配)と呼んだのは、落合恵美子〔1994, 2004〕である。「全員結婚社会」は、一九六〇年代の半ばにほぼ一〇〇％に達しそれ以降下降に転じたことで、長くはつづかなかったが、裏返しに言えば、この一時期だけ、「（男のあいだでの）性の平等」が成り立ったとも言える。

この「全員結婚社会」は、女にとっては何を意味していたのだろうか？　それは結婚が強制《マスト》である社会、結婚せずに生きていく選択肢が女性になかった時代の別名である。この時代には、結婚は女にとって「永久就職」と呼ばれた。

それに対して結婚が選択肢のひとつにすぎない社会では、一般に女性の婚姻率は低下し、離婚率は上昇する。言いかえれば、それは女性に「永久就職」以外の選択肢があることを意味する。「全員結婚社会」が終焉した今日において、内田樹《たつる》や小谷野敦のような男性論者が「誰もが結婚できた（せざるを得なかった）時代」へのノスタルジーを語り、山田昌弘と白河桃子が『「婚活」時代』〔山田・白河 2008〕を唱えるのは、時代錯誤と言うべきだろう。

秋葉原事件と「非モテ」

ところで「非モテ」が「男性問題」として急速にフォーカスされたのは、二〇〇八年の秋葉原無差別殺傷事件のK君こと、加藤智大《ともひろ》による。受験の失敗でもなく、家族との葛藤でもなく、派遣切りによる失業でもなく、それらすべてに加えて——事件当時K君自身の言うところによれば——かれの凶行の原因は「非モテ」であった。「非モテ」がなんの関係もない他人を無差別に殺傷するに足る理由になるとは、もちろん、にわかには信じがたい。

　K君によれば、かれは自分のルックスに劣等感を持っていたという。そして自分の容姿のせいでモテないと思っていた。まさか、ありえない！　と叫ぶ前に、それが事実かどうかではなく、K君自身がルックスの悪さと「非モテ」とのあいだに因果関係を認める思考回路を持っていたこと、そしてそれがかれにとって「動機の語彙《ごい》」[*3]を提供したことを確認しておけばよい。非モテを容姿の悪さに帰することは、ある意味で自尊心を守る安全な方法だ。というのは、努力すれば変えられる（と考えられている）学歴や職業ではなく、容姿は努力しても変えられず、親を恨むしかない要因だからだ。また、学歴や職業や収入など、女性を惹きつけるかもしれない他の要因をすべて欠いた（そしてそれを認めることがつらい）K君にとって、容姿だけが一発逆転を狙える切り札だったかもしれないのに（そしてホストクラブにはその種のサクセスストーリーがあふれているというのに）、それさえ持てない自分の最後の拠点が切り崩される思いを味わったのかもしれない。それにしても、容姿から非モテを導き出すK君の思考回路が、いかに女性との現実の交渉を欠いたものかはすぐにわかる。かれのアタマのなかでは、女とは男の外見に惹きつけられる単純な生きものだと見なされているようだ。あるいは自分自身が異性に対して示す反応を相手に対しても投射することで、かれ自身の異性観の貧しさを示しているだけかもしれないが。

ともあれ、一般に「性的弱者」と呼ばれる男性ほど現実の女性との接触を持たないことから、現実の女性からかけはなれた「女とは何か」についての、ほとんど妄想の域に達した固定観念を持っていることは見やすい道理である。それをいったん肯《うべな》った上でなら、K君を論じた『非モテ!――男性受難の時代』〔2009〕のなかで、三浦展《あつし》が次のように言うことに同意してもよい。

「現代日本の若者（引用者注：ここでも三浦にとっては『若者』とは男しかさしていない）にとっては、『モテ』と『容姿』こそが人生最大の問題なのであり、格差社会の根本に位置する問題なのである」〔三浦 2009: 22〕

K君は秋葉原に向かう前にウェブ上にこんな投稿をしていた。

顔さえ良ければ彼女ができていたでしょうし、彼女ができていれば性格も歪んだ《ママ》いなかったでしょう。

普通に普通の仕事をつづけ、部屋と車を維持して普通の生活をしていたでしょうね。

顔がすべての元凶です。(五月八日午前五時三分)〔浅野 2008: 190–1 から再引用〕

この「普通の生活」が、赤木と同じく、就職と結婚を前提としたおどろくほど保守的な男性のライフスタイルをモデルとしていることは言うまでもない。

「『見た目』が悪いために『モテない』」ということをベースにして、恋愛弱者論を語る作法」を、鈴木由加里〔2008〕もまた指摘する。彼女は本郷和人という東京大学准教授の文章を引用する。

もういいんだもんね。ずうーっと我慢してきたけど、もうどうでもいいもんね。おまえらなんかだいっきらいだバカおんなども!! こどもの頃からもてなかった。全然もてなかった。なんでかというとへんな顔だからだ。でぶだからだ。背が高くないからだ。(中略) フェミニズムのおっかないおばちゃんたちは「コミュニケーション能力を磨け。それが足りないから、おまえらおたくは女に相手にされないんだ」って言うけれど、それはちがう。断じてちがう。おたくだからもてないんじゃない。見てくれで選別《おとし》されて女性とのコミュニケーションをいきなりまるごと拒絶されたんだ。自分を貶めて媚びへつらってまで何であんたたちと話をする必要がある?〔本郷 2006: 126; 鈴木(由) 2008: 142–3 から再引用〕*4

「見てくれで選別されてコミュニケーションをいきなりまるごと拒絶され」るのは、合コンなどでブスの女性には親しい経験だろう。「自分を貶めて媚びへつらってまで」女が「婚活」をしてきた長い歴史を考えれば、昨日今日になってこの程度の経験にたじろぐ男たちは、まだ弱者であることに慣れていないだけだろう。恋愛市場から「オリル」特権すら、かれらは持っている。「男から選ばれないおまえは無だ」と宣告されてきた女の立場からすれば、「女から選ばれないおまえは無だ」とみずからに宣告する男たちの登場は、ジェンダー関係の非対称性が是正された効果と解するべきだろうか。

K君は言う。

「彼女がいれば、仕事を辞めることも、車を無くすことも、夜逃げすることも、携帯依存になることもなかった。希望がある奴にはわかるまい」

「彼女がいる」ことが、すべてのマイナスから自分を救ってくれる逆転必勝の切り札だと考えるかれの思考は完全に倒錯している。実際の因果関係は、「仕事を辞めたり、車を無くしたり、夜逃げしたり、携帯依存になる」ような奴に彼女はできない、となるはずなのだから。

ところで男にとって、「彼女がいる」とは何を意味するのだろう？　学歴がなくても、仕事がなくても、収入がなくても、「彼女さえいれば」、すなわちなぜ「モテ」が他のすべての社会的な要因をうわまわる男の最後の逆転の一打になるかと言えば、「彼女さえいれば」オレは男になれる、からである。

「彼女がいる」ことは、女に選ばれることを意味するのだろうか？　第2章で論じたセジウィックの「ホモソーシャリティ」の概念によれば、男は女に選ばれることによって「男になる」のではない。[*5] 男は男同士の集団のなかで正式のメンバーとして認められることで初めて男になるのであり、女はその加入資格のための条件、もしくはそのメンバーシップに事後的についてくるご褒美のようなものだ。「彼女がいる」とは、「女をひとり所有する」すなわち文字どおり「所有《モノ》にする」状態をさす。他のすべての要因において欠格であっても、最後の要因、女がひとり自分に所属していることだけで、男が男であるためのミニマムの条件は満たされる。逆に言えば、学歴、職業、収入など他のすべての社会的要因において優越していても、「女ひとりモノにできない」[*6] 男の値打ちは下がる。男性集団はこういう男をけっして一人前の男、すなわち集団の正式の成員とは認めない。メス「負け犬」に対してオス「負け犬」のほうが「負け」を認めることがむずかしく、処女であることより童貞であることのほうがずっとカムアウトしにくいのは、そのためである。

　こういう「非モテ」の男たちが、実際に女性に対してどんな態度をとっているかを、前述の三浦の著書は事例を挙げて説明する。

いくつか紹介しよう。

「自分はけっこう考えが古くて、（中略）女をちやほやすることが嫌いだった。（中略）女に迎合するのがダサい気がして……」（27歳、正社員）〔三浦 2009: 68-9〕

「『女には冷たくしてれば、そのうち付いてくる』って思ってる……というか、そうであって欲しい」（同右）〔三浦 2009: 69〕

「自分から女性と話す機会を作ることもないです」（27歳、無職）〔三浦 2009: 71〕

「女性と二人で話すのは緊張するし、何を話していいのかもわからない。どうせ嫌われるに決まっていています。傷つくくらいなら、オナニーで十分です」（25歳、正社員）〔三浦 2009: 73〕

これでは、モテるわけがない。

一方かれらが求める女性像はどんなものか。

「男を立ててくれる女なら、どんな女でもよい（容姿を問わない）」というあからさまなホンネが三浦の本には出てくる。

男にとって女の最大の役割は、自尊心のお守り役である。どんな女にもモテる秘訣がある。それは男のプライドをけっして傷つけず、何度もくりかえし聞かされる自慢話にも飽きずに耳を傾け、斜め四五度下から見上げるようにして、「すごいわね、あなた」と子守歌のように囁《ささや》きつづけることだ。[*7] 疑うなら、やってみるといい。第三者にはとうていい「すごい」と思えない男なら、こう付け加えればよい、「あなたのすばらしさがわかるのは、わたしだけよ」ってね。そしてもうひとつ、「あなたがわたしのたったひとりの男よ」を付け加えれば完璧だ。

これを伝統的なボキャブラリーで語った一九八〇年代の証言がある。当時『an・an』の「抱かれたい男」ナンバー・ワンだった田原俊彦の発言を、三浦の共著者であるフリーライターの佐藤留美が紹介している。

「彼女が欲しい。口数が少なくて、可愛くて、ひかえめで、日本的で、つつましいコ。趣味悪くないと思うけどな」〔三浦 2009: 168〕

佐藤はこれにただちにコメントを付け加える。「今の時代、こんなことを女に言ったらどうなるか、それなりに覚悟しないといけない」〔三浦 2009: 168〕

こんな「趣味の悪い」時代が最近までつづいたとは信じたくないが、今でもそう思っている男が多いことは、前述の二〇〇〇年代の若者たちの証言でもわかる。女性の多くが男のカンチガイを訂正せずに、誤解のまま流通させておくことに利益を感じているからであろう。

格差婚の末路

K君のケースをちょうど裏返しにしたような例がある。タレント藤原紀香と「格差婚」をした陣内智則（以下J君と略称）のケースである。二〇〇七年に五億円をかけて豪華な披露宴をした二年後に、J君の不倫とDVを理由に離婚したことが報じられた。社会的名声も、地位も、収入も、妻が夫をうわまわっていた。この結婚がうまくいくたったひとつの方法は、「妻が夫を立てる」ことだったのだけれど、おそらくは社会的に未熟で幼児的な夫は「パワーのある妻」をこれでもかと足蹴《あしげ》にする（精神的にも身体的にも）ことで、自分の自尊心を守ろうとした。世間の認めるこんなにいい女、強い女を、自分はこれほどあしざまに扱い、侮辱し、それを恬《てん》として恥じず、それでも女はオレから逃げない――ことで、プライドを支えようとした。相手にパワーがあればあるほど、侮辱は徹底的でなければならなかった。その結果、妻は夫のもとから逃げ出した。幸い妻には逃げ出す選択肢があった。

『勝間和代のインディペンデントな生き方 実践ガイド』〔2008〕に、女がインディであるための三条件が示されている。[*8] その一、年収六〇〇万円以上稼げること。その二、自慢できるパートナーがいること。その三、年をとるほど、すてきになっていくこと。インディな女のパートナーにふさわしい「いい男」の条件に「年収一千万円以上」がある。年収六〇〇万円以上だけでもハードルが高いのに、この条件を満たすだけの男がどれだけいるだろうか、これではインディの女の「婚活」は、らくだが針の穴を通るようなものになるだろう。ご本人の弁によれば彼女はリッチな男が好きなわけではなく、「年収六〇〇万の女に対してそのくらいの年収がないと、男のプライドがもたない」ことから出した経験則だと言う。男と女のバランスはどこまでも男が優位に立つことで、言いかえれば「女が男を立てる」ことで、ようやく保たれるようなあやういものであることを、彼女は経験から学んだように見える。そしてそこまであやうくももろいのが、男のアイデンティティというものであるらしい。

「男性保護法」の反動性

「非モテ」が現代の男性にとって死活問題だと言う三浦は、その対策として「男性保護法」を提唱する。「現代はまさに男性受難の時代である」として、以下のように述べる。

「小中学校でも、高校、大学でも、そして就職活動においても女性のほうが男性よりも優位に立っている。実社会では、なんとかまだ男性優位を保っているが、これもあと10年もするうちに完全に女性に支配されるだろう」〔三浦 2009: 213〕

社会学者を名のり、実証データをつねに示してエビデンスを重視する三浦が、この点についてだけは、まったく事実に反する記述を平然とおこなう。実際には、義務教育に近い小中高はともかく、大学となれば今でも進学率の男女格差は大きいし（親は娘には息子ほどは高等教育投資をしない)、就職活動においてはあからさまな女性差別が横行していることは、内定率の男女差などのデータからはっきり示されている。HDI(人間開発指数 Human Development Index)において世界一〇位にもかかわらず、女性の地位尺度を示すGEM(ジェンダー・エンパワーメント指数 Gender Empowerment Measure)においては五七位(いずれも二〇〇九年)を占めるという、国際的に見て女性の地位がアンバランスに低い日本社会が、この先一〇年間で女性優位に変わると予測する識者は——三浦を除いて——だれもいないだろう。

そしてかれはぽろりとホンネを漏らすのだ。

「そもそも私に言わせれば、現代ほど、こんな女にモテたい、こんな女と結婚したいと思えるようないい女が少ない時代もない。男性から見れば、『いい女がいない。いたとすると必ずもう結婚している』のである」〔三浦 2009: 217〕

この「いい女」を翻訳するのはかんたんだ。男につごうの「いい女」、八〇年代の田原にとっては「趣味悪くない」好みだったかもしれないが、今では絶滅危惧種になった女のことだ。三浦は同じことを「男性を奮い立たせる女性」「母性を感じさせる女性」とも言いかえる。こちらも翻訳はかんたん。「あくまでオレを立ててオレを男にしてくれる女」「踏まれても蹴られても、オレを無条件に受容してくれる女」のことだ。

トレンドウォッチャーである三浦の時代を読む感性をわたしは信用してきたが、こんなところでかれは馬脚を露呈する。ことジェンダーに関しては、かれもまた田原なみの「古い男」だったのだろうか。

三浦は、予想どおり、「恋愛と性の自由市場化」に反対する。

「昔の見合い結婚制度は様々な規制や商習慣に縛られた市場のようなものであり、自由が少ないかわりに誰もが少しずつ恩恵をこうむる、すなわち誰もが結婚できるというメリットがあった」〔三浦 2009: 60〕

この「メリット」の最大の受益者が男性であることは言うまでもない。

かれの提唱する「男性保護法」によると、「雇用において男性を女性よりも優先する。特に正規雇用者の採用においては圧倒的に男性を女性よりも優先する」〔三浦 2009: 221〕。こんな法律がなくても、現実の社会ではとっくにこのとおりのことがおこなわれている。かれがこんなことをわざわざ言わなければならないのは、「男性は今や弱者」であり、とりわけ「一部の弱い男性は『社会的弱者』として保護されねばな」らないからだという〔三浦 2009: 221〕。

「なんて反動的！　などと怒ってはいけない」とかれは先回りして釘を刺す。だが、これらは反動の言説以外の何ものでもない。事実「社会的弱者」説に同調して女性に対する憎悪を募らせる男性の読者のなかには、三浦の本を読んで溜飲を下げる者もいるだろう。三浦の言説は、かれ自身が意図するとしないとにかかわらず、「弱者」とみずからを規定する男性たちのミソジニーを煽る効果がある。「社会的弱者」という語彙は――わたしにはたんなる誤用としか思えないが――かれらの女性嫌悪に正当性を与える言説効果を持つからである。

「男になる」ための条件

K君は掲示板にこうも書いている。

「わたしも『アニメやエロゲーがあれば幸せ』という人種ならよかったのですけれど、不幸なことに現実に興味があるのです」

現実に、そして現実の女に興味があるなら、対人関係を持とうと努力するほか道はない。学歴や地位や収入があれば、そして「見た目」がよければ、黙っていても「女がついてくる」時代は過ぎた。

そうなればコミュニケーション・スキルが問われるのはあたりまえのことだろう。三浦自身も「コミュニケーション力」が「モテ」の条件となった時代に変化したことを認めている。このところ、コミュニケーション能力を新しい権力として批判したり告発したりする流儀が流行っているが、ふしぎなことだと思う。コミュニケーション・スキルとか能力とかいう用語が誤解を招くのかもしれない。コミュニケーション・スキルや能力というものはたしかに学習や経験によって身につくが、だからといって、他の資源のように計量したり、蓄積したりできるものではない。そして対人関係というものが相手によって変化するように、万人向けのコミュニケーション・スキルがあるわけではない。コミュニケーションとは対人関係の別名である。そして対人関係の結べない者に、「彼女ができる」はずもない。「かつて学校や職場では、男性同士がうまくコミュニケーションできればそれでよかった」〔三浦 2009: 143〕と、三浦は男同士のホモソーシャルなコミュニケーションを肯定する。そのホモソーシャルな男性集団でのペッキング・オーダー（にわとりのつつき順位）に従って、おのずと女性が配分されてきた。男性の努力は、あげて男性集団のあいだでの卓越化のためのものだった。

だが、地位の序列をともなうような対人関係は定型的なものである。三浦自身が指摘するように、今日のようにコミュニケーション力が問われるようになったのは、定型化されない対人関係が（家族や男女のあいだでさえ！）増加したからであろう。

定型化されない対人関係の最たるものは友人関係であろう。利害や役割をともなわない、それから直接的な利益を得ることが期待できない友人関係ほど、維持するにむずかしい関係はない。深澤真紀が『自分をすり減らさないための人間関係メンテナンス術』〔2009〕で指摘するように、友人関係とは「人間関係の上級編」である。友人関係を維持するには、高いスキルがいる。おそらく恋愛や結婚よりも。なぜなら、恋人関係や夫婦関係とは、一種の役割演技《ロールプレイ》にもとづいているからである。

だが、夫婦も恋人も、しだいに定型を失ってきた。定型のない性関係のもとで、相手がどれほど異形《いぎょう》の他者になるかのレポートは、文学作品にいくつも登場する。コミュニケーションとは、甘やかな共感などではない。自我を賭け金とした命がけの駆け引きである。それがイヤなら、関係から撤退するほかない。

「彼女がほしい」とのぞんだK君の叫びが、ほんとうに「人と関わりを持ちたい」という欲望だったとしたら、かれのなすべきことは秋葉原へ行って他人を刺すこととはまったく違うものになるはずだった。だが、少なくともその行動から判断する限り、K君とJ君が共にのぞんだのは、自分を「男にしてくれる」ひとりよがりな「女の所有」への欲望でしかなかったと言うほかない。

＊1　「性的弱者」論はほんものの「社会的弱者」である障害者と結びつくことでさらに錯綜した。身体的、社会的、経済的……弱者である障害者男性は性の自由市場でも性的弱者と見なされる。その性的弱者である障害者の性欲は充足される権利があるとして、障害者の買春を認めるか否か、マスターベーションや性行為のための介助をおこなうべきか否かが議論されるようになった。ここでも女性障害者の「性的弱者」問題は、意図的にか非意図的にか、看過された。

＊2　小谷野敦は「容姿とか学歴とか、そのような『もてない』要因を乗り越えるのが、コミュニケーション・スキルなるものであると、上野千鶴子ほかの人びとは言う」〔小谷野 2005: 64〕と指摘した上で、それに疑問を呈する。

＊3　社会運動論のなかの資源動員論の用語。人々を動員する動機には、社会的な同意を得られやすい言説資源が、語彙として供給されるとする説。

＊4　鈴木は「男性はもともと『薄い女性嫌悪』を身のうちに秘めているのではないか」〔鈴木（由）2008: 152〕と指摘する。「薄い」どころではない。セジウィックによれば、女性嫌悪こそ、男性性の核心なのである。

＊5　その点では女が男に選ばれることによって、初めて女としての存在証明を得ることとは非対称性がある。

＊6　所有している女に対して「女房ひとり言うことを聞かせられない」男、「女房の尻に敷かれている」男は同性からの侮蔑の対象になる。妻の姦通が男にとってスティグマ（社会的烙印）になるのは、妻に裏切られたからではなく、他の男性に対して、妻の

コントロールすらできない自分の恥をさらしたからである。女仇討《めがたき》ちは男としての名誉回復のためであり、妻に対する嫉妬の表現ではない。

＊7 女が媚態《びたい》で男をコントロールすることを「鼻毛を読む」という。まことに女が男にしなだれかかって斜め四五度上方を見上げたら、視界の真ん中に鼻の穴が来る。「鼻毛を読む」とは、文字どおりの表現であることがわかる。

＊8 精神的にも経済的にも他者に依存しない、自立した生き方をさす。

5　児童性虐待者のミソジニー

「欲望問題」

伏見憲明は、『欲望問題――人は差別をなくすためだけに生きるのではない』〔2007〕で、読者からメールで届いたこんな「相談」を紹介している。[*1]

私は二十八歳の同性愛者です。というか、（中略）大人になる前の少年が好きなのです。（中略）最近では、ふと気がつくと、街で好みの少年のあとをつけていたり、もう少しで声をかけそうになっている自分にハッとします。それと同時にぞっとします。いったい私はどうしたらよいのでしょうか。なんとかならないものでしょうか。本当にもう子供に手を出してしまう寸前なのです……。〔伏見 2007: 6〕

伏見はこのメールを受けとって、「いったい自分と彼にどれほどの違いがあるのだろうか」と考え、「心の叫びとでも言っていい彼の『痛み』が、行間からひしひしと伝わって」くる、と理解と同情を示す。そしてゲイである彼は、成人の男性に欲望を感じ、この「二十八歳、男性」が少年に欲望を感じることを「紙一重の差」として、こう書く。「ぼくは（ゲイとしての）自分の欲望のあり方を世間様に人権問題として訴えることができ、幼い子供に欲望を抱いてしまう人々は犯罪者として断罪される」ことを「なんだかすごく理不尽」に感じてしまうと言う〔伏見 2007: 13〕。そして性的少数者（sexual minorities）の運動のなかにも、少年愛者の姿が見えないことを指摘する。

だが、「少年愛」という用語のなかに問題がひそんでいる。フェミニズムが「性的いたずら」を「セクシュアル・ハラスメント」と、「痴話げんか」を「夫から妻への暴力」と呼びかえたように、「少年愛」を「児童性虐待」と呼びかえたらどうなるだろうか。「少年を性的に虐待したくてうずうずしている」だれかに、それでも伏見は、「痛み」と共に同情を示すだろうか。

試みに「少年愛」を「少女愛」に入れかえてみよう。

私は二十八歳の異性愛者です。というか、（中略）大人になる前の少女が好きなのです。（中略）最近では、ふと気がつくと、街で好みの少女のあとをつけていたり、もう少しで声をかけそうになっている自分にハッとします。それと同時にぞっとします。いったい私はどうしたらよいのでしょうか。なんとかならないものでしょうか。本当にもう子供に手を出してしまう寸前なのです……。

伏見は同性愛者に同情を示すように、異性愛の児童性愛者にも「同情」するのだろうか。

「少年愛」、「性愛」のような、誤解を招く用語をここでは避けよう。性は欲望の言語、愛は関係の言語。性と愛とがべつべつのものであることがこれほどはっきりした今日の世界で、「性愛」などという混乱を招く用語を使う必要はもはやない。わたしたちが知っているのは、性が愛を随伴することもあれば、そうでないこともある、というあからさまな経験的事実だ。それどころか性は憎悪や侮蔑をともなうことすらしばしばある。ここに提示されたのは、伏見が正確に名づけるとおり、「欲望問題」なのだ。

公的セックス・私的セックス

性欲と性行為と性関係とは、厳密に区別されなければならない。

性欲は、個人の内部で完結する大脳内の現象である。全米性教育情報協議会(SIECUS)

による定義のとおり、「性的欲望」とも訳されることのあるセクシュアリティとは、「両脚のあいだ(between the legs)」にではなく「両耳のあいだ(between the ears)」、すなわち大脳にある。だからセクシュアリティ研究とは、その実、下半身の研究ではない。何が性欲の装置になるかは、人や文化によって違う。生身の身体が目の前にないと性欲を感じない個人もいるかもしれないが、性欲を起動させるのはたんに記号化された身体のパーツでよいかもしれないし、まったくヴァーチャルなシンボルや映像でも感じるかもしれない。モノや記号に反応する即物的な場合もあるだろうし、なんらかのファンタジーを舞台装置として要請する手の込んだものかもしれない。それだってまったくオリジナルというわけにはいかず、文化によって学習されたできあいのシナリオをもとに、自分流のバージョンをつくっているだけのことだろう。だからこそ、わたしは自著の『発情装置』〔上野 1998b〕に、「エロスのシナリオ」という副題をつけたのだ。欲望が「恋愛」という「関係妄想」をファンタジーとしてともなっている場合にさえ、欲望そのものは個人内で完結しているから、「ボクがキミを愛しているということは、キミにはいっさい関係のないことだ」という言い方が成り立つ。その限りで、欲望は——想像力と同様に——自由である。人は神と交わることも、聖母に抱き取られることも、あるいは強姦することも、幼女を切り刻むことも、欲望することができる。それを禁止したり、抑圧することは——本人以外には——だれにもできない。

それに対して性行為とは、欲望が行動化したものである。その行動には、他者（身体）を必要とするものと必要としないものとがある。前者を性関係と限定すれば、「関係不在の」性行為とは、自己身体とのエロス的な関係、すなわちマスターベーションのことである。人は他者身体とエロス的な関係を結ぶ前に、自分自身の身体とのエロス的な関係を学ぶ。とはいっても、マスターベーションとは、他人を相手にする性交にいずれとってかわるための準備でもなければ、不完全な代替物でもない[*2]。人は他者身体と交わる前も、そのあいだも、それ以後も、自己身体とのエロス的な関係を一生涯にわたって持ちつづけている。他者身体とのエロス的な関係のほうが、偶発的かもしれないくらいに。

『セックス・イン・アメリカ――はじめての実態調査』〔Michael et al. 1994=1996〕の著者、マイケル、ガニョンらは、「パートナーのないセックス（sex without a sex partner）」と「パートナーのあるセックス（sex with a partner）」とを区別し、後者を「公的領域におけるセックス（a public world of sex）」と呼んだ。対するに、「パートナーのないセックス」とは、マスターベーションをさす。すなわち他者の介在をともなう限り、どのようなセックスも社会関係のひとつであり、したがって「公的」とされる。

公的なセックスには、社会関係に関わるすべての市民社会のルールが適用される。相手の合意がなければ夫婦のあいだでも「強姦罪」が成立するし、相手がいやがる性的アプローチは「セクシュアル・ハラスメント」となる。それらはこれまで、「プライバシー」の名で封印されてきたものだ。性関係は「プライバシー」どころではない。なぜなら性関係も複数の個人のあいだの社会関係の一種だからだ。マイケルらに従えば、「プライバシー」は完全に個人の境界にまで切り詰められる。

こういう言い方をしてよいかもしれない。身体は最初の他者だ、と。そして、私的セックス（パートナーのないセックス）とは、自己身体との合意のいらない性行為だと。自己身体は自分の意のままに従えることができる、と多くの者たちが考える。実際には意のままにならない身体に多くの者たちが対面している事実があるにもかかわらず。自己身体は愛撫することもできるし、傷つけることもできる。場合によっては、殺すこともできる。たとえ身体が抵抗しても、その抵抗を排除し抑圧することも意のままだ。現在の法律では、自己身体を性的に玩弄《がんろう》しても殺傷しても、いずれの場合も犯罪を構成しない。たとえば生き残った自殺未遂者を、自己身体に対する危害行為で逮捕するなどということは法的には想定されていない。自己身体とは、自己の最初で最後の領土、どのようにも統治し、遺棄し、処分することもできる私有財と見なすのが、近代リベラリズムの人間観なのだ。だからこそ、多くの人々は、リストカットや食べ吐きで、自己身体への暴力を行使する。

性行為に他者身体を介在させたとたんに、性関係という名の関係が成立する。性欲のなかには、性関係欲というものが含まれる。だが、他者が登場したとたん、それは自己完結する欲望ではなくなる。そのなかに、緊縛した相手の自由を奪ってセックスしたいとか、だれかにむち打たれながらでないと射精できないという欲望があったとしたら？　自分で調達できない装置なら、他者の合意を得て、その身体の一部を使わせてもらうことがあるかもしれない。あるいは自分の性的ファンタジーのシナリオの一部を、これも同意を得て、だれかに共演してもらうことも可能だ。そのために対価を支払う可能性もある。が、たとえば、いやがる相手の抵抗を排して性交したほうがずっと興奮するとか、子どもの無知や無垢《むく》につけこんでその身体を性的に玩弄したいという関係欲があったとしたら？——それらの欲望をも、「性的少数者」の欲望の一種として、認めることができるだろうか？

　性的欲望に限らない。他者を攻撃し、抑圧し、侮辱し、支配し、殺したいという欲望を人は持つことがある。冒頭の「二十八歳、男性」が、秋葉原無差別殺傷事件の容疑者、K君こと加藤智大のように、「だれでもいいから殺したかった」という欲望の持ち主だったとしたら、どうだろう？

　この男性が、自分の「欲望」を「性行為」に移し、その行為に少年をまきこんだとしよう。その行為は、伏見の言うように、「性犯罪」となる。伏見はこうも書く。

「性犯罪が起こる度に、被害者への深い同情とともに、犯罪者の痛ましさに共振せずに

はいられないのです。あそこにいたのは自分だったのではないか、と」〔伏見 2007: 14〕

伏見のこの想像力が、「性犯罪」から「性」を引き算しても成り立つものなら、それはそれとして犯罪者への共感として別に理解することは可能だ。宮崎勤の事件のときも、「M君はボクだ」という共感はあったし、秋葉原事件のときも「K君はボクだったかもしれない」とネット上に共感が寄せられた。あの連合赤軍リンチ殺人事件のときですら、田中美津は「永田洋子はあたしだ」と共感を示したのだから。

だが、M君のときもK君のときもそうだったように、欲望を持つことと、欲望を行為に移すこととのあいだには、千里の径庭《けいてい》がある。M君はスプラッタービデオのコレクターだったこと、[*3]そしてビデオで見たように被害に遭った幼女のカラダを切り刻んだことが報道されたが、あまたのスプラッタービデオの愛好者がそのまま犯罪者になるわけではない。K君の場合は、派遣切りが無差別殺傷の原因だと言われたが、何十万人という派遣切りの若者たちがすべてK君と同じように無差別殺人を犯すわけではない。

想像力は取り締まれない――それが多数派のフェミニストが暴力的なポルノの法的な取り締まりを求めることに、わたしが同調できない理由である。

アメリカのフェミニスト、ロビン・モーガンには、「ポルノは理論、レイプは実践」という有名な定式がある。これまでアメリカの主流派フェミニストは、女性に対して暴力的なポルノの法的規制を求めてきた。日本でもポルノ規制をめぐって、一部のフェミニストとコミックライターや作家とのあいだに「表現の自由」論争が起きたが、わたし自身は、フェミニストのなかでも「表現の自由」を擁護する少数派に属する。たとえば、永山薫は「表現の自由」論争の続編とも言うべき共編著の『2007-2008 マンガ論争勃発』〔2007〕に、そのような少数派フェミニストとしてのわたしとのインタビューを収めている〔上野 2007〕。

ちなみに永山の『エロマンガ・スタディーズ――「快楽装置」としての漫画入門』〔2006〕は、暴力的なポルノについての洞察に富んだ名著である。同書のなかには、「鬼畜系」と呼ばれる暴力的なポルノが登場するが、それをつうじてわたしたちは、身体を変形し、加工し、傷つけてまで他者を凌辱《りょうじょく》したいという、人間の想像力の射程の奥深さを知る。そのなかには、「人間獣」と呼ばれる四肢を切断されて首輪をつけられた、ただ性的な調教と凌辱のためにのみ飼われる人間が登場する。だが、テキストはその「人間獣」の痛みや哀しみをも表現してしまう。「鬼畜系ポルノ」の消費者は、加害者と被害者の両方の落差を経験することで、二重の快楽を味わっているのだ、と永山は瞠目《どうもく》すべき指摘をする。加害者に同一化するだけの快楽は浅い。被害者の痛みにも同一化できるからこそ、快楽はよりふくざつになり深くなるのだと。

ポルノ規制が、年齢や文脈によってアクセスできる情報を制限するゾーニングや、有害と思われる情報を自動的に検出・排除するフィルタリングのような手法で、「見たくないものを見ない自由」を擁護することはよい。だが、それがどんなに残酷な想像力であれ、表象の生産そのものを取り締まることはできないし、そうしないほうがよい。表象と現実との関係は反映や投射のような単純なものではない。むしろ夢のように、現実に対して代償や補完のような役割を果たすことが知られている。わたしたちは想像のなかで何度も人殺しをしているからこそ、実際にはだれも殺《あや》めずにすんでいるかもしれないのだから。

児童性虐待者たち

「二十八歳、男性」の欲望を行動に移してしまった者たちがいる。児童性虐待者たちである。そしてかれらは「性犯罪者」となった。

「彼らはなぜ幼い子どもを性愛の対象にするのか？」この問いにだれよりも切実な関心を持った研究者がいる。当の被害者である。こう言ったほうが正確だろう、幼児性愛の被害者であった女性が、自分にとってもっとも切実な問いを一生かけて解くために研究者になった、と。彼女は収監されている性犯罪者たちを訪ね、インタビュー記録にもとづいて本を著した。パメラ・シュルツ『9人の児童性虐待者』〔Schultz 2005=2006〕である。

本書の帯には、上述の「彼らはなぜ幼い子どもを性愛の対象にするのか」という問いにつづけて、「そして、どのようにして欲望の餌食にするのか」とある。ここでも「性愛」というまぎらわしい用語を避けて言いかえるなら、「彼らはなぜ幼い子どもを欲望の対象にし、そしてその餌食にするのか」とするべきだろう。性が何かをまだわからない者たちに対して、同意を求めることはできない。かれら児童性虐待者たちは（ほとんどが子どもの身近な大人たちだ）、子どもの支配者としてふるまい、子どもの身体を自分の欲望の道具として利用しようとする。そして子どもの抵抗を排するためなら、「愛している」という便利なことばをいくらでも使う。「おじさんはキミを愛しているから、（キミのいやがる）こんなことをするんだ（だからキミも抵抗しないで、協力してほしい）」というせりふは、「ボクはキミを愛しているから殴るんだ」というDV夫のようだ。シュルツの研究によれば、加害者はなぜだか被害者がそれを歓迎していると思いたがることがわかっている。たいがいは小心者である加害者たちは、それによって自分の罪の意識を軽くしたいと願っている。それはポルノの定石どおり、たとえ強姦であっても「女はそれを待っている」という「誘惑者の論理」へのすりかえである。

「私は児童性虐待の経験者である」と冒頭にカムアウトして書かれた本書の著者、シュルツをとらえた問いとは、「私を虐待した男性が持っていた動機を理解したい」という、根の深い欲求」であった。「私はただの便利な道具ではなかった」と信じるために〔Schultz

2005=2006: 18〕。

　彼女は幼児期から一〇代になるまで、近所の成人男性による性的虐待を受けつづけた。一〇代になって虐待が止んだのは、「思春期に入った」彼女に男が興味を失ったからであろう、と書かれている。文字どおり「大人になる前の少女」にだけ、性的欲望を持つ男性が加害者であった。

　これまでの性犯罪研究は、性犯罪被害者の研究に偏ってきた。だが「被害者側の話を聞くだけでは勝利の半分しか得られていない」と感じるシュルツは、「加害者側からの話にすすんで耳を傾ける」ために、収監者たちのもとに赴く。彼女がもっとも避けたい相手に対面して、混乱し、葛藤し、惨憺《さんたん》たる心理的コストを支払いながら。そして発見するのだ、かれらが犯した犯罪は「おぞましい」が、かれら自身は「怪物《モンスター》」ではないことを。

「私はあなたたちのことを知りたい、あなたたちがなぜ人を傷つけるのかを理解したい（中略）彼らが他人にあれほどひどいことができるようになったのは、いったいどんな苦痛を味わったせいなのか、私はそれを知りたかった」〔Schultz 2005=2006: 20〕

　それというのも、この虐待体験は彼女にとって一生消えることのないトラウマ（心理的外傷）を残したからだ。加害者がせめて自分が相手を傷つけていることを自覚していてほしいと被害者はのぞむ。だが、加害者は被害者の受けた打撃をつねに過小評価しようとする。あまつさえ、被害者がそれを「歓迎」していると故意にカンチガイしようとする。それは逆説的にかれらが「罪の意識」を持っていることを、証《あか》し立ててもいる。かれらは自分が加害者であることへの自覚がある。だからこそ「ケイティと私がセックスをしているとき」を「私がケイティにセックスをしているときと言うべきかもしれません」〔Schultz 2005=2006: 366〕とわざわざ言いかえたりもする。相手の合意を得るどころか、抵抗を奪うことも自覚している。

ある男は義理の娘を従わせるために「やらせろよ、さもなきゃ、ぶちのめす」と脅迫した。「ソドミー行為をしているとき、あの子が泣きわめきはじめたんで、手で口をふさいで黙らせた」動機は「セックスとも愛とも無関係」で、相手のことなどかまわず「怒りを全部吐きだし」た〔Schultz 2005=2006: 191〕。「殺したいか、セックスしたいか」〔Schultz 2005=2006: 259〕のどちらかだったと告白する男もいるし、同じように「性虐待をしていたおかげで、殺人のようなもっと凶悪な犯罪に走らずにすんだ」〔Schultz 2005=2006: 395〕と考える男もいる。

かれらによれば、小さな子どもたちに欲望を抱くのは、「なにをやっても、子どもなら大丈夫」「比較をしないから」〔Schultz 2005=2006: 127〕であり、「子どもは無邪気で単純」「だまされやす」く、コントロールしやすいから〔Schultz 2005=2006: 225〕であり、それは自分自身が「未熟」だからであり〔Schultz 2005=2006: 140〕、自分流のやり方で子どもに「親近感を行動で示し」たり〔Schultz 2005=2006: 177〕、子どもを「崇拝」したり〔Schultz 2005=2006: 258〕しているからである。またある男は子どもがセックスを「楽しんでいる」と信じたがり〔Schultz 2005=2006: 224〕、べつの男は子どもから高く評価されたがっていた〔Schultz 2005=2006: 259〕。

　これらの男のなかには、自分の子どもへの「愛」というものが、「執着」の別名であり、自分の欲望のために子どもを利用していることを自覚している者もいた。だが、それは、シュルツの質問に答えて、彼女が「セルフ・ナラティヴ（自己語り）」と呼ぶものを彼らが構築する過程で、回顧的に出てきた自己省察の産物である。

　児童性虐待者は自分の欲望のために、同意を得ずに（すむ）無力な他者の身体を利用し、それに執着し、依存し、相手をコントロールしつづけようとし、その相手から自尊感情や他者への信頼や自己統制感などをずたずたに奪っていく。あまつさえ相手がそれをのぞんでいると信じたがり、誘惑者に仕立てていく。その加害者の九九％が男であり、被害者は約九割が女児、一割が男児である。

　そしてこれらの男たちの多くが、自己評価の低い、みずから虐待された体験のある被害者であることを、シュルツは発見する。そして被害者の憤激を買いながらも、「修復的司法[*4]」の重要性を説くに至る。

　彼女が手がかりとするのは、「被害者・加害者両方のセルフ・ナラティヴ」である。

ただし両者は「互いに無関係に存在してはならない」、なぜなら双方のナラティヴが「事件の現実」を構成しているからだ。「こうしたナラティヴは、児童性虐待が社会の中でどのように機能しているかについての情報源となる。なぜなら、性、性的傾向、性習慣が権力の手段となる方法を伝えてくれるからである」〔Schultz 2005=2006: 416-7〕

児童性虐待者は、少数の特殊な人々ではない。いな、数の上では少数でも——実際には浮上しないだけで少数かどうかはわからない——かれらの経験は、けっして「特殊な経験」ではない。

自分の欲望のために、同意を得ずに（すむ）無力な他者の身体を利用し、それに執着し、依存し、相手をコントロールしつづけようとし、その相手から自尊感情や他者への信頼や自己統制感などを奪い、あまつさえ相手がそれをのぞんでいると信じたがり、誘惑者に仕立てるという関係は、強姦やセクハラにも、DVにもあてはまる。それのみならず、そのまま異性愛の男女のあいだに、あてはまる。伏見が、「二十八歳、男性」の「少年愛者」と自分との差は「紙一重」であり、境界線が引けないと語るように、かれらの性欲、性行為、性関係は、限りなく「ふつう」の性関係に近い。「ふつう」の、というのは、「男性支配的な」という意味だ。

それならいっそのこと、かれらが性関係から撤退し、性行為をマスターベーションに限定し、自己完結した性的欲望のファンタジーのもとにとどまってくれているほうが、ずっとよい。ヴァーチャルなシンボルで充足できる「二次元萌え」のオタクや、草食系男子のほうが、「やらせろ」と迫る野蛮な肉食系男子よりましだ。メディア系の性産業はすべて、「抜くためのおかず」、つまりマスターベーションのための性幻想の装置として機能している。たとえ二次元平面のエロゲーや美少女アニメが、誘惑者としての女がすすんで男の欲望に従うあいもかわらぬ男につごうのよい男権主義的な性幻想を再生産している、としても。想像力は取り締まれない。かれらがそれを行為に移すことさえなければ。

ただし、急いで付け加えておかなければならないのは、ポルノという表象のうちでも、実在の子どもをモデルに使ったチャイルド・ポルノはべつだということだ。モデルの現実とモデルの演技の境界は限りなくグレーである。殺人の現場を演技で表現する被害者のモデルは、生き返ることができる。メディアにあふれている殺人のシーンを取り締まれというメディア規制は存在しないが、もしそれが演技者にとってすらトラウマ的な体験になるとしたら話はべつだ。ポルノのモデルがシナリオにない現実のレイプを受けるのは人権侵害と見なされるが、それだけではなく、トラウマ的なポルノを演じることでもたらされる影響を無視することはできない。とりわけ子どもの場合には、子どもの「同意」能力を前提とすることはできない。子どもは、それがどんな意味を持つかを自覚することなしに性的な露出を迫られるからである。子どもの身体を性的な道具にすることは、それが表象の生産と流通、消費であっても、それ自体、犯罪と見なすべきであろう。

チャイルド・ポルノのサイトでは、本人が無自覚なまま映像が流出している。親や教師など保護者の立場にある者たちが、子どもを利用することさえある。もっとおそろしいことには、性的な映像に価値があることに気づいた子どもたちが、すすんで自分を性的客体化した映像が流通している、というチャイルド・ポルノの検閲を仕事としている専門家の証言がある。その検閲官は一日の大半をネット検索して子どもの痛ましい映像を見つづける仕事にうちのめされて、その職を去ったという。

ミソジニーとホモフォビア

ここでわたしたちはふたたび、イヴ・セジウィック〔Sedgwick 1990=1999〕に立ち返ろう。

セジウィックは女性嫌悪《ミソジニー》と同性愛嫌悪《ホモフォビア》とを、男同士の連帯《ホモソーシャリティ》を成り立たせるわかちがたい一組の契機とした。ホモソーシャルな集団の一員になる、すなわち自分が男であると他の男たちに認めてもらうためには、自分が「女ではない」ことを証明しなければならない。なぜなら欠性対立（privative opposition）によって成り立った「標準」としての男性性は、ただ有標化（marked）された「女性性」の欠如によってしか、定義されないからだ。[*5] 男を男として認めるのは男であり、女ではない。「女のようではない」ことを証明するには、女を所有することで女の支配者の位置に立つ必要がある。したがって「女を所有《モノ》にする」ことで、男は「男になる」。この関係は非対称的なものであり、逆転してはならない。女をひとり支配下に置くことは「男である」ことの必須の条件であり、だからこそ、そのコントロールに失敗することは男の汚点となる。「女房ひとり言うことを聞かせられないで、なんの男ぞ」と「女房の尻に敷かれる男」は軽蔑されるし、妻に姦通された男は、所有物の管理にしくじったばかりか「飼い犬に手を噛まれた」ことで「男の面目」を台無しにする。妻の裏切りよりも、同性集団への「男としての名誉」がかかっているからこそ、女仇討《めがたき》ちは果たされなければならない。

第2章で触れたようにミシェル・フーコー〔Foucault 1976=1986〕は、ホモフォビアの原因を、「貫く者」と「貫かれる者」とのあいだの性行為の非対称性に求めた。ペニスの有無という解剖学的な差異にもとづく即物的な非対称性をさすのではない。「能動」と「受動」という関係、すなわち性的主体となるか性的客体となるかという非対称性のもとで、「女性の位置を占める」ことの（男性にとっての）スティグマをさしたのだ。これを「女性化（feminization）」と呼ぶ。したがって同性愛者の男は、「女性化された男

（feminized man）」の記号となる。しかも同性愛者の男がホモソーシャルな集団に混入していることは、その男の性的欲望によって対象化されること、言いかえれば「女性化」される危険をつねにはらむことになる。男が「男であること」から転落する危険は排除されなければならない。だからこそ、男性集団のあいだでホモフォビアは厳格なルールとなる。しかも、セジウィックが指摘し、キース・ヴィンセントらが強調するように〔ヴィンセントほか 1997〕、男の男に対するエロス的な欲望は、どの男性のうちにも潜在しているからこそ、この排除はいっそう徹底的でかつ自己検閲的なものでなければならない。ホモソーシャルな集団とは、同時にホモエロティックな集団でもあることは多くの論者によって指摘されてきた。男同士の関係をあらわすのに、どのくらい性愛の用語が使われてきたことか。「男心に男が惚れた」というように。『葉隠《はがくれ》』にあるように、もともと「恋」とは、男性同士の恋闕《れんけつ》の情をさすものにほかならなかった。

男が「女性化」される危険を冒さずに同性愛行為を実践する唯一の方法が「少年愛」である。ここでは年長者（念者）と年少者（稚児）のあいだに、「貫く者」と「貫かれる者」とのあいだの非対称性が固定される。これが逆転することはない、つまり少年はあくまで念者の欲望の客体であって、逆に念者が少年からまなざしかえされることによって欲望の客体に転落することはない。古代ギリシャでは「少年愛」のなかでももっとも上位に挙げられるのが自由民の少年との性愛であり、下位に属すのが奴隷の少年との性愛であった。なぜなら奴隷との少年愛には強制がともなうが、自由民の少年との性愛には自由意思が介在していると見なされるからである。肛門性交が受動的な側にとって快楽であることを証言した表象は、古典的なポルノにもいちじるしく少ないことを考えれば、少年たちは快楽からではなく、尊敬と愛情から念者にみずからの身体を自発的に差し出すことになる。だからこそいずれ自由な市民となる少年から捧げられる性愛には、高い価値が与えられるのだ。

本書を読んできた読者なら、フーコーの紹介する古代ギリシャの「少年愛」の理想が、児童性虐待者のファンタジーに酷似していることに気がつくだろう。「男である」というみずからの性的主体性を侵される危険を少しも感じることなしに、他者を性的にコントロールすること。そのために、もっともバリアの低い、無力で抵抗しない相手を選ぶこと。しかも相手がそれを望んでいると信じたがること。その被害者が女児であるか、男児であるかはもはやたいした違いではない。それが児童性虐待者である。

そうなればかれらの多くが、小心で脆弱《ぜいじゃく》な「男らしさ」のアイデンティティの所有者であることの理由が、よく見えてくる。かれらはそうしてミソジニーとホモフォビア——同じもののコインの両面だ——を実践しているのである。

＊1　『欲望問題――人は差別をなくすためだけに生きるのではない』の帯には「命がけで書いたから命がけで読んでほしい」とある。いささか大げさなマニフェストだが、本人はそのつもりのようだ。担当の編集者からウェブ上にコメントを、と再三の依頼を受けたが、その当時はまったく余裕がなかった。本稿がその応答にあたると解してもらえればよい。

＊2　マスターベーションが相手のある性交の不完全な代替物であるという考え方は、今日のマスターベーション研究の地平からは、完全に放逐された。それどころか、実証研究によれば、パートナーとの性関係が活発である人ほど、マスターベーションの回数が多いことも報告されている。つまり性的アクティビティのレベルの高い人は、自己身体とも他者身体とも性的に関係する機会が多く、一方が他方を代替するわけではないことがわかる。

＊3　スプラッタービデオ・映画とは、殺人の現場を生々しく再現するような映像、とくに身体を切り刻むようなシーンのあるビデオ・映画を言う。血しぶきが飛び散ることから「スプラッター」と名づけられた。連続幼女殺害事件で宮崎勤が逮捕されたあとの自室の映像で、スプラッタービデオを含むコレクションが天井まで積み上げられていたことや、またマニアとして一部で知られていたことが報道された。

＊4　犯罪被害者と加害者の対話をつうじて関係の回復や加害者の更生を図る手法。

＊5　欠性対立とは、対立する項の一方にだけ特徴（mark）があり、他の項はその特徴の不在によってのみ定義されるような二項対立をいう。「不良少年」とふつうの少年、「非行」と非行でない行い、のような二項対立がそれにあたる。man/ woman（人間＝男／（子宮を持った）人間＝女）との対立もその例である。

6　皇室のミソジニー

男児誕生

二〇〇六年九月六日、この国にとくべつな子どもが生まれた。出生届も出されず、戸籍も持たないのだから、この子どもは「日本人」の人口統計のなかに含まれるのだろうか。生まれながらに「お子さま」と敬称をつけて呼ばれるこの子どもの誕生を、かねて予定どおりの出産であったにもかかわらず、新聞は「号外」で報じた。「前置胎盤で危険なため」帝王切開で臨んだ医師団には、母子の安全を確保するという不退転の決意が読みとれた。現在の皇室典範のもとで皇位継承第三位にあたる子ども（秋篠宮悠仁《ひさひと》親王）の誕生である。この子どもはこれ以降、一挙手一投足を監視下におかれ、プライバシーのない一生を送ることになるだろう。

「男児誕生」——すべてのメディアはそう報じた。この日ほど、日本列島をそれと名指されないミソジニーが走ったことはない。「おめでとうございます」と喜色満面で祝いのことばを述べる政治家や市民たちは、もしこれが女児だったら、いったいどんな反応をしただろうか。

生まれながらに、性別で子どもの値打ちが違う――生まれたとたん、新生児の股間をあらためて、一物《いちもつ》がついていれば「でかした」と喜び、なければがっかりするのは、長きにわたって日本社会の慣習だった。日本には「末っ子長男」と言われる男児が多いが、秋篠宮を父とするこの男児も――これ以降子どもが生まれなければ――「末っ子長男」のカテゴリーに入ることになろう。それと言うのも女児ばかりの出産がつづいたあとに、息子を望んでもうひとりとがんばり、と出産に踏み切るカップルが、念願の息子を得たあとそれで出産をうちどめにするからなのだが、最近の少子化傾向のもとでは、この「末っ子長男」も激減している。第三子、第四子以降の「もうひとりとがんばり」が、経済的状況からもはや利かなくなったからだ[*1]。

生誕のときから性別で人間の値打ちが違う。これほどわかりやすいミソジニーはない。各紙が掲載した皇族の家系図のなかでは、皇位継承権を持つ男性だけがマークされ、他の女性皇族は、男系の血統が通過する媒体（胎《はら》は借りもの）のようにしか見なされていない。タネが貴種ならば器は出自を問わない、かのように。事実大正天皇の母は明治天皇の側室だが、その母の名前は系図にすらあらわれない。この二一世紀の世の中に平安時代なみの族譜を見せられた思いで、一瞬気が遠くなる。だからといってわたしは、天皇制の「男女共同参画」などを求めているわけではない。

九月六日、この国に生まれた特別扱いの子どもを見て、「女児でなくてよかった」と少しでも思った男も女も、すべてミソジニーの持ち主である。皇族とは、このミソジニーをあからさまに制度として組みこんだ家族である。

秋篠宮の兄夫婦、つまり皇太子とその妻は、もしかしたら自分たちの子どもが「娘でよかった」とほっとする思いでいるかもしれない。これで世間とメディアの関心は弟家族へと向けられ、娘が「世継ぎ」になるかもしれない、というプレッシャーから逃れられ、不妊治療からも解放され、もう少し自由にのびのびと娘を育てることができるかもしれない、という期待から。死をもってするほか退位の自由がなく（その後生前譲位が可能になった）皇籍を離脱する自由もない皇太子（とその妻）にとっては、これは歓迎できる事態だったかもしれない。だがそれは兄弟のあいだの勢力関係を逆転することと引き替えだ。子どもの性別が違うだけで、親世代の家族のあいだの優劣の順位も変わる。平安時代か、とふたたび絶句する思いである。

こういうミソジニーを核として組みこんだ社会を、家父長制と呼ぶ。家父長制の社会では、一般に男児選好があると言われる。生まれたときから選好されるばかりでなく、生まれる前から胎児の段階で選別されることもある。もう少しスマートなやり方なら、受精の前に、産み分けをすればよい。男女産み分けは生殖技術のなかでは、もっとも簡便なもののひとつだ。X遺伝子とY遺伝子を持つ精子を遠心分離器のなかで選別するだけである。こういうわかりやすい男児選好が統計となってあらわれたのが出生性比のデータだ。先進国の自然出生性比は男対女で一〇五対一〇〇と言われるが、一人っ子政策の定着した中国では二〇〇九年に一一九対一〇〇といちじるしく男児に偏っている。疫学的には、このデータの背後にはなんらかの人為的操作が働いたにちがいないと推定するだけの根拠がある。中国では、女児はおそらく精子の段階で選別され、胎児の段階で抹殺され、新生児の段階で歓迎されない存在なのだ。

東アジア儒教圏の三つの国、日本、韓国、中国のなかで、日本だけが男児選好に関して例外的な動きを示している。いずれの国でも少子化が進行しているが、「もし一生にひとりしか子どもを産めないとしたら、息子と娘のどちらが望ましいですか」という継続的な世論調査の問いに対して、韓国と中国とでは今でも圧倒的に息子の選好度が高いが、日本では八二年に、娘の選好が息子をうわまわった。だが、この結果を見て、日本の男女平等度が高まった、と結論するのは早計だ。子育て不安の増大と男の子にかかる教育費用負担の重さ、他方で忍び寄る高齢化への不安と介護要員としての（嫁より）娘への期待度の高まり、子どもの生産財から消費財への変化などなどの要因から、「子育てするなら娘のほうが気楽」になった時代の反映と解すべきだろう。子どもが子育て投資の回収を期待できない消費財となれば、「娘のほうが子育てをエンジョイできる」と親が思うのは、子育て負担がそれほど重いことの裏返しのあらわれである。その反対に、子どもが生産財（かけた投資を将来にわたって回収し、それから利益を得る手段）である社会では、いまだに臆面もない男児選好が横行している。そして皇室では、男児はあきらかに生産財なのだ。

皇室はいつからミソジニーになったか

皇室はいつからミソジニーになったのか？　そう問いを立てるのは、皇室がその歴史のなかでいつでもミソジニーであったとは限らないからだ。ミソジニーとは、男が女に生まれなかったことに安堵し、女が女に生まれたことを呪うこと、と簡略に定義しよう。古代史のなかでは、卑弥呼が、自分が女に生まれたことを呪ったとは思えないし、平安時代にも摂関家の藤原一族では、女児の誕生は「でかした」と歓迎されたことだろう。なぜなら天皇の後宮へ送りこむことのできる娘は、摂関家にとって権力への近道であり「生産財」だったからだ。

わたしはここまで皇室という名称を使って、「天皇制」という用語を避けてきた。大正末期に当時の共産主義者によって、打倒すべき近代日本の支配体制に対して与えられた名称である「天皇制」とは、あくまで近代に固有の歴史概念である。これを「古代の天皇制」、「近世の天皇制」と歴史貫通的な用法で呼ぶのは、あとからその制度に歴史的な一貫性を与えたいという欲望の産物にほかならない。「万世一系」はフィクションにすぎないのに、「創られた伝統」はその起源をたやすく忘却して、もとからの伝統であるかのようにふるまう。歴史的に言えば、一八八九（明治二二）年に皇室典範が成立したとき、近代「天皇制」のミソジニーは確立した。この「皇室改革」の最大の焦点は、男系男子に継承者を限ったことだった（江戸時代までは女帝もいた）。昨今の女帝非容認論は、当時の皇室改革派の言い分であり、かれらが自分たちを「伝統派」と見なすのはかたはら痛い。しかもこの皇室改革は、武家の継承規則に皇室のほうを合わせたものだ。姉家督[*2]などの女系継承、養子縁組、女戸主など近世までは庶民のあいだに広くおこなわれていた慣行は、明治の男系重視の民法や戸籍法のなかで抹消されていった。

記紀の神話論理学

古事記・日本書紀は、ヤマトの国の建国神話である。建国神話というものが、しばしば長々しい系譜誌のかたち（つまり、だれがだれと結婚し、その結婚からだれが生まれたか）をとっているのは、だれがこのくにの統治者であるか、あるべきか、を正統化する物語だからだ。皇室というファミリーはこの系譜誌のなかに登場する。

わたしがまだ構造主義者だったとき(笑)、エドマンド・リーチが「エデンの園のレヴィ＝ストロース」という論文を書いたのにひっかけて、「高天原《たかまがはら》のレヴィ＝ストロース」という英文の論文を書いたことがある(のちに「〈外部〉の分節――記紀の神話論理学」[上野 1985]という日本語の論文になった)。リーチはレヴィ＝ストロース自身が手を出さなかった聖書研究にのりだして、旧約聖書のなかの系譜誌を構造主義の手法で解いたら？という応用問題を解いたが、わたしの試みは、同じように記紀のなかの婚姻を、構造主義の婚姻規則で解いたら？というものだった。試してみたら、みごとに明快なパターンが析出できた。図1は、各代の天皇とその皇后との婚姻パターンを示したものである。

皇室というファミリーの起源は、天孫降臨神話から始まる。記紀ではハックニシラススメラミコトは神武天皇ということになっているが、それ以前に高天原を放逐されたスサノオノミコトの出雲降臨が物語られる。神武はスサノオのコピーだが、もっとはっきり言えば、スサノオが神武のコピーすなわち遡及的な原型として事後的にかたちづくられたと推定される。とは言っても、歴史的には神武の存在自体に疑念が持たれている。史実で実在が確認できるのは崇神天皇から。それ以前の神武から開化までの九代は、崇神からあとの系譜誌をそのままコピペ(コピー&ペースト)した節が疑われている。なぜなら神武ののち崇神がふたたびハックニシラススメラミコトとして登場しているからだ。記紀の制作者たちがこの九代分を付け加えたのは、歴史の深度を深くしたいという、涙ぐましい努力のたまものと考えられている。そのせいで、日本史の起源は神武即位のBC六六〇年にまでフィクショナルにさかのぼり、一九四〇（昭和一五）年には、「紀元二六〇〇年」などというらちもない祝賀行事がおこなわれたりもした。それというのも、キリスト生誕から数えて何年という西暦よりも、神武即位から数える皇紀のほうが古い、という皇国日本のちゃちなプライドがかかっていたからなのだが。

降臨した天孫は、婚姻しなければならぬ。さもないと族譜が始まらないからだ。この結婚を創設婚と呼ぶ。創設婚は、ヨソモノと土地の女（土地の豪族のムスメ）との結婚というかたちをとる。ヤマトの建国神話は多くの点でオセアニア一帯に分布する「外来王」説話と共通している。スメラミコトとは大王《オホキミ》、すなわち王の王こと族長たちのさらに頭領のことだ。首長制から王権への転換のためには、あまたの群雄割拠する豪族たちのあいだに、頭ひとつ抜け出したキミのなかのキミ、オホキミが登場しなければならない。そしてなぜこの大王が他の首長たちに卓越して統治者となるか、なるべきか、についての正統性が備給されなければならない。

創世神話は語る。統治者がやってきた、天上または海の彼方から。その男が統治者であるためには、ヨソモノでなければならない。なぜなら統治の正統性は疑われてはならず、したがって正統性の根拠は内にあってはならないからだ。オーソリティ（正統性）にはオーソライザー（正統性を与える者）が必要だ。統治者のオーソリティは神や霊のような外部から与えられなければならず（王権神授説がそれだ）、だからこそ統治者は被統治者と同じ集団に所属してはならない。これに対して統治者が被統治者から正統性を付与されるシステムを民主主義というが、だからこそ民主主義は「なんで、オレがあんたに従わなければならないんだ？」という正統性の根拠につねに悩まされつづけることになる。

天皇はヨソモノだった。なぜなら記紀神話にはそう書いてあるから。これは論理構造の問題であって、天皇が朝鮮半島から来たかどうかという歴史的事実の問題ではない。物語の構造分析の結果から、わたしが「異人・まれびと・外来王――または『野生の権力理論』」という論文〔上野 1984〕を書いたとき、天皇主義者からクレームが来るかと思ったが杞憂《きゆう》に終わった。

創設婚はみずからを模倣する。創設婚から生まれた息子は、母の兄弟の娘と結婚する。これがレヴィ＝ストロースが『親族の基本構造』〔Lévi-Strauss 1949=1977-78〕で論じるＭＢＤ（母方交差イトコ Mother's Brother's Daughter）婚だ。大王は一夫多妻をおこない、次々に土地の豪族の女をめとる。もちろんこの結婚は、大王の覇権拡大のためである。豪族の側からすれば、娘は大王の一族と婚姻をつうじて政治的な盟約を結ぶための資源

※「天皇女」は天皇の娘の意味

時期	代	天皇女	皇族女	豪族女	その他	女帝
第一期 神武～開化	9代	0	2	7	0	0
第二期 崇神～允恭	10代	0	6	1	3	0
第三期 安康～持統	20代	11	3	0	3	3
第四期 文武～桓武	8代	1	0	2	2	3

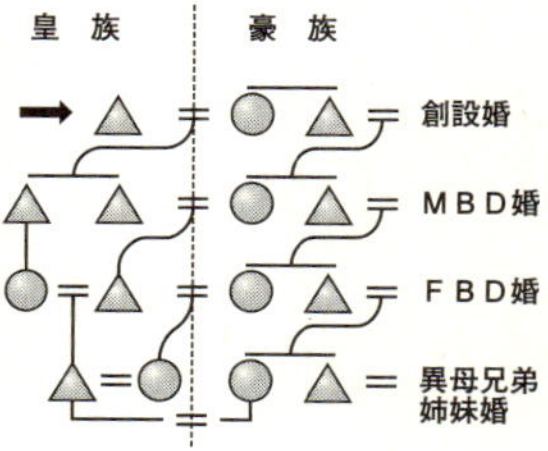

図1 記紀の婚姻類型［倉塚1979:244（左）；上野1985:279（右）］より合成

となる。戦争か、さもなくば婚姻か。古代の部族同士の関係はそのいずれかだった。[*3]

この結婚は、階層的には上昇婚（女が自分より身分が上の男と結婚する）のかたちをとる。上昇婚のもとでは、妻の出身階層の劣位と、ジェンダーの劣位が重層している。「嫁はかまどの灰のなかから探せ」ということわざは、この階層上昇婚の反映だ。シンデレラとは灰かぶり姫、つまりかまどの灰にまみれた女、のことではなかったか。メイドと結婚すれば一生仕えてもらえるご主人さまになれるということだ。

ところで大王のファミリーには娘も生まれる。上昇婚の社会では、最高位の一族の娘は自分と同族の男と結婚するほか行き場がない。MBD婚の次のステップには、FBD（父方平行イトコ Father's Brother's Daughter）婚が登場する。つまり一族のなかでの同族婚だ。皇族の娘たちは、皇族の息子たちと結婚した。一夫多妻制のもとでは、大王は皇族の娘（FBD）とも豪族の娘（ＭＢＤ）とも結婚するが、妃の地位には出身階層によって差があり、皇后の地位には皇族の娘が就く。生まれた子どもの地位は母親の地位によって決まるから、次代の天皇は皇后腹が優先される。事実第一期と第二期の天皇はすべて皇后腹である。第三期になっても皇后腹の天皇は二〇代のうち七人にのぼる。

第三期には皇女、すなわち前天皇の娘が皇后になるケースが増える。天皇自身も前天皇の息子だから、つまり近親婚である。そんなのありか、って？ 心配ご無用。近親婚といっても異母兄弟姉妹婚である。たとえ父が同じでも母が違えば、母系的には義理の兄妹は異族に属する。こうして半兄妹同士の結婚はＯＫとなり、皇族同士の結婚のほうが、女の身分が高いために子どもの地位も高い。大王の正統な後継者は、皇女腹から生まれる子どものほうに優先順位が高くなる傾向がある。

天皇の娘は同族の男と結婚するか、さもなくば非婚にとどまる。神妻になるためである。人間と結婚するにはあまりに尊いので神の妻になるほかない、という口実のもとに、その実、体よく伊勢へと放逐される。斎宮制度の成立である。こうして同族の女をつうじて神との盟約を結ぶことで、スメラミコトの外部性が保証される。

古代には推古、持統、皇極など女帝がのべ八人もいる。古代の女帝はほとんどが天皇の娘である。これは、天皇権力がもはや豪族との婚姻盟約に依存しない時代が来た、ということを意味する。父系制は父系出自の女性の地位を高める。男系継承の正統性を後づけするために、女帝の存在を例外として説明する必要に迫られた歴史学者たちが、戦前に「中継ぎ天皇説」を唱えたが、とんでもない、これらの女帝の権力は、「中継ぎ」では説明できないくらい強大なものだ。高い指導力を発揮した女帝として知られ、本格的な律令国家体制を確立したのは持統天皇だし、皇極天皇はみずから重祚《ちょうそ》して斉明天皇となった。

斎宮制の成立は、天皇権力が超越王権へと飛躍を遂げる契機となった。わたしがこのアイディアを得たのは、倉塚曄子《くらつかあきこ》という古代史学者からである。彼女の斎宮制の研究〔倉塚 1979〕は、斎宮制の確立が天皇の超越王権の成立の契機であり、天皇家の女性の地位の転落のはじめであることをみごとに論証したものである。そしてこの時期に天皇支配の正統性の付与のために成立した創世神話こそ、記紀こと古事記・日本書紀なのだ。

事後的に評価してみれば、七世紀の皇室が企てた記紀プロジェクトは失敗に終わった。超越王権を樹立したいという天皇一族の思惑ははずれ、皇室はその後久しく藤原摂関家等の外戚によってあやつられる傀儡《かいらい》政権と化した。摂政、関白、将軍を任ずる実権派勢力にしてみれば、「正統性はつねに外部から来る」、つまり権威の源としての天皇をそのまま「外部」に放逐してしまったほうが、便利だっただろう。長きにわたる天皇の文化的利用の始まりである。

記紀にはもうひとつ、「謎」がある。天皇一族という父系氏族の起源を説明する創世神話に、アマテラスオオミカミという女性祖神がいるのはなぜか？という謎である。わたしはこれを「アマテラスの謎」と名づけた。アフリカの父系社会の神話に見られるように、父系氏族の始祖には女性が多い。一夫多妻を実践する父系氏族は、父の死後、母系を単位に分解していくという皮肉な傾向がある。父系原理は父の死後までは及ばないようだ。

記紀神話では外来王の創設婚（スサノオのクシナダヒメとの婚姻）の前に、アマテラスとスサノオの「ウケヒ（誓いを交わして婚姻すること）」がある。上昇婚の極限には、最上位の兄弟姉妹のあいだの近親婚が位置する。この兄弟姉妹婚は、すべての婚姻の内でもっとも価値の高い婚姻として聖別され、王族にだけ許され、下層民には許されない。なにも身分の高い個人にタブーを侵す特権があるから、ではない。上昇婚という婚姻規則の論理的な帰結がこうなるほかないからだ。事実、七世紀のヤマトとよく似た大王システムを持つハワイでは、大王だけに姉妹との近親婚をおこなう特権があり、これはピオ婚として聖別された（図2）。

ヤマトの創世神話に女性祖神がいるのはなぜか？

これもまた論理ゲームとして解けば、王権の正統性には外部が要り、その外部を表象するのが女だからだ。皇室の女は天上《たかまがはら》へか、それともよその土地（伊勢）へか、いずれにせよ外部へ放逐されなければならない。倉塚はこれを「アマテラスの高天原への昇天とヒメなる身分の転落は同日に起こった」〔倉塚 1979: 283〕と喝破する。斎宮のように一生独身を通すか、さもなければ皇女が結婚する場合には皇籍を離脱して、つまり臣籍になって結婚しなければならない。この非対称なジェンダー規則は、現在でも皇室典範を貫いている。

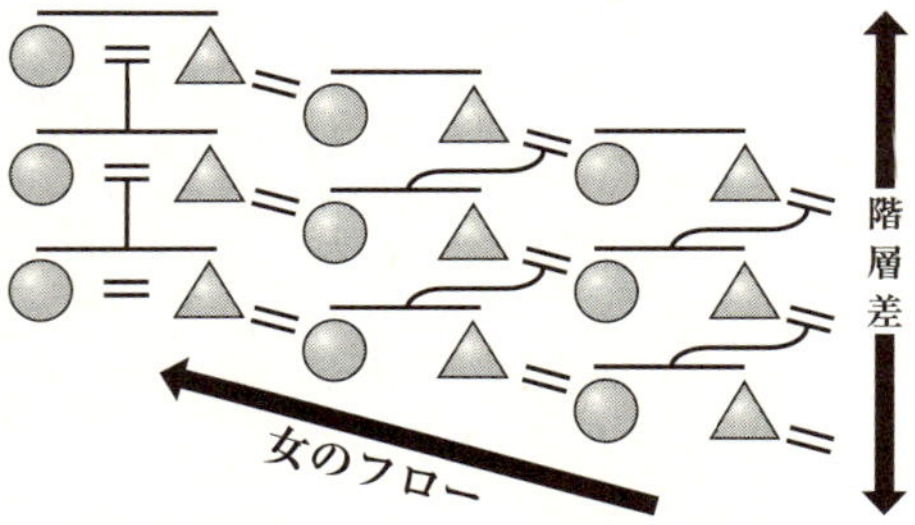

図2 上昇婚と聖婚(兄弟姉妹婚)[上野1985:270]より修正

皇族と人権

皇族の女はパンピー(一般ピープル)と結婚すれば皇籍を離脱するが、皇族の男はそうではない。だから皇太子の弟は3LDK出身のパンピー女性と結婚しても皇籍を剝奪されない。長いあいだ日本の国籍法は、日本の男が外国の女と結婚すると子どもに日本国籍を認めるが、日本の女が外国の男と結婚すると、その子どもの日本国籍を認めてこなかった。この法律の片面性は、一九八五年になってようやく改められたが、皇室典範はそうではない。この法律が女性差別を禁止する国際条約違反であり、男女平等をうたう日本国憲法違反であることははっきりしているのに、それを問題にする者はほとんどいない。法の下に皇族の人権を守ろうとする者はいないようだ。

日本の国はこうして皇族の女と、そして皇族の男をも、犠牲にして成り立っている。もしかしたら天皇主義者たちは、天皇制を守るためにはヘイカにもギセイになってもらわなければなりませぬ、などと思っているのかもしれない。だからこそ、ヘイカのワガママは許しませぬ、とも。天皇主義者たちは、自分たちがその実、皇室という名の看板を背負ったファミリーに属する人々の、人権を蹂躙《じゅうりん》していることを自覚しているのだろうか。そして皇室を「ロイヤル・ファミリー」と呼んで家族のモデルにしているあいだは、皇室に深く埋めこまれたミソジニーから、日本社会は自由ではない。

＊1　秋篠宮家に子どもがひとり増えたことで、年間三〇五万円の皇族費が増額されたという。少子化に悩むなら、どの家族にもそのくらいの給付をしてもよさそうなものだ。

＊2　長子が娘の場合に、婿養子をとって長女に家督を継がせること。

＊3　だからオセアニア圏の部族は、今でも「敵と結婚する」という。

7　春画のミソジニー

暴力・権力・金力

「女は関係を求め、男は所有を求める」と、小倉千加子は喝破する。

斎藤環は『関係する女 所有する男』〔2009〕という題名の新著をあらわし、桐野夏生は斎藤の影響のもとに『ＩＮ』〔2009〕のなかで、同じせりふを文中で述べる。出典を探し出すことができないが、わたしの記憶が正しければ小倉の指摘のほうが早い。小倉と斎藤はそれぞれ独立にこの表現を思いついたのだろうが、「愛」という名で語られる男女関係の、根底的なジェンダー非対称性を、これほど簡潔で卓抜な表現で言いあらわした文章をほかに知らない。

ＤＶ男も、復縁殺人も、男の究極の女性支配への欲求から来ていると思えば、よく理解できる。女が殺される可能性のもっとも高い相手は、見知らぬ他人ではなく夫や恋人だ。アメリカには「配偶者とは、自分を殺す確率のもっとも高い他人である」という、笑えないジョークまである。DV殺人が起きる可能性がもっとも高いのは、妻や恋人が逃げようとしたとき復縁を求めた男が女を殺すケースだ。だからこそ「復縁殺人」という用語すらある。復縁を求めて得られないとき、男は逆上する。そして他のだれにもわたさないために、女を殺す。殺人は究極の所有だからである。

女の嫉妬は、男を奪ったべつの女に向かうが、男の嫉妬は自分を裏切った女に向かう。それは所有権の侵害、女がひとり自分に所属することで保たれていた男の自我が崩壊する危機だからだ。女にとって嫉妬とは、べつの女をライバルとする、男をめぐる競争のゲームだが、男にとっては自己のプライドとアイデンティティを賭けたゲームである。[*1]

だが、暴力で女を所有しようとするのは、下の下の策である。

男の持つ資源のうち、よりプリミティブなものから順番に記せば、暴力、権力、金力となろう。権力と金力は、地位と経済力と言いかえてもよい。ハーレムを維持する動物の世界では、オスの身体的な暴力が外敵からメスを守る。まちがってはいけないのは、この暴力が主として向けられる「外敵」とは、同種の他のオスたちであることだ。群れのボスは、ハーレムを乗っ取ろうとする他のオスたちを力ずくで追い払い、ボスの目をかすめて他のオスに近づこうとするメスを暴力で威嚇する。力ずくでのしあがったオスの権力の支配下に、メスたちは入る。

だが、暴力で獲得され維持された権力は、そのオスの身体的な能力の低下と共に奪われる。人間社会の権力も例外ではない。人間の社会では、身体的な能力にかぎらず、知的・精神的な能力によって権力を維持する、よりソフィスティケートされたしくみもあるが、それでも権力とは地位に付随するものであり、個人の属性ではない。地位を去った個人は、「元首相」や「元社長」などのタダの人。それどころか、かつての地位との落差が大きければ、かえって哀れみの対象となるだろう。

それに対して経済力は、より上位にある資源である。なぜなら、暴力や権力にくらべて経済力はより安定しているだけでなく、より汎用性が高い、つまりカネさえあれば、暴力も権力も「買える」からだ。無力な老人でも、カネで用心棒を雇うことはできるし、無能な者でもカネで地位を獲得することができる、いや少なくともかつては、もっとおっぴらにできた。

だから、女は男の暴力に従い、地位になびき、「カネについて」(ホリエモン)きた。

快楽による支配

だとしたら、力も地位もカネもない男はどうしたらよいのか?

第4章で、秋葉原無差別殺傷事件の加害者、K君が、「非モテ」を気に病んでいたことを論じた。裏返して言えば、学歴も職もカネもない男が「一発逆転」を狙えるのが、「モテ」だということだ。

「くらたま」こと、漫画家の倉田真由美が、究極の「だめんず（ダメ男）」、学歴もカネもないバツ3男と「でき再婚」した。「ずっとモテてきたことがこの人の頑丈な自我の礎《いしずえ》になっている。学歴も収入も、モテという絶大な自信の前では何てことない」[*2]とくらたまが証言するのは、K君の「モテてさえいれば」という確信を、反対側から裏づける。

この「モテ」要素を「魅力資源」と呼ぶ論者もいる。だが、「魅力資源」とはなんだろうか。K君はその「モテ」要素を外見に求めたが、そのカンチガイについては、第4章で論じた。

暴力、権力、金力のいずれも、ホモソーシャルな男性集団の内部における序列を決定する資源である。外見の価値も、身体的な所与と見えるが、その実、社会的なものである。ルネ・ジラールが「欲望の三角形」[Girard 1965=1971] で指摘するように、人は、他者が欲望するものしか欲望しない。外見のよさも、他者が承認するからこそ価値がある。

男性集団には社会的な資源をめぐる覇権ゲームがある。女はその男性集団の序列に応じて配分される財であり、報酬である。そのような男性社会の価値を内面化している女は、みずからすすんで男の序列に適応する。男の序列をつうじての財の分配にあずかることを期待するからである。女が「発情」するのは、男性集団のあいだでの男のポジションに対してであり、男個人に対してではない。「発情」のシナリオもまた、きわめて文化的・社会的なものである〔上野 1998b〕。

容貌や身体に恵まれた男性、地位の高い男性、財布の厚い男性は、たしかにモテるだろう。だが、モテているのはあなた自身ではなく、あなたの外見、地位、財布ではないのか、と言われたら、たいがいの男はどんな反応をするだろうか。

女好きで知られる作家の渡辺淳一は、その問いにひるまない。あるエッセイで、かれが、「それでけっこう、サイフの厚さも男の魅力のうち」と答えているのに出会った。この「鈍感力」もかれの魅力のうち、だろうか。

だが、そういう男たちの覇権ゲームをすべてちゃらにする、男の「一発逆転」ゲームがある。ありとあらゆる社会的な資源の価値を凌駕《りょうが》して、力でも地位でもカネでもあがなえないオスにとっての最強の資源、それは快楽による女の支配である。

「こいつはオレのコレがよくって、離れられないのさ」

と、女をかたわらにして、言ってみたい男は多いにちがいない。そしてそれを目の前にして、地位もカネもある男が、顔色《がんしょく》を失うところを見てみたい、と思う男も。

どんなに社会的に無力でも、女を性的に支配することで、他のすべてのマイナスカードを逆転できる、と思う男の信念は強い。ポルノグラフィの定石にはそれがあらわれている。

ファロセントリズム

男にとっての快楽の源泉、そして女にとっても欠かすことのできない快楽の原因と男たちが考えたがるものが、ペニスである。ペニスに対する強迫観念《オブセッション》を、心理学理論にまで高めてしまったのが、フロイトであろう。フロイト理論ではペニスの有無が、人格を決定しさえする。

かたやフロイト理論における解剖学的なペニス支配を、ファロスというラテン語に置きかえて、言語における象徴支配にまで普遍化してしまったのが、ラカンである。日本語ではベタに「男根支配」と訳すほかのない、「ファロセントリズム」や「ファロクラシー」というラカン派心理学用語が登場したとき、あるシンポジウムで、「ファロクラシー批判」をしたフェミニストに対して、年配の学者が大まじめにこう答えたのを忘れることができない。

「少なくともわたしは妻を、男根で支配なぞしたことはありません」

誤解と言うには、笑うに笑えないエピソードである。

いっそ、こう答えたらどうだったのだろうか？　わたしは、地位でも能力でも、経済力でもなく、男根で妻を支配しております、そして妻はそれがよくて、離れられないようです、と。そうすれば、男性の聴衆のあいだから、失笑と同時に、羨望のため息が聞かれたことだろう。

暴力による支配でも、権力による支配でも、経済力による支配でもなく、性による支配。しかも支配を受ける側の自発的な服従をもたらす支配、つまり恐怖による支配ではなく、快楽による支配こそが、究極の支配と言うべきだろう。しかも権力論の要諦《ようてい》には、自発的な従属こそ、支配のコストを削減し、支配を安定化させることが知られている。

ポルノグラフィの定石には、この快楽による支配がある。それは、ポルノの消費者としての男から、あらゆる社会的な属性を剝奪した上で、かつ男性性をとりもどすための儀式の核心だからである。そしてその快楽の源泉としての、男根の不動の位置がある。

春画研究ことはじめ

わたしが春画の研究に手を染めたのは、今から三〇年前。

ミシェル・フーコーの『性の歴史』第一巻〔Foucault 1976=1986〕の英語版がようやく刊行されて、日本語版の翻訳出版〔1986〕までは、まだ少し間があった。英語版をむさぼるように読んで、目の覚める思いがした。

そうだったのか、セクシュアリティは「自然」でも「本能」でもない、「文化」と「歴史」の産物だったのか……やっぱり、と力を得て、日本のセクシュアリティの研究にのりだした。

ところでフーコーは、アルス・エロチカ（性の技巧 ars erotica）と、スキエンチア・セクスアリス（性の科学 scientia sexualis）とを区別する。近代以降のセクシュアリティとは、性についての科学的な知を意味する。それは正常と異常とを定義し、標準と逸脱を腑分《ふわ》けする知である。性を科学にまでおしあげたのはフロイトだが、フロイトこそは、同性愛を「病理化」し、ペニスの有無という解剖学的偶然を「宿命」に変換した張本人だった。だからこそ、フェミニストはこの「解剖学的宿命（Anatomy is destiny）」と闘わなければならなかったのだ。

知の編成が変わることによって、近世以前の「エロス」は、近代以後の「セクシュアリティ」にとって代わられた。したがって「セクシュアリティ」は、近代をさかのぼらない。これがフーコーの「セクシュアリティの歴史」の核心のひとつにある。だから、「セクシュアリティの近代」というものはあるが、「近代のセクシュアリティ」というものはない。「近代のセクシュアリティ」という用語法は、ただちに「中世のセクシュアリティ」や「古代のセクシュアリティ」というありもしない観念を招き寄せるからである。「性についての（近代科学的な）知」を欠いたところでは、正常も異常もなければ、異性愛も同性愛もない。現に古代ギリシャの「アフロディジーア（アフロディテの営み）」と呼ばれる性愛のカテゴリーのなかに、少年愛はあっても逸脱視されることはなかった——フーコーはそのように、今のようではなかったかもしれない「歴史の系譜学」をたどっていく〔上野 1996〕。

そう考えれば近代の性をめぐるあまたの「常識」、夫婦の性愛が性愛のカテゴリーのうちで最上位に置かれるとか、異性間の性器性交が正常な性愛であり他はすべて逸脱であるとかいう命題の歴史が、それほど古くないことはただちに見てとれる。とりわけ近代化の遅かった日本では、性愛をめぐる「常識」の変化のスピードが、いちじるしく速いだろうことは想像に難くない。日本における「セクシュアリティの近代」は、明治をさかのぼることはあるまい。それなら、「セクシュアリティの近代」に汚染される前の、日本の「アルス・エロチカ」は、どのようなものだったのだろうか？

そう考えて、わたしは春画の研究に手を染めるようになった。というのも、性愛についての歴史史料がきわめて残りにくく手に入りにくいことを思うと、日本には春画・春本という図像と文書史料が豊かに残っていることに気づいたからである。

日本の春画には、諸外国のポルノグラフィとくらべて大きな特徴がある。ひとつは、男女の性器がサイズの極端な誇張とハイパーリアリズムのもとで描かれていること、もうひとつは、性器にくらべて他の身体部分が簡略化、様式化されているのに、男女の愉悦の表情は明示的に描かれていることである。とりわけ、アクロバティックな体位にもかかわらず無表情な、アジア圏の他のポルノグラフィとくらべると、その違いはきわだっている。

春画の表情の特徴は、男女の「和合」、とりわけ女の悦楽を表現していることである。もちろん、表象が現実の模倣や反映であると、単純に想定することはできない。男の、男による、男のための性的消費財であることがわかっている江戸期の春画では、「和合」はお約束であり、「こうすれば女は歓《よろこ》ぶもの」という男のファンタジーが投影されていると見なさなければならない。

江戸中期の浮世絵版画家、鈴木春信（1725–1770）の春画では、男女は無表情である。なかには手習いに来た娘の新鉢《あらばち》を割る（処女を奪う）師匠の構図もあるが、画面では、処女《きむすめ》らしい女がいやがる風情は表情には示されない。浮世絵春画の最高峰とも言える鳥居清長（1752–1815）の「袖の巻」では、男女和合の図がくりかえし描かれる。豊満な肢体の男女がからみあい、両者が目を細めて至福の悦楽を表情に示す。江戸の春画では、傾城《けいせい》（遊女）と遊客のみならず、町娘と想い人が、女房と間男が、後家と情人が、熟年の夫婦《めおと》が、時と処《ところ》を選ばず、おもいおもいの放恣《ほうし》な肢体で、つるみ、まぐわい、愉悦の表情を示す。

江戸後期になって、この図柄に変化が起きる。渓斎英泉《けいさいえいせん》（1791–1848）らが極彩色の錦絵を世に出すようになってから、強姦や緊縛ものが登場し、女が顔をゆがめて苦痛に耐える表情をするようになる。さらに幕末から明治にかけては、絵金《えきん》と呼ばれる弘瀬金蔵（1812–1876）や責め絵師と呼ばれる伊藤晴雨《せいう》（1882–1961）のような嗜虐《しぎゃく》的な緊縛ものが登場する。浮世絵春画の歴史を江戸期からたどる限りにおいては、近代に近くなるほど、倒錯的なエロスが増え、女性支配が「快楽による支配」から「恐怖による支配」へと変化しているように見える。つまり、そのぶんだけ、文化的な洗練度を低下させているると解してもよい。なるほど、近代のセクシュアリティとは、近世のエロスにくらべれば野蛮なものだと得心させるような変化である。

この変化を、江戸期は女性が性的に解放されていたが、時代が下るにしたがってしだいに男性支配が強まるようになった、とベタに解釈するわけにはいかない。

春画における「和合」はお約束、と書いた。ポルノグラフィの定石は、女がいつでも性的にスタンバっていて、てまひまかけずに即受けいれOKの態勢になっていること、そして女の側が誘惑者だから、その結果に男が責任をとらずにすむ、ということになっている。女は快楽を求めて得られるのだから、女はその従属から報酬を得ている、と。こんなに男にとってつごうのよい設定はない。

「和合」がお約束であるように、愉悦の表情もお約束にはちがいない。表象に描かれたものが、そのまま単純に事実であると信じるわけにはいかない。こういう表象からわかることは、性行為から女が愉悦を得るもの、と男が信じたがっている、と解するのが正しい。

だがもうひとつ、春画には女の愉悦を表象する世界的にもまれなアイコンがある。それは、手足の指を屈曲させる性的絶頂時の身体反応である。春画には、モデルの写生によるものではないかとさえ思われるハイパーリアリズムがあるが、この特徴的なアイコンもそのひとつである。自分自身の快楽に溺れていては観察することのできない、女の身体の反応に対する距離をおいた冷静な視線が、春画のなかにはある。遊客を相手にした傾城の反応にさえ、このアイコンが表現されている。

だが、男の性的支配のゴールが女の快楽であるとは、逆説ではないだろうか?

「ぼくら男ってのは、結局、女性の快楽に汗を流して奉仕するだけの存在なんだよ」とのたまう男がいる。

だが、「奉仕」のことばには、逆説的な支配が含意されている。女の快楽を、完全に自分の男根のコントロールのもとに置き、それに女自身をすすんで従属させること。そして女を慮外《りよがい》の境に導くこと。

この機微がもっともよくあらわれるのは、昭和のポルノグラフィの傑作と言われる、永井荷風作とされる「四畳半襖の下張」〔1972〕だ。江戸の戯作の伝統を濃厚に受け継いだこの作品では、芸者を敵娼《あいかた》に、相手を乱れさせるほどの愉悦の域へと女を導きながら、それを冷徹に観察する「男の眼」が描かれる。「見る男」と「見られる女」の視線の非対称性、快楽を支配する男と快楽に支配される女の非対称性が、みごとに図式化されている点でも、この作品はポルノの古典である。性のプロである芸者をカネで買いながら、カネで買えないはずの快楽を、女の意思に反して女に味わわせてしまう――これが男の、否、男根の最終的な勝利でなくて、なんだろうか？　そして誤解を避けるために念のために言っておくが、この「男根の勝利」は、少しも現実の反映などではない。この表象がなによりも雄弁に語るのは、これを「男根の勝利」と考えたがる男の性幻想、否、妄想のほうなのだ。

江戸の遊郭には、「通」と「野暮」をめぐる美学があった。遊女は恋の相手だが、地女《じ》女《おんな》（しろうと女）はそうではない。地女の恋にも快楽にも、男は頓着しない。地女は結婚と出産の相手であり、性愛と快楽の相手ではないからだ。そして遊女のまこととは、ウソの別名にほかならない。これを信じてはまるのを「野暮」という。だが野暮のうちにこそ、恋の駆け引きにも性の快楽にも、実《じつ》がある。通になってしまえば、遊興はすべてお約束と虚構の世界。その作法につうじている者を「通人」と呼び、それをわきまえない者を「野暮」と呼ぶが、「通人」は、かえってたのしみを削がれる。寛政年間（1789–1801）に、南陀伽紫蘭《なんだかしらん》こと窪俊満による『古今繪入吉原大全』が書かれたが、作者は

「たのしみあるも青いうち。通になっては糸瓜《へちま》の根」と知悉《ちしつ》している。この世界を「色道」にまで高めたのが、『色道大鏡』〔1678, 1976〕を書いた藤本箕山《きざん》であり、戯作にあらわしたのが山東京伝である。

だが、ことばのつけるウソを、肉体はつけない。藤本箕山は遊女が交接の過程で、「肌へ気色ばみ、うるおいて」寝乱れていくさまを「極上」のものとして描く。性のプロとしての遊女は、客との交渉でいちいち「気をやる」(オルガスムスに達する)ことをしない。客の快楽をみずからのコントロールのもとに置くのがプロの仕事である。それも遣手婆《やりてばば》が線香一本立てるあいだの「ショートタイム」(ほぼ二〇分にあたる)がワンラウンドの遊女のひさぎでは、いちいち「気をやって」いる余裕はないし、そんなことをしていたらからだがもたない。

「通人」は、そんな女を買い切り、ときには性の相手をさせずに雑魚寝《ざこね》をし、ときには女の身の上話に耳を傾ける。だが、それとて遊郭のお約束ごとに含まれる。一夜、女の身の上話を聞き出したおのれの「通人」ぶりを誇る男の用には、各種の「薄幸な身の上話」が用意されている。

だが、快楽は? 通人は、カネで買った女と、カネで買えない快楽をめぐるコントロール・ゲームのプレイヤーとなる。それもおぼこ娘を狂わすわけではない。快楽をみずからコントロールしようとし、場合によっては快楽を拒絶しようとしている性の手練《てだれ》を相手に、女が我を忘れて快楽の淵に溺れるのを、冷静にコントロールしようというのだ。女がその行為を金銭の授受の外におけば、遊客は「情人」へと移行する。そのとき、「通」は「野暮」へと転落する。「通人」は、その道を拒む。あくまで客として、女の乱れようを見届けたあと、きれいにカネを払って立ち去る。あんたとオレとの関係は、あくまでお約束のもとでの虚構だよ、と言い置いて。肉体に背かれて思いのほかに埒《らち》をはずれた遊女は、唇をかみしめるほかない。このゲームのもとでは、快楽に支配されたほうが、敗者なのだ。

先に挙げた『古今繪入吉原大全』は「金銀を使はずして。女郎を自由にするを。色男といふ」と言う。だが、その直後にこの書は「これらははるか下ざまのとのはにして、ろんずるに足らず」とつづける。遊客が遊女の情夫になってしまえばゲームは終わる。だからこそ、「とどまるを知つてとどまるをつうとも粋とも通りものともいふべし」なのだ。

男根フェティシズム

この快楽の源泉は男根である。江戸の春画のなかで、男根に対するフェティシズムはすこぶる強い。異性愛の場合だけではない。江戸初期には、稚児や小姓とのあいだの同性愛、というよりは少年愛の構図がまま見られるが、その場合でも男根は中心的な位置を占める。少年愛の場合でも、菊の座（肛門）を犯される年少の男は、目を細めた「和合」の表情で描かれる。肛門への性器挿入が、慣れた者においても、しばしば苦痛をともなうことは報告されているから、少年愛が「和合」の表情で描かれることは、「和合」がお約束であることを逆に証明するだろう。ポルノの定石どおり、犯される相手がそれを歓迎している、という条件は必須だからだ。

ちなみに、ポルノグラフィのテキストで、女の快楽については描かれても、少年の側の身体的な快楽について述べたものに、寡聞にして出会ったことがない。性器挿入を受けいれる少年の側の精神性や契りの深さなどは、描かれることがある。だが、少年は、年長の尊敬できる同性の相手に、自分の性的な身体をあたかも供犠《くぎ》の捧げものであるかのように、差し出しているように見える。

フーコーが古代ギリシャの少年愛について指摘するように、異性愛であれ、同性愛であれ、性器挿入をともなう交接行為は、根本的に非対称的なものだ。「貫く者」と「貫かれる者」との非対称性のもとで「貫く者」は男根の持ち主、「貫かれる者」は、象徴的に去勢された者、つまり女性化された者である。快楽は「貫く者」にあって、「貫かれる者」にはない。それを知っているかのように、ギリシャでは、もっとも理想化された「性愛」とは、自由民の少年が、自発的に年長者に身を任せる行為をさした。この世でもっとも美しい存在、男になろうとするひとときの「時分の花」である少年が、愛と尊敬の念から、みずからの身体を自己犠牲としてすすんで差し出す——これ以上の、男にとっての自己満足はあるだろうか。

自由民の少年との愛が「上品《じょうぼん》」だとすれば、それより「下品《げぼん》」の愛は、奴隷との少年愛、さらに価値が低いのは、女との異性愛であった。前者は権力や強制によって、否を言えない相手を従わせる単純な支配、後者は、愚かで卑しく「市民」としての資格すら持たない、男とは違う生きものを、家畜同様に従わせる行為にすぎないからである。ちなみにラテン語では、ファミリアとは、妻子や奴隷、家畜を総称する集合名詞だった。このことから見ても、古典古代の性愛には、ホモソーシャルな社会における抜きがたいミソジニーが刻印されていることが知れる。

男根が快楽の中心に位置することは、春画における女性同士の同性愛の描かれ方からもわかる。しつこいようだが、ここでもくりかえしておかなければならないのは、男根が、男の幻想のなかで快楽の中心に位置する、ことだ。春画には、女性のマスターベーションとレズビアン的な行為が描かれたものがある。若い娘や女中が、主人や他の男女の交わりをのぞき見しながら、自分の性器をもてあそぶ構図では、異性愛に触発された女の欲望が描かれる。だが、それによってかえって、マスターベーションが「正常な」交接の不満足な代替物であること、その性欲のゴールが、相手のある交接であることが暗示される。女のマスターベーション・シーンが、ポルノの消費者としての男に性的刺激を与えるのは、その不在の男根の位置に、みずからの男根を象徴的に代入できるからである。

同じように、女性同性愛と見える構図では、奥女中とおぼしき女性同士が、張形《はりかた》を使って相手の局所を衝く。男根がふたつ両側にはりだした、「互形《たがいがた》」と呼ばれるふたり用の張形を用いた構図もある。いずれの場合にせよ、この表象が浮かび上がらせるのも男根の不在である。不在の男根をなみだぐましい模型によってまで求める女たちの痴態が、男の欲望をそそる。

ここにあるのは、男根が女を快楽へと導く装置であり、女は男根から快楽を得なければならず、男根以外から快楽を得てはならない、と信じたい男性の妄想である。このような男根中心主義がポルノの定石だと言えば、春画の表象には物質的な意味ではなく象徴的な意味で「男根支配《ファロクラシー》」がある、と定式化してもよいだろう。ここにあるのは、身体の一部であるペニスではなく、男性の性幻想の核心を占めるシンボルとしてのファロスだからだ。

これは、現実の解剖学的な男根に対する思い入れというよりは、ほとんどフェティシズムの域に達した象徴的な男根崇拝である。そう考えることで初めて、ＥＤ（勃起障害）に対する男性の恐怖や、バイアグラの使用がピルの解禁等にくらべても画期的なスピードで認可された「謎」が解ける。女のほうはこの男根崇拝を少しも共有していない。この呪縛から解かれていないのは、男性のほうなのだ。

男無用の快楽?

だが、最後に、どんでんがえしを用意しておこう。

春画の作者が、女の快楽について知っていたことは疑いを容《い》れない。それを示唆する衝撃的な表象がある。有名な「蛸《たこ》と海女《あま》」のからみを描いた構図である。股間を蛸の怪物に吸われながら、横たわった全裸の女が、恍惚の表情を浮かべている。この組み合わせが流行りの結構《けっこう》であり、春画のファンタジーの定石のひとつであったことは、同じような構図を、葛飾北斎（1760–1849）のみならず同時代の他の浮世絵画家が少しずつ趣向を変えて描いていることからもわかる。

春画の消費者はだれか？　春画はだれにとって、性的に興奮をもたらすものか？　と問いを立てれば、「男の、男による、男のための」性的消費財である春画のなかにも、たしかに女を消費者とするものがあることを、認めざるをえない。

ウーマン・リブが登場したとき、男根支配を脱しようと、「ヴァギナ・オーガズムかクリトリス・オーガズムか？」という論争があったが、その決着はとっくについた。フロイト説によれば、ヴァギナ・オーガズムに達することのできない女性は、発達の課題に失敗した未成熟な存在とされた。つまり、フロイトは、女はヴァギナで、つまり男根の挿入によって初めて快楽を得なければならないと命じたのだが、リブはフロイトに反して、女の快楽に男根は不要だと宣言したのだ。あるいはもう少し控え目に言っても、女にはヴァギナ・オーガズムもクリトリス・オーガズムも共に重要であり、ヴァギナ・オーガズムに達することのみがゴールではない、とされた。

「蛸と海女」のような構図を見て、男は無力感にうちひしがれるのだろうか？ それとも、のぞき部屋で女性のマスターベーション・シーンを一方的に窃視《せつし》しながら、われしらずマスターベーションにふけることになるのだろうか？ そこでも、「女の快楽」は性の象徴闘争の賭け金となっている。あくまで、男性にとっての、だ。

ポルノグラフィにおける「視線」の所有者は男、その視線によって所有されるのが女の快楽である、という非対称性は、最後まで崩れない。

「男は女の快楽に奉仕している」という言い方に不快感を感じるのは、その主客転倒を装ったレトリックのもとで、男性の、快楽による女性支配が隠蔽《いんぺい》されているからである。「こいつはオレのコレがよくって……」と言ってみたい男の気持ちもわからないではない。そしてそれがすべての権力による支配を凌駕する、究極の女性支配であることを、認めてもよい。

だが、こんな支配なら……受けてみたいと思わないわけでもない女性もいることだろう。春画のファロクラシーにはたしかにミソジニーがある。だが、春画のミソジニーにくらべれば、近代以降のミソジニーは、はるかに野蛮で洗練されていないからである。

＊1　女性にも嫉妬をプライドとアイデンティティのゲームと考える者はいる。その場合は、攻撃は男性同様、自分のプライドを傷つけた当の相手に向かうだろう。

＊2　「重荷だけど背負う覚悟です――バツ3だめんずと『でき再婚』」『AERA』二〇〇九年七月二七日号、七〇頁。

8 近代のミソジニー

「母」の文化理想

ミソジニーの男がたったひとり、侮蔑の対象とすることのできないカテゴリーの女がいる。「母」である。

自分を産み、育て、骨身を惜しまず世話をし、最初の強者として立ちはだかり、にもかかわらずそれより強者である夫に仕え、自分のために夫からの苦しみに耐え、どんな犠牲をもすすんで引き受け、何があっても受けいれてくれる女……。こんな女を、どうやって「侮蔑」することができるだろう？　自己の無条件の「根拠」とも言える、このような存在を？　もちろん、こんな女は現実のなかではなく、ファンタジーのなかにしかいないが、「母」というカテゴリーの持つ規範力は、息子をも、当の女をも、縛る。

今日び、こんな「おっかさん」がいたら、お目にかかってみたいものだ、と思う読者がいたとしたら、それはこの「母」の規範力が歴史的に弱まった証拠だろうから、もって瞑すべし。もはやこのような「母」の文化理想は、テキストのなかにしかないかもしれない。

わたしはかつて「家父長制」を、次のように簡潔に定義したことがある。「家父長制とは、女の股から生まれた息子を、女自身を侮蔑すべく育てあげるシステムのことである」と。だが、「女」を侮蔑することができても、「母」を侮蔑することは、男にはむずかしい。それは、自分自身の「出自」を汚す行為だからだ。

多くの言語圏で、男に対する侮蔑表現が、「売女《ばいた》の息子（a son of a bitch）」、「私生児（bastard）」など、その母を汚すコトバであることには理由がある。二〇〇六年サッカーのワールドカップ決勝戦で、アルジェリア移民の子でフランス代表のジダンが、イタリア代表のマテラッツィに頭突きをくらわせて反則を問われ、退場を命じられたことが話題になったが、あとであきらかにされた事情によると、マテラッツィは、ジダンの耳元で、何度もかれの母を汚すような侮蔑用語を吐いた、と伝えられる。母の名誉を汚されたとされる男がそれに反撃したのは、多くの男にとって、理解と同情にあたいする行為だったにちがいない。

このように、「母」への最大の侮蔑が、「娼婦」や「非婚の母」など、ホモソーシャルな男の共同体、すなわち家父長制のもとに登録されていない女をさす用語であることは象徴的だ。家父長制とは、言いかえれば、女と子どもの所属を決めるルールのことである。男に所属する、すなわち男の支配と統制にしたがう女と子どもには社会の指定席が与えられるが、そうでない女から生まれる子どもは、社会に登録されない。登録された結婚から生まれた子どもとそうでない子ども（最近では「私生児」や「非摘出子」という差別的な用語に代わって、「婚外子」と呼ばれるようになった）とのあいだには、今日に至るまで民法上の差別がある。[*1]

どんな生まれ方をしようが、子どもは子どもだ。奇妙なことに、昨今の「少子化対策」を見ていると、結婚の奨励と既婚女性の出産の奨励はあるが、「婚外子」の出産奨励という政策的なキャンペーンはどこにも見あたらない。日本政府の少子化対策はその程度のものか、本気度が足りない、と思わざるをえない。つまり、子どもが生まれることより、家父長制を守ることのほうがまだまだ重要なのだろう。

もっとも、母に対する侮蔑表現が男を激昂させるのは、「聖女」と「娼婦」の性の二重基準《ダブル・スタンダード》（第3章を参照）を生んだ家父長制の性差別意識を、本人が内面化しているせいにほかならない。男はかれ自身、ホモソーシャルな共同性のなかに所属したいとねがい、「一人前の男」の条件として、自分の「女」を正式に所有したいとのぞんでいる。かれ自身が差別者であるからこそ、差別表現はかれを怒らせるのである。

表象のなかでは、「娼婦」や「非婚の母」は「ふしだら」で「身持ちの悪い」女として描かれ、彼女たちは「魔女」や「悪女」にたとえられる。「魔女」や「悪女」とは、男の統制にしたがわない、性的に過剰な、いまどきの言い方をすれば「性の自己決定権を行使する」女である。こういう言い方がかったるければ、「自分の性的身体を自分で自由に使用する女」と言いかえてもよい。つまり、「オレの許可もなしで！」ってことだ。

実際には、大半の「娼婦」はカネのために自分の身体の性的使用権を一時的に男に譲渡するほかない立場の女性たちだし、「非婚の母」の多くは、父となるべき男に逃げられたか責任を否認された女性たち、すなわち家父長制によって犠牲とされた女性である場合が多い。だが被害者に原因を転嫁するのは、加害者の定石である。

「ふがいない息子」と「不機嫌な娘」

だれからどのように生まれようが子どもは子どもだし、子どもにとってはどんな母でもたったひとりのとりかえのきかない母である。結婚のなかにいても外にいても、家父長制のもとで苦難を味わってきた母なら、なおさら子どもにとって同情の対象となるはずだろう。

だが息子は、自分が父と同じジェンダーに属することで母に対する加害者であるという意識から逃れることができない。「抑圧的な父」の息子であるならもとより、「逃げた父」の息子ならなおさら、かれはその「父の息子」として、被害者であり、加害者である。「父殺し」はできても、多くの男にとって「母殺し」が人生最大の課題と言ってよいほどの難問になるには、それだけの理由がある。

フロイトは「息子はいかに父になり、娘はいかに母になるか」という発達の物語を記述した。家父長制のもとでは、この問いは次のように書きかえられる。「息子はいかにミソジニーの父になり、娘はいかにミソジニーの母になるか?」

この問いをめぐって、近代家族における父と母、息子と娘の関係の機序《メカニズム》をあざやかに示したのは、今は亡き文芸評論家の江藤淳である。すでに他のところで論じた〔上野 1994〕が、「ニッポンのミソジニー」を論じるにあたって、かれをはずすわけにはいかない。

戦後日本を論じた『成熟と喪失――〝母〟の崩壊』〔江藤 1967, 1988〕という記念碑的な著作の「あとがき」のなかで、かれはその動機をこう書く。

> 文学にあらわれた日本の「近代」の問題を、「父」と「子」の問題としてとらえようとする発想は、大分前から私のなかにあった。(中略)それを「母」と「子」との(中略)問題としてとらえようとする視点が定ったのは、一九六四年の夏に二年

ぶりで米国から帰って来てからである。〔江藤 1967, 1988: 251〕

江藤がここで「子」というのは、「息子」しか指していない。これに江藤の視野から抜け落ちていた「娘」を加えて、わたしは、日本版近代家族を「みじめな父」「いらだつ母」「ふがいない息子」「不機嫌な娘」の四者からなる関係として記述した。再録しよう。

息子にとって、父は母に恥じられる「みじめな父」になり、母はその父に仕えるほか生きる道のないことで「いらだつ母」になる。だが、息子はいずれ父になる運命を先取りして父を嫌悪しきれず、「みじめな父」に同一化することで「ふがいない息子」と化す。「いらだつ母」をその窮状から救い出す期待に応えられないために、息子はふかい自責の念を内面化する。同時に息子は「ふがいない息子」でありつづけることが、母の支配圏内から自立しないという母の隠れた期待に共犯的に応えることであると、ひそかに自覚している。（中略）娘は「みじめな父」に同一化する必要はないが、息子のようにそのみじめさから自力で抜け出す能力も機会も与えられていない。自分を待ち受けている人生が、しょせん思うようにならない男にあなたまかせの舵を預けて、「いらだつ母」のようになることだと観念するために「不

> 機嫌な娘」になる。娘は息子と違って「いらだつ母」に責任も同情もないから、この不機嫌はいっそう容赦がない。〔上野 1994: 199–200〕

この前提にあるのは、自分の不如意をかこち、子どもたち、わけても息子に「お父さんのようになるんじゃないよ」とこぼしつづける「いらだつ母」(「愚痴る母」としてもよい)と、その母を理不尽に「支配する父」とのあいだの、非対称なジェンダー関係である。そのなかで、「母子密着」というねじれた日本版「エディプスの物語」が成立する。

これは日本の「文化伝統」であろうか?

なるほど、伝統的な家父長制のもとでは、女の地位は息子、とりわけ跡取り息子の母であることによって決まる。二〇〇七年に放映されたNHKの大河ドラマ、『風林火山』では、戦国武将の正室や側室たちは、自分の息子を世継ぎにするためにありとあらゆる知略を使う。父を武田信玄に討たれ、戦利品として武田の側室になった諏訪一族の女、由布姫に、脚本家はその死に際して「今度生まれるときは、男に生まれたい」と言わせる。女が女であることを呪詛する――あまりにわかりやすいミソジニーである。

だが、強力であるはずの「支配的な父」が、「恥ずかしい父」、「みじめな父」に変わるのは、近代以降のことである。息子が父を超える社会移動が可能になるからだ。そう考えれば、江藤の『成熟と喪失』が一九六〇年代に書かれたことの社会史的な意味がきわだつ。六〇年代は高度成長期。高等教育の高度大衆化の時代でもあった。この時代に団塊世代はなだれをうって高校や大学へと進学していったが、回顧的に考えれば、親世代より子世代が集団として生活水準も教育水準も高くなった（言いかえれば、集団として親世代より子世代が「出世」した）のは、時代と世代の効果であって、個人の努力や能力によるものではない。

他方、女は、教育によってではなく、結婚によって自分の出身階層を脱けだす階層上昇のチャンスを得るが、「妻」としてそれに失敗したあとは、「母」として息子が父に卓越することを期待する。「お父さんと違っておまえには……」と子守歌のように聞かされてきた息子たちには、母から、返しても返しきれない大きな負債が負わされているのだ。

「自責する娘」の登場

社会史的には、この変化には世代とジェンダーの効果が影響している。世代的に言えば、成長期から停滞期（成熟期と呼ぶ人もいるが）に入った日本では、団塊世代の次の団塊ジュニア世代が、親の経済的達成や教育水準を超えることを期待するのはむずかしくなった。高等教育進学率は飽和状態に達し、学歴インフレすら起きている。子どもが親を追い抜いていくことが自明視された時代は終わった。

もうひとつジェンダーの効果も見逃せない。結婚以外の社会的達成の回路が女性にもひらかれるようになると、娘も母の期待から逃れることはむずかしくなった。娘たちは「女の顔をした息子」となり、娘と息子に対する期待のジェンダー差は縮小した。わたしはこれを少子化の効果と見なしている。なんであれ、ジェンダー差が縮まることは、歓迎される事態だろうか？

だが、母親の娘に対する期待は、息子に対する期待とは違う両義性を持っている。彼女たちは、娘に対しては、二重のメッセージ、「息子として成功せよ」と、「娘（＝女）として成功せよ」を送っている。どちらの場合も、「わたしのようにならずに」という自己犠牲のメッセージを送りながら、しかも「わたしをこうしたのは、おまえだよ」という隠れた譴責《けんせき》をともなって。

こういうダブル・バインドなメッセージを受けとった娘は、「股裂き」状態にならざるをえない。「不機嫌な娘」たちが高度成長期の産物だとすれば、彼女たちは歴史から退場し、代わって登場したのが、母の代理人としてその負債に呻吟《しんぎん》する「自責する娘」たちだろう。「ふがいない息子」同様、娘も「母の幸福」に責任を負う能力と立場を期待されるようになった。だが、息子と違って娘は母との同一化を果たすために、よりいっそう母の満たされない人生を代理遂行する債務から逃れられない。信田さよ子の『母が重くてたまらない――墓守娘の嘆き』〔2008〕は、その現実を豊富な事例をもとに、余すところなく描き出した。そしてこの「自責する娘」たちから、「自傷する娘」たちへは、あと一歩、とわたしには思える。

近代が生んだ女のミソジニー

『成熟と喪失』のなかで、小島信夫の小説『抱擁家族』〔1988〕を素材に、江藤は不気味な「神託」を書き付ける。主人公の妻、「時子」にとって、「『母』であり、『女』であることは嫌悪の対象である」。

この「女である自分に対する自己嫌悪」を、江藤は「『近代』が日本の女性に植えつけた一番奥深い感情」と呼ぶ。

「ある意味では女であることを嫌悪する感情は、あらゆる近代産業社会に生きる女性に普遍的な感情だとも言える」〔江藤 1967, 1988: 61〕

ミソジニーの歴史性をこれほどはっきり示した表現を、わたしは他に知らない。ミソジニーに歴史があるとは、ミソジニーに始まりがあるように、いずれ耐用年数が切れる、ということでもある。

江藤が時子のミソジニーの根拠に、かつて妻を置いて一人でアメリカに留学し、今では大学教師となった夫に対する「競争心《ライバル》」を挙げているのは興味深い。戦後の共学教育のもとでの偏差値競争には原理上ジェンダー差はないから、夫に対して「学生時代は、わたしのほうが成績がよかったんだから」という妻はいくらでもいる。だから夫がサクセスすればするほど、妻の側の相対的剥奪感は強まる。

ミソジニーは比較によって強化される。比較するということは、比較できる、ということでもある。比較できるということは、比較可能な共約可能性を、ふたつの項が持っているからである。ジェンダーや身分の差異が、変更不可能な運命として受けいれられているところでは、「区別」はあっても「差別」はない。「人として同じ」という共約可能な「分母」が生まれたことによって、「差別」を不当だと感じる心性が生まれた。性差別そのものはそれ以前からなかったわけではないが、「近代」は、比較によって逆説的に性差別を強化した。したがって、性差別を告発するフェミニズムは、近代の直接の効果として誕生したのだ。だからこそ、女性学のパイオニアだった今は亡き駒尺喜美《こましやくきみ》は、「『区別』が『差別』に昇格した」とこの変化を歓迎したのだし、それを苦々しく思う人たちは、つねに「差別」を「区別」におしもどそうとする。

自己嫌悪としてのミソジニー

男のミソジニーは、他者に対する差別であり、侮蔑である。男は女になる心配はないから、安心して女を他者化し、これを差別することができる。

だが、女にとっては？　女にとってのミソジニーは、自分自身に対する嫌悪となる。自己嫌悪しながら生きつづけるのは、だれにとってもつらい。

社会的弱者（social minority）は、だれであれ、同じような「カテゴリーの暴力」を受けている。なぜならそのようなカテゴリーをつくったのは、多数派と呼ばれる支配的な集団（social majority / dominant group）だからだ。その機序を比類ない日本語表現で言いあらわした文章を引用しよう。鈴木道彦が、小松川事件の犯人、李珍宇《イジヌ》について一九六六年に書いた「悪の選択」という文章である。

> 少年が、「オレは朝鮮人だ」と絶望的につぶやくときに、この「朝鮮人」とは正確に言って何を意味しているのであろうか。言葉はそれ自体の歴史と価値を持つものであって、日本人に蔑まれた「朝鮮人」という言葉は、単純な人種的事実に解消されることを頑強に拒んでいる。人は、「オレは日本人だ」というような事実認定と同じ意味あいで、日本語で「オレは朝鮮人だ」と述べることができないのである。

日本語しか話せない少年は、日本人によって日本語のなかで作られたこの「朝鮮人」という語の意味するものを、しぶしぶ身に引き受けねばならない。〔鈴木（道）2007: 82 に再録〕

フランス文学者でプルースト研究者として知られる鈴木が、なぜ李について語るのか？　その謎は、かれが李を「日本のジュネ」と呼ぶことからうかがうことができる〔鈴木（道）1967〕。ジャン・ジュネ――泥棒で詩人で同性愛者、サルトルに『聖ジュネ』〔1966〕の大著を書かせた逸脱者だ。少年時代のジュネは、ある日些細な盗みが見つかって「泥棒」と呼ばれる。そしてかれは決心する。「ボクは泥棒と呼ばれた。だからボクは泥棒になることに決めた」運命を選択に変える「自由」こそが、サルトルを魅惑した「実存的自由」の行使であり、鈴木は李少年のなかに、同じように運命を選択に変える「悪の選択」を見たのだ。

女は女に生まれるのではない、女になるのだ、とシモーヌ・ド・ボーヴォワールは書く。それなら女はいかに女になるのか？　それは「女というカテゴリー」を引き受けることによって。「わたしは、女だ」と自認することによってだ。

だが、李少年にとっての「朝鮮人」がそうであったように、「女」というカテゴリーも蔑視にまみれている。

人はだれでも、すでにそこにある言語の世界に、あとから生まれてくる。言語は自分のものではなく、他者に属している。「女」というカテゴリーは自分以前に存在し、「おまえは女だ」と他者から名指しを受ける。「そうよ、わたしは女よ」と自己定義したときに、「女」は生まれる。アルチュセールの言うように、「おい、そこの女」という「呼びかけ（interpellation）」に答えたときに、女という「主体」は生まれるのだ。

内田樹《たつる》が『私家版・ユダヤ文化論』〔2006〕で、「ユダヤ人」とは、そのカテゴリーに「遅れて登場する」人々のことだと論じているように、「女」も（そして「朝鮮人」も）、そのカテゴリーに「遅れて登場」する点で変わりはない。そしてそのカテゴリーを「引き受ける」ときには、そのカテゴリーが歴史的に背負ったすべての負荷をも、同時に引き受けなければならない。

だがそれ以外に「自由」な選択はない、という逆説を、鈴木は李少年を例に、みごとに解き明かす。同じことを「女」について言いかえれば、こうだ。

人は「女になる」ときに、「女」というカテゴリーが背負った歴史的なミソジニーのすべてをいったんは引き受ける。そのカテゴリーが与える指定席に安住すれば、「女」が誕生する。だが、フェミニストとはその「指定席」に違和感を感じる者、ミソジニーへの「適応」をしなかった者たちのことだ。だから、ミソジニーから出発しなかったフェミニストはいない。フェミニストであるとは、このミソジニーとの葛藤を意味する。

ミソジニーを持たない女（そんな女がいるとして）には、フェミニストになる必要も理由もない。ときたま「わたしは女だってことにこだわったことなんて一度もないわ」とうそぶく女がいるが、この言い方は、「わたしはミソジニーとの対決を避けてきた」と翻訳するのが適切だろう。

「女」という強制されたカテゴリーを、選択に変える——そのなかに、「解放」の鍵はあるだろう。

＊1　民法上の婚外子に対する相続差別（嫡出子に対して非嫡出子は相続分が二分の一）は、二〇一三年の最高裁における違憲判決にともなって、国会における民法改正によって解消した。

9　母と娘のミソジニー

反面教師としての母

女はミソジニーを母から学ぶ。母は娘の「女らしさ」を憎むことで娘に自己嫌悪を植えつけ、娘は母の満たされなさや不如意を目撃することで母を蔑むことを覚える。初潮を迎えてそれを母に告げたとき、「あんたもとうとう女になったのね」と汚いものでも見るように言われて傷ついた娘は少なくないはずだし、「お父さんや弟には、ぜったいわからないように始末しなさい」と教えられて、自分のからだの変化が喜ばしいどころか、他人に明かしてはならない恥であるかのように受けとった娘もいるはずだ。

他方、子どもの人生に最初の絶対的な権力者として登場する母親が、それよりも強力な権力のもとにかしずき、翻弄されているのを、子どもは目撃する。

母の不如意は、その事態を自分で変えることのできない非力と結びついている。母は、自分の人生を呪っているにもかかわらず、同じような生き方を娘に強制することで娘の憎しみを誘う。娘は母を、「こうはなりたくない」反面教師とするが、母の呪縛を脱するにも、自分以外のだれか（男）の力を借りなければならないことを予期して、自分の人生をあなたまかせにしなければならない無力感におしひしがれる。そしてその男が、理不尽な支配を母にふるっている父とそっくりな男かもしれない予感におびえる。

まったく出口のない堂々巡りである。

母の代償

世間は母になった女に「おめでとう」と言い、母にならなければ女として一人前でないような扱いをしながら、母になったことで女が抱える負担を少しも分かちあおうとはしない。女は母になったことで喜びを得るかもしれないが、それと引き替えに失った代償の大きさに気がつくのは、産んだあとになってのことだ。

もちろん、以上の事情は近代家族[*1]のもとでは、と条件をつけなければならない。子どもを産みっぱなしにしてもだれかが育ててくれることをあてにできる前近代の支配階級の女や、手をかけなくても勝手に子どもが育ってくれる下層民の女は、そんなことを考えなくともよかっただろう。それに母のような人生を娘が送ることが決まっている社会なら、母も娘も互いに競ったり悩んだりしなくてもよい。前近代の女に苦労はあっても、苦悩はなかった、と言ってよいかもしれない。

　母は自分の払った代償を、子どもにつぐなわせようとする。息子なら、話はかんたんだ。出世して父の横暴から母を救い出し、終生母に忠誠と孝養を尽くすこと。息子をマザコンに仕立て上げ、家督を相続させてのち、家督相続人の母、つまり皇太后の地位に上り詰めることが家父長制下の母のゴールであり、報酬である。

　娘の場合は？　いずれ嫁がせて「他家の人」になる娘に払った代償は、「どぶに捨てる」ような投資だ。娘から、投資の回収はのぞめない。だがそれが「常識」だったのは、少し前までの話。今では、娘は生涯、母の所有物《モノ》である。嫁いだからといって、実家の両親の介護義務はなくならないし、母も介護要員として、娘をあてにしている。過去一〇年のあいだに、「介護をされたい相手」の続き柄の優先順位は、嫁から娘へと変化し、実際の介護要員もそれに応じて娘の割合が増えている。

　現実には娘に依存していながら、タテマエではそれを否認するという困ったことも起きる。長男である弟に代わって、自分が母親を引き取ってめんどうをみていた娘に対して、終生、「娘の世話になるなんて情けない」と嘆きつづけた母親がいる。「情けない」と母親に言われながら、感謝もされずにお世話をつづける娘の悲哀は深い。

　母親が娘に欲求の代理満足を求めるようになったのは、女性に人生の選択肢が増えた最近のことにすぎない。女の人生から「しょせん女だから」「どうせ女だから」という言い訳がなくなり、女にも「がんばれば、何者かになれる」という選択肢ができた。九〇年代以降約二〇年のあいだに、女子学生の四年制大学進学率は急上昇し、短大進学率を抜いた。それも医学部や法学部などの、実学志向の専攻が増えた。最近の医師国家試験では合格者の約三割が女性、司法試験でも約三割が女性である。わたしはこの背後に、二代がかりの母の執念を見る。娘の高等教育は、母のサポートなしでは達成できない。「女に教育はいらん」「短大でたくさんだ」という父に逆らっても、「お父さんはああ言うけど、学費ぐらい、お母さんが出してあげるから」という応援団がいるから、娘は大学に進学できるのだ。だが、この「女の子も手に職を」という資格志向は、同時に母親世代の現状認識とそれへの絶望のあらわれでもある。娘は工学部や経済学部へはめったに進学しない。組織に入らなければ仕事のできないそれらの分野では女の居場所がないことを、結婚前にＯＬ経験のある母世代の彼女らは骨の髄まで身に沁みて知っているからだ。資格さえあれば個人プレーでも生きていける職を、母は娘に勧める。

少子化が進行してから、娘は「女の顔をした息子」となった。ひとりかふたりのきょうだい数では、ひとり娘かきょうだいがいても娘だけ、の家庭は少なくない。そんなところでは、息子向けと娘向けの性差別のある教育など、のぞむべくもない。事実、息子なみに期待され、息子なみにかしずかれ、息子なみに教育投資を受けてきた娘たちは少なくない。女の子の浪人経験率が上昇したのもこの影響である。

だが、娘は息子と同じではない。娘は息子と同じように母親の期待に応えなければならないが、同時に娘としての期待にも応じなければならない。女の選択肢が拡がった時代とは、「娘として」と「息子として」のふたりぶん、娘の重荷が増えた時代でもある。娘と息子の両方がいれば、母は息子のほうにより深くいれあげる。そうなれば、娘の役回りはもっとふくざつになる。娘は母の期待に応えて優等生でなければならないが、母が娘よりも愛している息子の地位をおびやかさないように、自分の成績が兄や弟をうわまわらないように、配慮しなければならないのだ。「女でありながら、男の子に匹敵する業績を挙げ、決して兄を圧倒してはなら」ない——こういう立場に置かれた娘の苦しみを、小倉千加子の『ナイトメア——心の迷路の物語』〔2007: 50〕は描く。

母は娘の幸せを喜ぶか

女にはふたつの価値がある。自分で獲得した価値と、他人（つまり男）によって与えられる価値だ。そして女業界では、前者より後者の価値のほうが高いらしい、と示唆したのは『負け犬の遠吠え』の酒井順子〔2003〕だ。前者の価値が女に期待できなかった時代には、もう少しラクだったかもしれない。だがいまどきの娘たちは、前者の価値と後者の価値の両方を満たさなければならなくなった。母親も両方の価値を娘に期待するようになった。結婚したキャリアウーマンの娘に、「あんたの子どもはわたしが育ててあげるからね」と手ぐすねひいて待っている母親もいる。

娘は、こういう母親に感謝するだろうか？

母親はまなじりを決して、「あんたを一生、手放さないからね」と宣言しているようなものだ。あなたの人生はわたしのもの、わたしの夢のシナリオどおり生きるのが、分身としての娘の役割よ、と宣言しているに等しい。信田さよ子に『愛情という名の支配──家族を縛る共依存』〔1998〕という著作があるが、まったく字義どおりであろう。娘が母の期待に抑圧を感じるのは無理もないが、母親のほうは、「愛情」や「自己犠牲」を押し売りするから、たちが悪い。

ステージ・ママの支配下に長くあった中山千夏が、母親と対決したときのことをエッセイに書いていた。「おまえのためを思って」と言いつのる母親を、問い詰め、追い詰めて、最後にとうとう「実は自分自身のためだった」と認めさせた。母親と人と人としての関わりをここまで持った中山を、わたしは尊敬する。わたし自身はその機会を避けつづけ、気がついたときには、母は老いて弱者と化していた。弱者となった母を追い詰めることはもはやかなわず、わたしはその機会を永遠に失った。

ところで母は娘の幸せを喜ぶだろうか？

母は娘に期待しながら、娘が実際に自分が達成できなかったことをなしとげたら、喜ぶだけでなく、ふくざつな思いをするだろう。息子が何かを達成しても母はそれと競合する必要はないが――性別はこういうとき便利な緩衝材になる――娘なら同じ女だから、自分自身がそれを達成しなかった言い訳ができない。もちろん自分にはいなかった応援団が、自分のおかげで娘にはいると、自分に対して弁明することもできる。だが、なにごとかを達成したのは娘であって、自分ではない。

母にとっては娘が「自分で獲得した価値」を達成しただけではじゅうぶんではない。「他人（男）から与えられる価値」も手に入れなければ母の野心は完成されない。母は母であることで、男から選ばれるという価値は――たとえ不満足であっても――手に入れているから、こちらの価値を手に入れない娘を、どんなにできがよくても、母は一生、はんぱもののように扱うことができる。そしてその扱いは、皮肉なことに娘が自分の領土のなかにとどまっていることとの確認でもある。母にならない娘を、言いかえれば母になることで自分と同じような苦労を背負わない娘を、母は一人前と認めることはけっしてない。

他方、母が自分でも選びたいような文句のつけようのない男を選んで、娘が結婚したらどうか？　新婦の母が婿に惚れるというシチュエーションはよくあるが、あるいは自分が惚れたいような男を娘の婿にしたいと思う母はいくらもいるが、その場合でも、その男と結婚したのは娘であって、自分ではない。娘が幸せであればあるほど、母親はふくざつな思いを味わうだろう。しかもそれは娘を他の男に奪われた、という喪失感をともなっている。離婚して実家に戻った娘を、母がひそかに歓迎しているだろうことを、わたしは疑わない。

母の嫉妬

「母は娘に嫉妬する」、だから娘が幸せになろうとするたびに、母は妨害する――このシンプルな命題だけで、「母と娘の関係」について何冊も本を書いてしまった心理学者が、岩月謙司〔2003〕である。

もちろん、母と娘の関係はそんなに単純ではない。

女性学が登場して以来、「母と娘の関係」は、大きな主題のひとつになってきた。それというのも、フロイト以降の心理学が、父と息子の関係についてばかり語ってきて、母と娘については等閑《なおざり》にしてきたからだが。そのせいで、ヘレーネ・ドイチュやメラニー・クラインなどフロイト派の女性心理学者たちは、フロイトがやりのこした「母と娘」の関係について理論をうち立てようと腐心してきた。

フロイト理論から母と娘の関係を読み解いた卓抜な著作が、竹村和子の『愛について

——アイデンティティと欲望の政治学』〔2002〕である。赤ん坊は性別を問わず、母と密着した依存関係にある。そこに去勢恐怖でくさびを打ちこむのが父親の役割である。だが、もともとペニスのない女児を去勢することはできない。というより、女児は母の胎内にペニスを置いてきたことで、生まれながらにして去勢されているのだ。女児は男児同様、母親を第一次的な愛着の対象とするが、男児のように父親と同一化することをつうじて、母親（のような女）を欲望の対象とすることができない。女児は母を愛してはならないだけでなく、母と同じ性（つまり自分自身の性別）に属する対象をも愛してはならない。かくして女児の愛の対象喪失は男児よりも根源的なものとなり、その喪失を忘れようと喪失の対象を体内化しようとする。それがメランコリー、すなわち抑鬱状態である。「メランコリーは、愛した対象を忘れ去る操作である」。だから「母との愛を禁じられ、それを忘却せざるをえない」娘にとって、母のようであること、すなわち女性性とは、それ自体が「抑鬱的《メランコリック》」なのだ〔竹村 2002: 174-6〕。そう言われれば、「女らしさ」のアイテムである「ひかえめさ」とか「おくゆかしさ」とかは、なんとメランコリーと似ていることだろう。言いかえれば、自分の欲望を自覚することも、達成することもあらかじめ阻まれている存在が、「女というもの」なのだ。だとすれば、女であることは、なんとわりに合わないことだろうか。

母と娘の和解

そんな「母と娘」の関係について書かれた本がたてつづけに出た。信田さよ子『母が重くてたまらない——墓守娘の嘆き』〔2008〕、斎藤環『母は娘の人生を支配する——なぜ「母殺し」は難しいのか』〔2008〕、圧巻は佐野洋子の『シズコさん』〔2008〕だ。本章はこれらの著作に刺激を受けている。

ラカン派の正嫡、斎藤の「母と娘」論は、フロイトになじんだ者にはわかりやすい。しかし男に母と娘のこみいった関係を解剖されるのは、釈然としない気分のものだ。わかりやすいぶんだけ、違和感も強い。母と娘の関係にくらべて、父と息子の関係は、もっとシンプルだ。息子は父を殺して、その位置にとって代わればよいだけだからだ。息子は抑圧者としての父をたんに憎めばすむ。だが、娘はそうはいかない。息子が親子関係を切断する契機に恵まれているのにくらべ、娘はそうでない、と斎藤は言う。

「母親嫌悪に通じるような『女性嫌悪』を近代以降の産物とみなす立場もあるようですが[*2]、私にはそのようには思われません。少なくともフロイトに従うならば、女の子の母親嫌悪は、より根源的なものであるからです」〔斎藤（環）2008: 117〕

斎藤が説明するように、赤ん坊にとって絶対的な欲望充足の対象であった母親からの分離に対する恨みが「母親嫌悪」の原因であるとしたら、それは性別を問わないはずだが、それとてナンシー・チョドロウが論じるように、たんに母親が第一次的な育児担当者であるという歴史的な事実を根拠にしている。また「ペニスがない」ことが「無力である」こととイコールであるのも、近代家族に固有の状況であろう。[*3] 近年では、フロイト理論を人類に普遍的な心理学説と見なすよりも、一九世紀末ウィーンの家父長的な家族のもとで成立した、近代家族に固有の性別分化の理論として歴史化する解釈が有力である。斎藤が言うとおり、「フロイトの仮説は、ジェンダーが分化していくメカニズムについての、明晰で構造的な解釈という点で、とうてい無視できないほどの価値がある」るのは事実だが、それには、「近代家族における」という歴史的条件を付け加える必要があるだろう。

副題の「なぜ『母殺し』は難しいのか」も、一見時代を問わないように見えて、今日に固有の現象であろう。というのも、かつてなら結婚が親子関係を切断する契機を社会的に提供していたからである。泣いても喚《わめ》いても、実家の親は嫁いで「他家の人」になった娘に口を出せないし、娘も実家の親に手を出せないことになっていた。三三九度《さんさんくど》の最初の二献は、婚家の両親との親子固めの盃、そのあとに夫婦の契《ちぎ》りを結ぶ盃が来る。女にとって婚姻の儀礼とは、親族関係を不可逆的に契約し直す儀式だったのである。娘の嫁いだあとも、母が娘の人生を生涯にわたって支配できるようになったのは、最近のことにすぎない。

同じように、一見時代錯誤に聞こえる信田の著書の副題にある「墓守娘」も、逆説的にきわめて現代的な現象である。嫁いだ娘が嫁として守るのは、婚家の墓であって実家の墓ではない。親は娘に墓守であることを期待できないしくみが、家父長制だったはずだ。非婚の娘ばかりでなく、嫁いでも実家と縁の切れない娘――こういう存在が登場しなければ、「墓守娘の嘆き」など生まれるはずもない。その歴史的な変化に、信田自身も「『墓守娘の嘆き』などということばが本の題名になるなんて、今から四〇年前、私が二〇代前半だったころには想像もできないことだった」〔2008: 86〕と、自覚的である。

このことば（引用者注：墓守娘）がリアルな共感を呼ぶには、いくつかの社会的条件が必要だ。それは、母親の寿命が延びたこと、高学歴化により娘の結婚年齢が上がったこと、母親にそれなりの経済的豊かさがあること、娘が働いていること、しかも非正規雇用の人口が増大することで経済的には不安定な状態であること、少子化により一人娘が増えたこと、などだ。〔信田 2008: 86〕

したがって今日、「母と娘の関係」を論じるのは、歴史を問わずいつの時代にもある「母と娘の関係」を論じることと同じではない。また二〇年前や四〇年前の母と娘の関係を論じることとも同じではない。信田によれば、以上の歴史的な条件の変化から、現代では、息子ではなく娘が母親の依存の対象となった。これは娘の地位の向上の証《あかし》だろうか？

「母は本当に私に嫉妬していたのだ」と、できのよい長女が母を憎みつづけたのが、佐野洋子の場合だ。佐野はその世代にはめずらしく、大学教育を受けて働く女になった。定石どおり、母親は、できのよい娘より虚弱な兄のほうを溺愛した。その兄は一一歳のとき、とつぜん病死した。絵の抜群にうまかった兄に代わって、絵の具のセットを妹がもらい受け、両親の期待を背負って美大へ進学し、やがて成功した絵描きになる。娘の晴れ舞台を見て、母親は不機嫌な顔を隠さない。

「あんた苦労して私を大学に入れてくれたんじゃないか。そして私はちゃんと仕事をしているじゃないか。何でそんな暗く不機嫌なのだ」〔佐野（洋）2008: 62〕

兄が死んだとき、いっそ死んだのが自分のほうであってくれたら、と母親が願ったにちがいないという疑いを、佐野は晴らすことができない。佐野は母親を好きになることができず、憎みつづけ、そして母親を憎む自分を責めつづける。

父を憎む息子は、そんな自分を責めることはないだろう。ここが父と息子との関係と、母と娘との関係との、決定的な違いではないだろうか。母を憎むことは許されない、どんなことがあろうとも。母を憎むだけで、娘は自分を人非人のように恥じなければならない。なぜなら、母は抑圧者でありながら、犠牲者だからだ。佐野の本には、母に対する憎しみ以上に自分に対する譴責《けんせき》の声が満ちている。

「母を金で捨てた」老人ホームで、母親は認知症になっていった。あんなに気が強く、粗雑で、娘をほめたことがなく、「ごめんなさい、ありがとう」を言ったことのない母親が、呆けて「仏様の様になった」。幼い頃、つないだ手を振り払われて以来、けっしてつなごうとしなかった手を、佐野は初めて母とつなぐ。触れたくなかった母のからだに触り、母親のふとんに入って添い寝する。どれも、母が正気のときにはできなかったことばかりだ。

「私は正気の母さんを一度も好きじゃなかった」と佐野は言う。母が母でなくなって初めて、彼女は母親と和解する。呆けた母の口から、「ごめんなさい、ありがとう」が出たとき、「五十年以上の年月、私を苦しめていた自責の念から解放された」「生きていてよかった」と佐野は号泣する。「私はゆるされた」と彼女は表現し、「私は母をゆるした」とは書かない。そのくらい、彼女の自責感は強かったのだろう。

生きているうちに間に合ってよかった、と読者はほっとするだろうか。いや、人生はいつも「間に合って」なぞ、いない。母が母を降りたとき、娘はやっと娘であることから解放されたのだ。

わたし自身の母との和解は、母の死に間に合わなかった。わたしが母を許し、母に許される前に、母は逝ってしまった。手遅れだろうか？　だが、死者もまた成長する。娘にとっての母は、自分のうちにいる母だ。その母と対話をくりかえすうちに、わたしのなかの母はゆっくりと変容を遂げてきた。

母の期待に応えるにせよ、母の期待を裏切るにせよ、どちらにしても、娘は母が生きている限り、母の呪縛から逃れることができない。母に従っても逆らっても、母は娘の人生を支配しつづける。母は自分の死後までも娘の人生を支配しようとする。そして娘の母に対する怨嗟《えんさ》の感情は、自責感と自己嫌悪としてあらわれる。母を好きになれない自分を、娘は好きになれない。なぜなら母は娘の分身であり、娘は母の分身だから。娘にとってのミソジニーは、つねに母を含む自分自身に対する自己嫌悪となる。

このための処方箋は、信田が言うように、「わたしはあなたではない」と、母もそして娘も、互いに相手に向かって告げることからしか始まらない。

＊1　「近代家族」とは歴史人口学から生まれた歴史的な記述概念で、①夫婦中心性、②子ども中心性、③非親族の排除などの特徴を持っている。ジェンダー論的に言えば、これに加えて、④公私の領域分離と、⑤それぞれの領域への性別役割配当をともなう。ヨーロッパでは一八―一九世紀にかけて成立、日本では明治末から大正期にかけて都市部で成立し、戦後高度成長期にいっきょに大衆化した。

＊2　この「立場」とは、江藤淳〔1967, 1988〕と、それに同意した上野〔1994〕の立場をさしていると想定される。

＊3　事実、人類学者のマリノウスキーは母系社会のトロブリアンド諸島へ出かけて、彼の地には「エディプス・コンプレックス」がないことを発見して混乱したのだし、母子家庭や婿養子を迎えた家族で育った息子たちに、父親への同一化の機制が働きにくいことも知られている。

10　「父の娘」のミソジニー

家父長制の代理人としての母

娘にミソジニーを教えるのは母だ、と前章で書いた。だが、それ以前に母にミソジニーを植え付けるのは、その夫である。母は、父のミソジニーの代理人としてふるまう。娘は父からのミソジニーを、家父長制の代理人である母をつうじて身につける。そしてくりかえすが、ミソジニーとは、男にとっては女性蔑視、女にとっては自己嫌悪の代名詞である。

ＤＶのなかに、身体的虐待、経済的虐待とならんで、精神的虐待が含まれるようになったのは二〇〇四年のＤＶ防止法改正以降のことである。たとえ直接殴る蹴るの暴力的なふるまいをしなくても、つねひごろ、「おまえはバカだ」「何にもできない」「つまらない女だ」とあめあられのように嘲罵《ちょうば》のことばをふりかけること自体を、「虐待」と呼ぶ。虐待を受ける側は、自分を卑下し、無力感にさいなまれ、自信も力も奪われる。DVのこの定義の拡張は、多くの女性にとって「目からウロコ」のような経験をもたらすだろう。そうか、わたしは結婚以来、ずっと虐待を受けつづけてきたのね、と。

そんな「バカ」で「つまらない」女となんで結婚したのか、と問いかえしたくなるが、男の側にしてみれば「バカ」で「つまらない」女だからこそ、結婚相手に選んだのだ。一生のあいだ、自分のかたわらにおいて嘲弄《ちょうろう》しつづけ、よって以《もっ》て自己の優位をくりかえしくりかえし確かめるために。だから「バカにできる」女を男は手放さない。こういう女をひとり確保することこそが、男が自分のアイデンティティを確立するための条件だからだ。秋葉原事件のK君の「モテ」願望だって、自分もそういう女をひとりゲットしたい、という願望のことではなかっただろうか。

男が「バカにできる」ことを条件として結婚相手を選ぶことからも、それはわかる。自分より学歴の低い女を選んで、「おまえはバカだからな」と言うのは「予言の自己成就」にすぎない。親の教育投資が娘より息子に偏る家父長制の社会では、夫の学歴が妻の学歴より平均して優位にあるのは本人の能力のせいではなく、たんにジェンダーの効果にすぎないのだけれど、個別の夫婦関係のもとでは、それは個人間の権力関係としてあらわれる。「おまえのようなバカな女」を妻に選んだのは、「おまえのようなバカな女」だからこそで、「賢い女」(ここではたんに自分と学歴が同等かそれ以上の女をさしておく）を選ぶ気など端《はな》からなかったことを、本人は忘れている。

娘は、この父と母の関係を目の前で目撃しつづけている。そして自分の将来が「母のような存在」になることだと、絶望感を味わう。だが娘には母と違う特権がある。第一は、「お母さんのようにはけっしてならないわ」と母を反面教師にすることで「母のような存在」になることを拒否する可能性がひらかれていること、第二は、父と母の権力関係のなかに割ってはいって、「父の誘惑者」となることで母に対して優位に立つ可能性である。「父」という強者の寵愛《ちょうあい》を競いあう母とのライバル関係に勝利することで、娘は母をさらに見下すようになる。「お母さんのようなヘマはしないわ、わたしのほうがお父さんの気持ちをつかむことがもっとうまいのだから」と。教育を受けた娘は、無学な母に代わって「お父さんの知性も、それが理解されない孤独も、お母さんよりわたしのほうがもっとよくわかってあげられる」と父と連盟を組んで母を見下す。あるいは父と不和な母親に対しては「あんな自分勝手なお母さんじゃ、お父さんがかわいそうよ」と父によりそうようになる。

「父の娘」

こうして娘は、家父長制下の「父の娘」となる。

まだ英文学者だった頃の田嶋陽子に、「父の娘」についての卓抜なエッセイがある。

> 悲劇『エレクトラ』[*1]は、エレクトラが母の娘から父の娘になるための通過儀礼の経過報告である。〈娘の母殺し〉は、娘が父権制社会に受容されるために、父の有利と優位を認めることであらゆる抑圧や社会的不利益（差別）を黙認する覚悟があるかどうかを試す踏絵であった。母の言葉を選べば死を意味し、父の言葉を取れば〈去勢〉がまっていた。二つに一つしかない選択で、エレクトラは後者を選ぶ。（中略）〈去勢〉されるということは、母の言葉、すなわち母の正義と公平を求める抗議の言葉を抑圧することである。それは女の生命が男のそれより軽いことを認め、性的抑圧を甘受することである。〔田嶋 1986: 6〕

ギリシャ悲劇の主人公エレクトラは、しばしばエディプスの女性版として言及される。エディプスがそれと知らずに父を殺し、母を犯したように、英雄アガメムノンの娘、エレクトラは、夫をそのいとこアイギストスと図って謀殺し、アイギストスと再婚した母のクリュタイムネストラを、父の仇《かたき》として討つ。エレクトラは、「母の欲望」の側に立つのではなく、家父長制下の「父の正義」の代行者となる。それは「母の欲望」が「父の正義」のもとに従属していなければならないことを再確認する行為である。したがってエレクトラは、あらかじめ「去勢された娘」なのだ。

フロイト理論のなかでは、息子の物語と娘の物語は非対称である。息子は母への欲望を抱いたことで、父によって去勢されるのに対し、娘はあらかじめ去勢されている。言いかえれば、娘とは、「あらかじめ去勢された息子」、卑俗な言い方をすれば「おちんちんをママの胎内に忘れてきた子ども」なのだから、あらかじめ去勢された存在を、二度にわたって去勢することはできないし、その必要もない。

「誘惑者」としての娘

だが、父と娘との関係は支配と従属だけではない。むしろ両義的である。娘は子どもとして絶対的な弱者、息子よりもさらに弱者だが、息子が父とのライバル関係に入るのに対して、娘は父の「誘惑者」となる。もっと正確に言えば、「誘惑者」として父によって仕立て上げられる。父にとって娘は自分の分身、最愛の異性でありながら、自分にとっては「禁止された身体」の持ち主だからである。したがって娘は父にとって、禁忌をともなう魅惑の対象となる。

父にとって娘とは、自分に所属しながら、自分がけっして手を出すことのできない異性である。わたしは同世代の男たちが父親になっていった頃に、まだ乳飲み子の娘を抱きあげながらその父親が「こいつの処女を奪う男はぶっころす」とのたまう現場に居合わせたことがある。娘に対する所有と禁止のディレンマを、これほど雄弁に表現したものはない。

もしできることなら、娘を一生手離したくない。ついにわかりあえない異形《いぎよう》の他者である妻よりも、いくばくかは自分のクローンであり、ピグマリオン的な愛着の対象でもある手塩にかけた娘を、「最高の恋人」として手元に置いておきたい。かなうことなら、その娘と性的につながうことで、どこまでも自閉していくブラックホールの至福に閉じこもりたい。そして娘にとって「生涯ただひとりの男」でありたい、とねがうのは、家父長制下の男の「究極の夢」のひとつではないだろうか。

書くだにおぞましいこのような「夢」が、たんなる「夢」でなく、この「禁忌」がたやすく侵されることは、親による子どもの性的虐待があとを絶たないことからもわかる。日本文学には、この「夢」が一種の文化理想として、臆面もなく各種のテキストに書きこまれている。『源氏物語』における源氏の玉鬘《たまかずら》との関わりや、紫の上との関係も、その例であろう。玉鬘は源氏の養女であったから源氏はついに手を出さなかったが、嫁がせるまでの玉鬘に対する源氏のまなざしには、性的な含意があからさまである。紫の上は、後ろ盾のないみなしごであることが源氏の性的なアプローチの言い訳《エクスキユーズ》となっているが、今のことばで言えば、児童の性的虐待と呼んでもよいくらいだ。

「ロリータ・コンプレックス」[*3]とも、「ピグマリオン・コンプレックス」[*4]とも呼ばれる男の性的嗜好の淵源《えんげん》は、父の娘に対する関係を原型としているにちがいない。だが、男は自分自身がつくりあげた「魅惑」を、事後的に対象からの「誘惑」として構築する。『ロリータ・コンプレックス』の名づけのもとになったウラジーミル・ナボコフの『ロリータ』〔2006〕では、一二歳のロリータは、しなをつくって男を誘惑する「悪い娘」として描かれる。「だってあの子が誘惑したから、ボクは抗し切れなかったんだ」という言い訳が男の側には用意されている。イスラム革命後の統制下のテヘランで、教えることを禁じられた英文学の女性教師が教え子の女子学生たちとひそかに読みついだ『テヘランでロリータを読む』〔ナフィーシー 2006〕では、読者の若いイラン女性たちは、ナボコフの「男のディスコース」にはまらない。彼女たちは、『ロリータ』を、「これってセクハラ小説でしょ」と正確に見抜くのだ。自分に性的関心をあらわに示す男のもとに預けられた一二歳の少女にとって、他にどんな生存戦略があっただろう? 彼女は強いられた環境のなかで「うまく」ふるまったにすぎない。それをあとになって、男の側は、「あの子は悪い娘でした」と「誘惑者」に仕立て上げる。

この「誘惑」の魅力を付与する能力はもっぱら男の側にあって、少女の側にはない。なぜなら、その「誘惑」の資源を少女はみずからコントロールすることができないからだ。だが、娘は「誘惑者」の役割を習得することで、父の権力につけこむことができる。

そして「父の娘」を共演してあげることをつうじて、父を侮蔑し、嘲笑し、権力関係を転覆することも、場合によってはできないわけではない。無力で依存的な立場にいた少女が、やがて自分を育てた男の鼻づらを引き回すようになるストーリーは、日本の「ピグマリオン」小説、谷崎潤一郎の『痴人の愛』〔1925, 2006〕にその典型がある。[*5]

日本の「父の娘」

こういう「父の娘」の視点から日本文学史をふりかえったのが、中世文学の研究者、田中貴子の『日本ファザコン文学史』〔1998〕である。田中は、フロイトにもジェンダー理論にも言及せずに、「『父の娘』という言葉は、父の価値観を受け継ぐ娘を私なりに表したものである」〔田中（貴）1998: 20〕と定義する。それを田中は「ファザコン娘」とあっさり呼びかえて、「ファザコン娘は父の代理として何かをする、という特性を持っている」〔田中（貴）1998: 20〕と言う。だが、「娘は父の果たせなかった意思を充分受け継ぎながらも、女性であるがゆえにそれをストレートに実現することが許されていない」。

田中は「西郷（隆盛）の娘」についての伝承を例に挙げ、「父の娘」の最大の役割のひとつは、「無念の死を遂げた父の魂を慰める存在」〔田中（貴）1998: 23〕となることだと言う。だから洋の東西を問わず、娘は「エレクトラ」を演じることになるのだ。

こういう「父の娘」が父と性的な関係を結んだ例を、田中は、『とはずがたり』にみる。主人公の二条は、後深草上皇とのあいだで「父・愛人・主人という三重の呪縛」のもとに置かれる。それを田中は次のように表現する。

「『ファザコン』関係の場合、父はしばしば圧倒的な強者という現実として娘の前に立ちはだかる。

ただ、その呪縛はいったん身を委ねると非常に甘美なものでもある。だから、娘はエディプスにならって抵抗することはせず、〔中略〕揺れながらも呪縛にからめとられるほうを選ぶ場合が多いのだ」〔田中（貴）1998: 20〕

「父の娘」の物語を、父にとってのみならず、娘の側からも甘美な物語として描いたのは、第一三八回直木賞を受賞した桜庭一樹の『私の男』〔2007〕である。あまりにスキャンダラスな内容だったために一部の審査員が授賞をためらったと伝えられる桜庭の作品は、二〇代シングルの男が災害で身内を失った親族の娘、その実、事情があってそれと名のることができない自分の娘をひきとって、男手ひとつで育て上げ、思春期に入った娘と性関係を結ぶという、現代の「紫の上」物語である。このなかには、「ロリータ・コンプレックス」も「ピグマリオン・コンプレックス」も、血縁幻想も、家族神話もすべて含まれていて、流氷の来るオホーツク沿岸の寒村という設定もあいまって、そのわかりやすすぎる土俗性に目がくらむ。「あまりにスキャンダラスな」というのは、(男が多いはずの)審査員にとって、「あまりにわかりやすすぎるために認めるのがこわい」欲望を、図星でさし示されたからだと思えるし、「一樹」という男性名とまぎらわしい(というより女性作家が男性に性転換したような)ペンネームも、男性に同一化したカモフラージュのように思える。

『私の男』のなかでは、父と娘とは性のブラックホールにはまったまま、その重力圏から出ていくことを共に拒み、そのためならどんなことでもする。父親は職を失っても娘のためだけに生きることを選ぶし、関係が発覚しそうになると殺人すらためらわない。そこは他者の容喙《ようかい》を許さない完璧に満ち足りた世界なのだ。そしてタイトルが何よりも示唆するように、形式の上では多声《ポリフォニー》が選ばれているにもかかわらず、その実、この物語は「父の娘」の視点から書かれている。タイトルが『私の男』であって、『オレの娘』でないことが示唆的だ。「父の娘」の物語が「父」たちに受けいれられるための条件は、それをほかならぬ「娘」が望んだ、というシナリオになっていることだからだ。「ボクは悪くない、なぜならあの子が誘惑したから」と。

娘は父の重力圏から出ていかない。出ていくくらいなら、共に滅びることを選ぶ。父にとってこんな甘美な物語があるだろうか。だが、そのなかにひそかに、娘の「誘惑者としての権力」が仕込まれていると読み解くこともできないだろうか。父を最終的に自分に従属させ、拝跪《はいき》させ、自分の人生のすべてを捧げさせる。それが可能なのは、たったひとつの理由、「なぜなら、わたしは彼の娘だから」。

桜庭の作品より四〇年も前に、娘にとっての「父と娘」の甘美なブラックホールについて描いた作品に、倉橋由美子の『聖少女』〔1965〕がある。主人公の女子高生は、その昔母の恋人だったというダンディな中年男性と出会う。彼女はその「母の恋人」が「自分の父親」ではないかと直感し、男からの誘惑に身を委ねる。それどころか、手管を尽くして男を誘惑しようとさえする。性的な経験の浅い小便くさい小娘が、その道の熟練者であるらしい中年男性に対して「誘惑者」になれる理由は、同じくたったひとつの理由からだ。「なぜなら、わたしは彼の娘だから」。

男から見れば、姦通によって生まれた自分の「実の娘」を、それと知らずに（あるいは知らなかったことにして）性愛の対象とすることもまた、家父長制下の「男の夢」のひとつであるかもしれないのだが。事実、桜庭の作品には、まだ少年だった頃の「父」の、預けられた先での年上の既婚女性との姦通が暗示されている。男がひきとった「養女」は、その実、かれ自身の娘だったという仕掛けである。

倉橋の作品では、最後にこの物語が周到な作り話であることが明かされる。「母の恋人」という男は実在せず、少女は実の父親と近親姦をつづけていた。父の「創りもの」であった娘が、父をいずれ愛するだろう、という予言の自己成就は、ピグマリオン小説の定石どおりだが、「創られた者」が「創った者」をすすんで愛した、なぜならそれが究極の自己愛だから、という手のこんだ仕掛けになっている。そう思えば、ナルシシズムが鼻につく倉橋の文体も、過剰な自意識の自家中毒の症候として読める。誘惑者としての娘は、父の愛を自己愛の資源として動員しさえする。「父の娘」はただの従属者ではない。父に対して「娘」であることの特権を知悉《ちしつ》し、とことん活用することで、その権力関係をあわよくば転覆しようと狙っている「誘惑者の権力」の所有者なのだ。

「父」への復讐

「父の娘」は「ファザコン」と同義ではない。「父」が「完全な恋人」であれば、娘は甘美で閉鎖的な宇宙に、父もろとも閉じこもろうとするだろう。そして「父」と「父の娘」とは、共犯者になるだろう。だが、そんな世界は、物語のなかにしかない。

現実には、たいがいの父親は「不完全な男」であることで、かれらの支配欲やエゴイズム、権力性や卑小さを娘の前でもあらわにする。何より、「娘の誘惑」に屈服することこそが、かれらの卑小さの最大の証明だ。自分の肉欲に負け、もっとも手近で抵抗しない存在を自分の陋劣《ろうれつ》な性欲の道具とし、嘘と恥を積みかさねる。だから娘は、自分の

「誘惑」に父が屈服したそのとたんに、父を軽蔑するだけのじゅうぶんな理由を手に入れる。そのとき、父はたんなる「虐待者」にすぎない。

アーティストのニキ・ド・サンファルは、書く。

「一二歳のとき、父はわたしを愛人にしようとした」

彼女がそう書くのは、六〇歳を超えてから書かれた自伝のなかだ[*6]。それまで、近親姦、その実、父による性的虐待を匂わせる『ダディ』のような映像作品を世に送りながら、ニキはその「事実」を長きにわたってカムアウトしなかった。事実を事実として認めるまでに、五〇年以上の歳月が必要だったことになる。実の父による性的アプローチに、彼女は混乱し、怒りを覚え、抑えがたい攻撃衝動を内攻させ、精神科医のもとに送られる。

ニキは書く。

ダディ、あなたは神様なのに、ひざまづいたりして、何をしているの？

〝ひざまづいて、ダディ。お願いだからと言いなさい、お願いだからと。東を向いて、西を向いて、ひざまづいて！〟

ああ、どんなに愛していたかあなたを、ダディ。ひざまづいて、目隠ししていたあなたを。

汚らわしい、汚らわしい、汚らわしいダディを！〔スペース・ニキ編 1980: 30〕

一二歳の少女はとつぜん自分に与えられた「誘惑者の権力」にとまどうが、同時に自分が「父」の性愛の対象となることを知って、自分が父ではないこと、父のようにはけっしてなれないこと、母のように父に従属する所有物にしかなれないことを決定的に思い知らされる。そして「父」も「ただの男」であることを知った娘は、父を特権的な場からひきずりおろす。

「しかし彼はパパなのだ。誰でも彼女にさわることができるけれど、パパだけはできないのだ」〔スペース・ニキ編 1980: 10〕と自伝的なテキストに先立って、ニキは書き記している。そしてこれを書いたときには認めていなかった事実を、あとになって彼女ははっきり認める。「パパ」が事実、彼女に「さわった」ことを。

「父」が娘を犯そうとすることで、娘は父を軽蔑する理由を得る。犠牲者であることで、彼女は「父」よりも優位に立つ根拠を手に入れる。

この機序《メカニズム》を逆転することも可能だ。「父」を侮蔑するために、「誘惑者」としての娘の権力を利用する。この口にすることすらはばかられるような「娘の欲望」を、鮮烈に言語化した女性がいた。

「私は父にレイプされることとすら想像した」と書いた飯島愛子である。

飯島愛子は七〇年代リブに先立つ日本の第二波フェミニズムのパイオニア、七〇年代をつうじて「侵略＝差別と闘うアジア婦人会議」の中心的なメンバーだった。没後、加納実紀代らの尽力によって『〈侵略＝差別〉の彼方へ――あるフェミニストの半生』〔2006〕という遺稿集が刊行された。そのなかに収録された「生きる――あるフェミニストの半生」は、「父の娘」だった女がいかにして父からすりこまれたミソジニーを脱していくかを、赤裸々に描いたおどろくべきテキストである。

「私の無意識の世界に根深く存在するもの。瞬間的な白昼夢。それは（中略）父が屈辱を受けること。たいていは裸で四ツン這いになることである。その脇に私が立っていて笑っている。笑うことになにか腹をくすぐられるような快感がある。そうだ！　もう私が何をやっても（中略）世界中何も文句はいわない。父が裸で四ツン這いにされているのだから！（六一年九月四日）」と日記に書いた彼女は、それからおよそ四〇年後に、以下のように付け加える。

「この時の日記には、さすがにためらって書かなかったが、私は父にレイプされることすら想像した。最も恥ずべき行為を父にさせることによって復しゅうする」〔飯島 2006: 91〕

「裸で四ツン這い」という性的な暗喩《あんゆ》を含む表現は、著者の解説によれば、想像どおり性的な含意を持っていた。そういえば、「四ツン這いの父親のかたわらに娘が立って哄笑している」というのと寸分たがわぬイメージを、ニキも『ダディ』の映像表現のなかで反復している。

飯島は富裕な産婦人科開業医の娘として育った。権力的な父は「何かにつけて『だから女はダメなんだ』という言い方で母に対していた」。彼女にとって「女とは厄介な存在そのものであり、軽べつすべき下級の存在だった」。

彼女は書く。

「おんな性を嫌悪し、おとしめる心は父によって造られ、母から娘にひき継がれる」〔飯島 2006: 12〕

父親を嫌悪し、母親に批判的だったはずの娘は、長じてのち、「父に対する母の関係のひき写し」のような関係を、結婚相手とのあいだで反復する。

「私を駆り立てたそもそものエネルギーは、自分の受けている性差別、性抑圧（中略）から抜け出たいという所にあったはずなのに、その中身は女忌避と男なみになることへの願望だった。（中略）自己への欠落感情が私を、憎しみへ、誤った向上心へ、同性に対する蔑視へ、そして性行為へと駆りたてた」〔飯島 2006: 20〕と彼女はふりかえる。

こういう父に対する反発と侮蔑は、自傷系の「援交少女」こと、一〇代の売春少女たちのなかにも見いだすことができる。彼女たちは父親の世代の「客」を「父の代理人」として、その男たちの陋劣で卑小な性欲の対象に自身を供し、父に所属しながら父がけっして汚すことのできない「娘の肉体」を、どぶに捨てるようなやりかたでかれらに汚させることをつうじて、父に復讐しているのだ。その「復讐」が「自傷」や「自罰」をつうじてしか遂行されないところが、絶対的に弱者である娘の選択肢の狭さなのだけれど。

こういう機序を「否定的アイデンティティ形成」と呼んで、早くから指摘したのは、社会心理学者のエリク・エリクソンである。かれは、青年期の「アイデンティティ拡散症候群」のなかで、一部の少女が売春行為に走ることで、「何ものでもない自分」を――たとえ逸脱的であれ――罰されることによって「何ものかである自分」としてうちたてようと絶望的な試みをすることに気づいていた。そしてその娘たちの多くが、聖職者や教師など権威的で抑圧的な父親を持つ家庭の出身者であることにも。彼女たちは、自傷や自罰をつうじて、自分を無力化した父親にリベンジしていたのだ。

おもしろいことに、エリクソンが指摘する事実は、清水ちなみが『お父さんには言えないこと』[*7]〔1997, 2000〕のなかで指摘する事実と符合する。思春期に父から性的アプローチを受けて不快な思いをしたことのある娘の父親たちの職業が、とりわけて公務員に多いことに、彼女の情報提供者《インフォーマント》たちの報告から、清水は気づく。そして公務員とは、権威的で抑圧的でありながら、小心で偽善的でもある職業のひとつであり、かれらが娘に性的アプローチをするのは、娘以外に性的アプローチをできる相手がいないからでもある。そういえば、桜庭一樹の『私の男』の主人公の父親の職業が、「海上保安庁の職員」であったことも、示唆的に思える。

「父の娘」でも「母の娘」でもなく

「父の娘」は、家父長制下の「父の娘」を再生産する。「父の娘」であることは、自己嫌悪と抑圧を甘受することを意味する。この悪循環は絶たれなければならない。

だが、「父の娘」であることから「母の娘」へとシフトすることもまた、容易ではない。母が家父長制の代理人としてふるまいつづける限りは、娘と母の関係は調和的なものではありえないし、逆に、母がみずからの欲望を忠実に生きようとすれば、家父長制から手ひどい制裁を受けることを、娘は目撃するからだ。フェミニズムは初めて「母と娘の関係」を主題化したが、その関係が一筋縄ではいかないことをも学んだ。

田嶋が言うように、「母の言葉を選べば死を意味し、父の言葉を取れば〈去勢〉がまって」いる。「父の娘」から脱する道は、この「二つに一つしかない選択」肢を、いずれも拒否することだ。「父であること」「母であること」「息子であること」「娘であること」——「家族」のボキャブラリーのなかに書きこまれている近代家父長制のミソジニーを脱するには、女は「母であること」と「娘であること」から、オリルほかない。

「母」も「娘」も、家父長制が女に与えた指定席にほかならない。なぜなら「母（から）の解放」と「娘（から）の解放」とは、対《つい》なのだから。

＊1　ギリシャ悲劇の「エレクトラ」は、勇将アガメムノンの娘。父が遠征中にそのいとこと通じ、帰還後の夫を謀殺した母のクリュタイムネストラを、弟のオレステスと図って夫殺しの罪で殺害する。フロイト理論において、エディプスが息子の「父殺しと母への愛着」をあらわす象徴として採用されるのに対し、エレクトラは、娘の「母殺しと父への愛着」をあらわす象徴的記号として使われるようになった。

＊2　ギリシャ神話のピグマリオンが、自分が恋した自作の彫像を人間に変えたことから、自分の嗜好に合わせて育てた操り人形のような存在を愛することを言う。バーナード・ショウの戯曲『ピグマリオン』を下敷きにしたミュージカル、『マイ・フェア・レディ』が有名。

＊3　性的成熟に達する前の少女に対して特別の性的愛着を感じる性向。

＊4　未熟で未完成な女性を自分の好みに合わせて仕立て上げ、それに対して愛着を抱く性向。

＊5　独身の会社員、譲治のもとへお手伝いとして住みこんだ無学なナオミを、譲治は自分好みの女に仕立てていくが、最後には、力をつけたナオミと関係が逆転し、ナオミの奴隷となっていくありさまを戯画的に描く谷崎潤一郎の作品。

＊6　“Mon Secret”〔Saint-Phalle 1994〕と題する未邦訳の短い自伝のなかで、初めて触れた。

＊7　清水は、ＯＬ委員会を組織し、若い女性の生の声をさまざまなトピックで集め、分析した。この本は「父親との関係」について、一五〇〇人の女性の声を分析したもの。それによると「娘たちの五〇％近くが父親のことが嫌いです」とある。

11　女子校文化とミソジニー

男の死角

「ね、ウエノさんね、いくつになっても男と女、ですよ。男と女は一緒にいるのがいちばんいいんです」

と耳元でささやいた男の声が、離れない。

「一緒にいるのがいちばんいい」のは、あなたがた、男にとってだけでしょう、とその場で切り返さずに、あいまいに微笑した自分の笑顔がこわばったまま、はりついている。女はとっくに男要らずの「女だけの世界」をつくっている、それがあなたの視界からは、死角に入って見えないだけだ、と教えてやるのもかったるくて、わたしは沈黙したのだ。

酒井順子が登場したとき、男メディアのなかに女だけの治外法権の場、自治区、ゲットー、出島、租界地、なんとでも呼びたいように呼べばよい、つまるところ男の視線を意識しない女の書き手がついに登場した、と感慨を覚えたことがある。

彼女が体現しているのは「女子校文化」と言いかえてもよい。この世の中は「共学文化」でできている。いな、もっと正確に言うなら、男子校文化とそれに付随した異性愛文化からできている。

男の視野に入らない処女地、永遠の謎、未踏の処女地は「女子校文化」だろう。新大陸と同じく、知られていないのはヨーロッパ人にとってだけで、現地人にとっては「謎」でも「発見」でもなかったように、女にとってはなじみのある世界だ。

男は男同士の世界と、男と共にいるときの女しか、知らない。あたりまえだ。男のいない場所で、女同士が共にいるときに、女がどんなふるまいをするかを知らない。女だけの集まりに男がひとりでも登場すれば、女のふるまい方は即座に変わるから、女だけの世界を男はついに知ることがない。

だが、女は女が男のいる場所でどうふるまうかと、女だけの場所でどうふるまうかの落差を知っている。その落差を無自覚に飛び越えてしまう女の「無邪気な」コケットリーを他の女は許さないが、その落差について「暗黙知」を共有する仲間のあいだでは、落差を自覚的に操作することは賞賛や揶揄《やゆ》の対象となる。

「女だけの世界」の「暗黙知」を異性に知られることは、ほんとうは裏切りであり、ルール違反だ。

酒井順子は、デビューのときから、「女の・女による・女のための」文章を書いてきた。彼女は、お嬢様学校で知られる立教女学院の出身。高校在学中に「マーガレット酒井」のペンネームで『Olive』にエッセイを書きはじめた早熟な書き手である。[*1] 書き手としての彼女は、最初から女性読者しか念頭になく、そして女性読者から大きな支持を受けてきた。

現在の酒井は『週刊現代』のような男メディアに長期連載を持っているが、そこにも女子校文化のまんまでぬっと顔を出している。わたしには無防備に見えるが、それも計算のうちかもしれない。男の読者を意識しない（かのような）書き方が、そのまま男メディアのなかで付加的な商品価値を持つようなコラムである。この女子校文化の持つ男メディアにとっての「鮮度」が、いつまで付加価値を持ちつづけるかは、予想できない。それより、書き手が男目線を意識して文体を変えるほうが早いかもしれないが、男目線を意識した男ウケのする女の書き手など、腐るほどいる。酒井がそのひとりになってしまう前に、今のきわどいバランスを男メディアで保ちつづける才覚と時代とが、いつまでつづくかは、ちょっとした見物だ。だが、酒井にとっては、男メディアから干されても痛くも痒《かゆ》くもないだろう。ふたたび「女子校文化」のゲットーに撤退すればよいだけのことだからだ。そしてジャーナリズムの世界では、今日女子校文化はじゅうぶんに成熟したマーケット規模を持つに至った。

男メディアに「女子校文化」のゲットーが堂々と登場したのは、もちろんメディアの受け手として女性の存在感《プレゼンス》が高まったからである。もっと露骨に言えば、ジャーナリズムの消費者としての女性の購買力が高まったからである。今日では多くのメディアは、女性読者を意識しないではいられないし、かつて男メディアと目されていた媒体が「共学化」を果たしたところもある。

酒井順子にわたしが初めて注目したのは、『少子』〔2000〕だった。

子どもを産まないのは、出産が「痛いから」——という三〇代女のホンネを聞いて、おやおや、それを言っちゃルール違反よ、とわたしは思ったものだ。いや、産むのが「痛いからイヤ」というのも、「そんなつまらない理由で」と言わせるための、自己韜晦《とうかい》だっただろう。ほんとうのホンネは、「子どもはいらない、欲しくない」という「禁句」だった。「子どもを欲しがらない」女は、女の資格を失う、ことになっていた。新聞のエッセイ欄や投稿欄では、「どんな陣痛の痛みもわが子の顔を見たとたん」忘れることになっており、「子どもギライ」の女は母性を喪失した女の欠陥品であり、実際に母になったら考えが変わる、はずだった。

だが、アグネス論争の頃からだっただろうか、わたしが若い母親のあいだで、率直な声を聞くようになったのは。「うちの子、好きになれないんですよね」、「赤ん坊ってくさいからイヤ」、「子どものうんこだって、くさいものはくさいですよ」と。母親が急に変わったわけではない。かねてからそう思っていたが口に出せなかったことを、彼女たちは口々に言い出しはじめたのだ。

「子どもがキライ」と口に出しても女として致命的ではない、と安心したからこそ、彼女たちは児童虐待する自分をも、表現し、受けいれるようになってきた。

その後、酒井の『負け犬の遠吠え』〔2003〕は大ベストセラーになった。「夫なし、子なし、三〇代以上」で「それが、何か？」という酒井のスタンスは、『少子』のときから変わっていない。だが、彼女は前作から学んだのか、その状態を肯定する代わりに、「負け犬」と呼ぶ自己卑下のパフォーマンスを見せた。ベストセラーになることの予期せぬ効果のひとつは、想定外の読者にも読まれることだ。酒井のこれまでの読者、「女子校文化」のゲットーのなかでなら、「うふふ」という「暗黙知」の共有で終わったかもしれない「負け犬」論は、『AERA』のような「共学メディア」のなかに持ちこまれて、見当違いの「負け犬論争」を生んだ。「負け犬」は少しも負けていない。それは自明のことだ。勝ち負けにこだわったのは酒井ではない、共学メディアのほうだった。

女子校の値打ち再発見

女子校に娘を送りこむ多くの親は、娘が「女らしく」育ってほしいと願っていることだろう。だが、それはとんでもないカンチガイだということが、経験的に実証されている。女子校育ちにくらべて共学校の女子生徒のほうが、異性愛的なジェンダー・アイデンティティを早い時期に発達させるのに対し（たとえば男を立てて生徒会長にし、自分は副会長にまわる）、女子校の生徒はかえってのびのびとリーダーシップを発揮するチャンスに恵まれる。だれもトップを代わってくれない「女だけの世界」では、力仕事も統率役も女にまわってくる。わたしは女子短大で一〇年間教えたが、合ハイ（他大学との合同ハイキング）のとき、共学大学の女子学生が「アタシ、できな〜い」と薪や水を男子に運ばせているのを見た女子短大生が、あとで「ばっかみたい」と笑いものにしていたことを知っている。だが彼女たちは、異性愛の制度のもとで女性性資源を利用することを知らないわけではない。それをあまりにもあからさまに自分の目の前でやってのける他の女のパフォーマンスに、鼻白むだけだ。彼女たちは、共学文化と女子校文化とではコードが違うことを知っており、その落差を生きることを生存の「スキル」だと見なしている。女子短大教員だったわたしは、彼女たちがその落差を生きるのを目の前で目撃する機会に恵まれた。それというのも、同性で年齢の近かった当時のわたしに、彼女たちが心を許したからだった。

ＧＨＱの教育改革のあとも長く各地に残った公立別学高校は、一九九〇年代の男女共同参画政策のもとで、共学化の波を受けている。そのひとつ、Ｆ県の名門公立女子高が、共学化に踏み切ることになった。千載一遇、一〇〇年に一度の変革のチャンスである。これを社会学的な研究の主題にしない手はない、とその高校の卒業生だった上野ゼミの女子学生にたきつけたら、目の覚めるような卒業論文を書いて持ってきた。勧めて論文雑誌に投稿して掲載された。白井裕子「男子生徒の出現で女子高生の外見はどう変わったか——母校・県立女子高校の共学化を目の当たりにして」〔2006〕がそれである。本人は、大学卒業後、ジャーナリストになった。

彼女は最後の女子高経験者。妹が共学化直後の同じ高校の在校生である。彼女の研究の鮮やかさは、本人たちに「共学になってどう思いますか、女子高時代とくらべるとどう変わったでしょうか」などと問いかける「主観的」な意識調査を避け、第三者の目から客観的に判断できる「外見」という指標に、徹底的にこだわったことにある。

彼女の通っていた女子高時代には、通学はスカートの制服で、在校時は体操服のズボンにはきかえるという「慣行」があった。強制ではなく選択である。ところでスカートほどわかりやすい、屈強の女性性の記号はない。男にはスカートをはく選択肢はないが、女にはスカートもズボンも両方選ぶ選択肢がある。言いかえれば、スカートをはいたとき、女は「女装」を選んでいることになる。白井は共学化前後でこの慣行にドラスティックな変化が起きたことを経験データで実証する。共学化後の女子生徒たちは、通学中、在校中を問わず、「女装」で通すようになった。ジュディス・バトラーの言うように

「女らしさ」とは行為遂行的《パフォーマティブ》なものだとすれば、女は「女装」しつづけることで「女になる」。共学校の女子生徒たちは、「女装」の記号によって、男子生徒とみずからを差異化実践していることになる。

シンプルだが目のつけどころのよい、有無を言わせぬ実証データを示されれば、だれでも説得される。他の経験データからも、彼女は女子生徒が「共学的」なシーンで脇役にまわる傾向があることを発見する。ひかえめ、遠慮、気配りという、あの「女らしさ」の美徳だ！

過去の経験からは、一般に名門女子校が共学化すれば、入学者の偏差値は低下する傾向にあることがわかっている。なぜなら、偏差値の高い女子学生は名門共学校へと流れ、代わって入ってくる男子学生は、名門男子校とくらべて共学化した元女子校を次善の選択として選ぶ傾向があるからだ。だから名門女子校にとって、共学化はあまり歓迎したい選択とは言えない。しかも女子校文化のなかには、女子の積極性やリーダーシップを自然にはぐくむ環境があり、これも共学化によって失われる。名門女子校が共学化の選択を前にためらいを持つのは、理由のあることなのだ。

だが、女子校は社会の真空地帯ではない。一歩外に出れば、周囲は共学文化によって取り囲まれていることを、彼女たちは知っている。だからこそ、下校時に彼女たちは体操服を制服のスカートにはきかえる。それだけではない。女子校というゲットーの内部が、少女たちがなんの憂いもなく笑いさんざめく花園だと幻想することもできない。そこでは、男たちのホモソーシャルな集団とは違う意味での、「女らしさ」をめぐる覇権ゲームが、男たちよりももっとねじれたかたちで、遂行されている。

女子校文化のダブル・スタンダード

酒井順子が登場したときと同じように、中村うさぎが登場したときも、わたしは男メディアのなかに女子校文化がまんま顔をのぞかせた、という感慨を持った。

中村うさぎはもともとライトノベル作家、市場原理が苛烈に支配する世界で生き残ってきた書き手である。その彼女が「ショッピングの女王」として、メディアに登場した。買い物依存症、ホスト狂い、豊胸術、整形……いかにも、な女らしさの過剰である。しかも「男にもわかりやすい」異性訴求の女の過剰さであり、彼女はその程度を極端にまでふりきってみせることで商品化した。整形手術を受ける前、受けたあとの自分をメディアでさらすことで、自虐的というほどの自己顕示的な露出を見せて「女のイタサ」をそのまま商品化したのは、「女のねたみ・そねみ・ひがみ」をそのまま商品化してみせた林真理子と似ている（第14章を参照）。だが、林が「モテたい、愛されたい、結婚したい」とわかりやすい異性訴求をしたのに対し、中村うさぎは違っていた。この人は、女の目線しか意識していない――その点で酒井とはべつの意味での「女子校文化」の体現者だとわたしには思えたのだ。

もしかしたら、世代の違いが関係しているかもしれない。林は一九五四年生まれ、中村は五八年、そして酒井は六六年生まれ。男子校文化ことオヤジ社会の支配力は、世代が下るにしたがって、弱体化していったと言えるだろう。

中村うさぎも女子校の出身者である。女子校文化には二重基準《ダブル・スタンダード》がある。男ウケのする価値と、女ウケのする価値とは違う。男同士のホモソーシャルな世界では価値は一元的で、男のあいだで「男も惚れる」男に、女も惚れる、ことになっている。男の値打ちのもっともわかりやすい尺度は、カネと権力。男はカネと権力に弱く、女はカネと権力のある男に弱いことは、「女はカネについてくる」とあのホリエモンが言ったとおり。ホリエモンは、自分自身がモテているのではなく、自分のカネがモテていたのだ、と今ではほぞをかむ思いで再認識しているだろうか。

女子校文化のダブル・スタンダードのもとでは、男から見て「いい女」と、女から見て「いい女」とが違うのはあたりまえ。男が女に与える価値を女がコントロールすることはできないから、男から見て「いい女」は、女のあいだでは怨嗟《えんさ》と羨望の的になる。他方、女から見て「いい女」とは、男目線をはずしているばかりか、「男にウケない」ことを安心の条件とする意地悪な評価が含まれていたりする。

お笑いタレント、山田邦子が登場したときに感じたのもそれだった。それまでは「女にお笑いはできない、なぜなら女は自分を笑えないから」、あるいは「女が自分を笑いものにすると、イタイだけだから」と思われていたところに、そのどちらでもないお笑いタレントが登場した。山田が女子校出身者であり、ひたすらクラスメイトを笑わせることに熱心だったことを知って、なるほどと腑に落ちた。ファニーフェースでぽっちゃり型の山田は、男に「モテる」タイプではない。自分をさっさと「女だけのゲットー」に隔離することで、山田と山田のファンは、安心して笑い笑われる世界をつくりだした。

だが、女が女に与える価値は、男が女に与える価値に対して、二次的な値打ちしかない。酒井が結婚していない女を「負け犬」と呼ぶことにも、この認識が背後にある。つまり女には、女が自分の力で獲得した価値と、他人（つまり男）が与えてくれる価値のふたつがあり、前者より後者のほうが値打ちが高いと思われているからこそ、結婚していない女は「負け犬」と呼ばれる。なぜなら結婚とは、女が男によって選ばれたことの登録証だからだ。

「姥皮」という生存戦略

中村は女子校文化のなかで生き延びる秘訣を、「姥皮《うばがわ》をかぶる」と表現する。

「姥皮」とは民話のなかに出てくる、災厄を避けるために美女が老婆に変身するためのツールである。

女子校のクラスルームに藤原紀香のような抜群の美貌と肢体の持ち主、女性性偏差値の高い女がいると考えてみたらよい。当然のように、嫉妬と羨望、いじめといやがらせの対象になるだろう。ノリカ（のような女）が女の世界で生き延びられるとしたら、あの肢体の持ち主でありながら、憎めない天然キャラ、ドジでコミカルな三枚目を演じることができるからである。

「いいわね、ノリカちゃん、モデルさんにでもなって、セレブ婚ができるじゃない」

「うっそー、ありえない。この前だって駅で立ち食いソバ食ってるところを、担任のハヤシに見られた。あいつ、カバンに『少年ジャンプ』入れてるの知ってた？　言わないから、って交換条件にしてやった」

なんていうやりとりができて、自分を笑いの対象にできることを「姥皮をかぶる」という。それができなければ、女子校文化のなかで生きていくことはできない。女子校文化の「暗黙知」には、こういう「掟」が含まれる。ほんとうはそれを外の世界にばらしてはいけない。

学業成績[*2]の偏差値と女性性偏差値とは、しばしば一致しない。それどころか、学校文化研究の知見は、このふたつの偏差値のあいだに分裂生成[*3]が成り立つことを示す。女性性偏差値の高い少女は、学業偏差値が高いことをそもそも期待されない。彼女には生きていくための代替資源があるからだ。ちょうどシモーヌ・ド・ボーヴォワールが、美貌の妹とつねにくらべられて「おまえのような不細工なムスメは、学問でもしなくちゃね」と子どもの頃から言われつづけたように。学業偏差値が、女性性資源の低さを補完することを期待されているからだ。逆に学業偏差値の低い少女たちは、女性性偏差値という代替資源で、成績上位グループの少女たちに「逆転必勝」を狙おうとする。彼女たちは成績上位グループを、ブスだのオクテだのと女性性資源の低さで揶揄し、すすんでコスメやファッションなどの女性性資源への投資に向かう。女性性偏差値とは、自分で獲得する価値ではなく、つまるところ男に選ばれる（男の性的欲望の対象になる）ことによって与えられる価値だから、思春期の彼女たちは性的に早熟な行動をとるようになり、それは学校文化のなかでは逸脱となる。かくして学校文化に対して反抗的で早熟に見える彼女たちが、オヤジ社会のもとではつごうよく性的客体として使い捨てにされる、という「逆説」も起きることになる。

それとはべつに、女子校文化のなかでの女ウケ偏差値というものがある。これは、以上のふたつのどちらでもない。凛々しく「男らしい」少女がクラスのヒーロー（ヒロインではない）になったり、笑いをとるのがうまい少女が人気者になったりする。だが、いずれだれもが卒業していく女子校文化を離れたあとに、かつて女子校文化の「ヒーロー」だった少女が、異性愛の制度のもとでどうふるまってよいかわからずに、アイデンティティ・クライシスを経験することもあるだろう。そして女ウケする女は、けっして男ウケしないことを、彼女たちはよく知っている。

姥皮はこの「女ウケ」のための変身ツールである。なぜなら、女は男ウケする（ように意図的・非意図的にふるまう）女を、けっして許さないからだ。

学業偏差値と女性性偏差値と女ウケ偏差値との関係は、ねじれている。女だけの世界は、これら複数の尺度によって分断されている。だからこそ、一元的な価値尺度で測れるようなホモソーシャルな集団を、女だけの世界は男のようにはつくらないし、つくれないのだ。

ネタとベタ

精神科医の斎藤環は『家族の痕跡――いちばん最後に残るもの』〔2006b〕のなかで、酒井順子の『負け犬の遠吠え』を評して、結婚（＝男に選ばれる）という男性的な価値を最上位に置くことで、「負け犬」とは結局男性羨望（フロイト用語で言うなら、ペニス羨望《エンヴィ》）の症候なのだ、と「診断」する。

わたしはその本の書評〔2006b〕で斎藤に反論した。「負け犬」が自己戯画化であることはあきらかであり、メス負け犬人口以上に多い同世代の「オス負け犬」たちが、この「負け犬」論争に参入もせず、沈黙と不在をつづけている事実こそ、結婚という男性的価値を内面化しているであろうかれらの真の敗北の「症候」なのだ、と。というのも、結婚で女を選ぶこと、つまりひとりの女を専属に所有することこそ、ホモソーシャルな世界での男らしさの証明だからだ、少なくともこれまでは。「『丸山眞男』をひっぱたきたい」〔2007〕という発言でいちやく有名になった、赤木智弘というオス負け犬の希望は、前の世代の男たちがそうできたように、「就職し、妻子を持つ」ことで満たされるようなきわめて保守的なもののようだから、ホモソーシャルな価値は若い世代においてもなくなっているとは思えない。

自分自身を戯画化することができれば「負け犬」はネタになり、それができなければ「負け犬」はベタになる。ネタは笑えるが、ベタは笑えない。それどころかイタイだけだ。

ところで、中村うさぎほど、自分を「イタイ女」と呼ぶ女はいない。ほんとうだろうか？

彼女の買い物嗜癖《しへき》、ホスト狂い、整形手術、果てはデリヘル体験に至るまで、これでもか、とみずからの女性性偏差値を確認するための涙ぐましい努力のあとを商品化するパフォーマンスは、わたしにはまるで、これでもか、と女らしさを過剰に演出するドラァグ・クィーン[*4]に見える。そして異性愛の制度のもとで女性性偏差値を求めるそぶりを演じていながら、その実、彼女が意識しているのはもっぱら女性読者の視線である。

　ドラァグ・クィーンとは、女らしさを過剰に演出することでジェンダーの虚構性をネタにして笑いとばす、ゲイの女装戦略だ。同じように中村うさぎも、女性性偏差値を上げるための努力をやりすぎることで戯画化してみせる。そのパフォーマンスによって女というジェンダーの虚構をとことんあばき、ついでにその虚構に勝手に欲情する自動機械のような男の欲望を、とことんコケにしてみせる。

「おキレイですね」と言われると、中村はこう返すことにしているという。

「ええ、整形ですから」

　そう言われれば、たいがいの相手は引く。自分の顔をいじりまわしたあげく、整形から得たものは、自分の顔に責任を持たなくてもよくなったことだ、と言う。[*5] 卓見だと思う。容貌の美醜が自分に属さないこと、女というジェンダーが「女装」によって成り立っていることを、ドラァグ・クィーンと同じく、中村はパフォーマティブに示すのだ。

　これがネタでなくて、なんであろうか。

『新潮45』のような男メディアのなかに彼女は指定席を与えられているが、男メディアのなかで、男は中村の女子校文化的なパフォーマンスを、いわば場外から「のぞき見」する自由を与えられるだけである。ほんとうはあんたたちのことなど歯牙にもかけていないもんね、という隠れたメッセージのもとで、ほんとうにイタイのはどちらだろうか。

女子校文化は、メディアの世界に深く静かに領土を拡大している。自分たちを「女子」と呼びつづける三〇代女さらには四〇代女、そして男無用の「腐女子」文化[*6]……男の死角だったこの暗黒大陸が、あるとき幻のアトランティスが浮上するようにぬっとかれらの視野にあらわれたとき、いったい何が起きるだろうか。

＊1　「マーガレット酒井」のペンネームは、酒井の出身高校である立教女学院の英語名「セント・マーガレット」から、泉麻人が命名した〔酒井 1996〕。

＊2　ポール・ウィリスの『ハマータウンの野郎ども――学校への反抗・労働への順応』〔Willis 1977=1985〕から始まった学校文化研究は、ジェンダー視点がないという批判をもとに、女子生徒を対象とした学校文化研究へと発展した。日本では木村涼子〔1990, 1994〕などの業績がある。

＊3　分裂生成（schismogenesis）、グレゴリー・ベイトソンの用語。二項対立するふたつの要素が、互いに差異を極大化する方向に発達することを言う。「お姉ちゃんは美人なのにあんたは」とか、「夫は几帳面ですが、わたしはだらしない」というように、きょ

うだいやカップルのあいだで起きやすい。

＊4　ゲイの男性が過剰に女装することで、ジェンダーが演技であることを女のパロディ化をつうじて逆説的に明かしてしまう戦略。

＊5　NPO法人ユニークフェイス代表の石井政之との対談、『自分の顔が許せない！』〔2004〕。石井は先天性の皮膚疾患で顔の半分が赤痣で覆われるという障害を持ち、それを「ユニークフェイス」と呼んでいる。この対談は、石井が自分で選んだわけではない容貌を自分のものとして引き受けようとする方向を示すのに対し、中村が整形によって得た顔から自分が解放されようとする方向を示す点で対照的である。

＊6　「腐女子」とは、男オタクに対して、やおい、BL（ボーイズ・ラブ）、コスプレ系の二次元萌えの女子がみずからを揶揄的に呼んだ名称。

12　東電ＯＬのミソジニー(1)

メディアの「発情」

女のミソジニーを語るなら、「東電ＯＬ事件」を避けて通るわけにはいかない。

一九九七年三月一九日、渋谷区円山町《まるやまちょう》の古ぼけた木造モルタルアパートの一室で、立ちんぼをやっていた売春婦が絞殺死体で発見された。立ちんぼと言えば、最底辺、もっとも安価で危険の多い、セックスワークの一種である。最後は二千円でも、と言って身を売ったという女が、犯罪の多い都会の片隅で闇に葬られていても、たいしたニュースにはならなかっただろう。その後、その女性が、慶應大学卒で東京電力勤務の総合職女子社員だったことが判明してから、事件は一転、スキャンダラスな様相を帯びた。昼は一流会社の社員、夜は渋谷の立ちんぼという被害者の二重生活があきらかになるにつれ、週刊誌やワイドショーはこの事件でもりあがった。のちに『東電ＯＬ殺人事件』〔佐野

〔眞〕2000, 2003a〕を書くことになるルポライターの佐野眞一が「メディアが発情した」と表現するほどのものだったが、殺された女性を二度蹂躙《じゅうりん》するようなメディアによる被害者A子さんのプライバシーの暴露は、遺族から「そっとしておいてください」と悲痛な要請があって、ようやく終息した。

　嵐のようなメディア攻勢が去ったあとも、「東電ＯＬ」事件は、深く、ねづよく、多くの識者や女性の関心を惹きつづけた。前述したように佐野はノンフィクションを一冊この事件に捧げ、『東電ＯＬ殺人事件』を著した。佐野はこの本を出したあとの、女性読者の反応に驚いたという。「他人事《ひとごと》とはおもわれません」という、切実な手紙を何通もかれは受け取り、それが第二作、『東電ＯＬ症候群《シンドローム》』〔2001, 2003b〕を書くひきがねになった。わたしの知る限りでも、心理学者（小倉千加子）、精神科医（斎藤学、香山リカ、斎藤環）、カウンセラー（信田さよ子）らがこの問題について発言し、作家の桐野夏生は、この事件をモデルに『グロテスク』〔2003, 2006〕という上下二巻にわたる長編を書いた。中村うさぎも『私という病』〔2006〕で、東電ＯＬに一章を割いている。この事件には、多くの人々、特に女性の気持ちをわしづかみにし、波立たせる何かがあった。

　そのうちのひとり、心理学者の小倉千加子は、この事件を知った女性編集者から、「東電ＯＬはわたしだ」とふり絞るような叫びを聞いた、と言う。多くの女性が、この事件に触発され、言いようのない落ちつかない気分を味わい、それをわがことと受けとめた。彼女たちが感じとったものは何だったのか？　この謎を解いてみたい。というのは、これまでのどの「解釈」にも、わたしはいくらかの同意と、少しずつの違和感があり、その違和感の正体を突き止めてみたい、と思いつづけてきたからである。

東電ＯＬの心の闇

佐野眞一の『東電ＯＬ殺人事件』には、タイトルのとおり、ふたつの主題がある。「東電ＯＬ」と「殺人事件」である。前半、エリートＯＬを売春へと駆り立てた「心の闇」に興味を持って取材にのりだしたはずの佐野のルポは、後半から容疑者とされたネパール人男性の背景と裁判の経過へと焦点がシフトしていく。そのため、「東電ＯＬ」のほうに惹かれて本書を読みはじめた読者は、肩透かしをくらわされる。それを気にしたのか、最終章では精神科医の斎藤学に、佐野がインタビューして東電ＯＬの謎を聞く、という構成をとっている。そこにあるのは、佐野自身の、女の気持ちはわからない、という正直な告白である。続編の『東電ＯＬ症候群』は、前作刊行後に寄せられたたくさんの「読者からの手紙」を紹介したものだが、そのうち何人かの女性に実際に会って取材したかれの感慨も、「東電ＯＬに共感するこんなにたくさんの女性がいる」という驚きであり、彼女たちの内面に立ち入ったものではない。

本書が出たとき、男性のルポライターがこの事件を手がけたことにわたしは違和感を持ったが、読んでみて謎は解かれていないどころか、いっそう深まった。佐野のルポは、正義感の強いかれらしい冤罪事件報道へと変貌する。

ちなみに被害者A子さんをOLと呼ぶのは正しくない。OLことオフィス・レディは、BGことビジネス・ガールに代わって一九七〇年代から使われはじめた用語である。BGは「女のビジネス」、夜の仕事を含意するという理由から、忌避された。当時はBGもOLも、企業社会のなかではビジネスマンの補助職と位置づけられ、「お茶くみ・コピー取り」（七〇年代にはまだコピー機すらなかった！）の使いっ走り、いくつになっても「女の子」と呼ばれる存在だった。[*1]

A子さんは、一九八〇年、初期の女性総合職として東京電力に採用された大卒女性社員である。佐野は「エリートOL」と書いているが、これ自体、矛盾した表現だろう。享年三九歳、その当時で「年収は一千万を超えていただろう」という女性社員は、ただの「OL」とは言えない。

A子さんの入社は一九八五年の男女雇用機会均等法以前だが、すでにその当時から一部の大手企業は大卒女性を総合職として試験的に採用しはじめていた。父親は同じく東電につとめるエリート社員、出世街道を走っていたはずだったが、彼女が大学二年のときに五〇代で急死する。父親を尊敬していた娘は、父と同じ会社に就職するが、その採用には亡き父の部下の口利きという情実があったことがうかがわれる。父親は東大卒、母親も日本女子大卒の高学歴家庭で、杉並区に一戸建ての家を持つ、裕福な中流家庭だった。妹がひとり、大卒で会社員をしており、女三人の家庭には経済的に困る事情はまったくなかったと言ってよい。

一流大学卒、一流企業につとめる高学歴女性が、経済的に追い詰められているとは思えないのに、立ちんぼという最底辺の「おんなの仕事」を自発的に選ぶ。しかも円山町で、彼女を知っている周囲の人びとの証言によれば、二万円から五千円の安い値段で客をとり、それを几帳面に手帳につけて記録し、コンビニのおでんと缶ビールとで吝嗇《りんしょく》に過ごしていたという。

なぜ？

この問いは、一部の人にとっては謎で、他の人々にとっては謎ではなかった。後者の人々は、「東電ＯＬはわたしだ」と思った人たちである。というより、彼女たちは、自分自身のなかに同じ「謎」を抱えていた、と言うべきかもしれない。

今少し、「東電ＯＬ」の背景について、佐野のルポにもとづいて追ってみよう。

Ａ子さんは二〇歳前後に拒食症を経験している。三九歳で亡くなったときも、がりがりに痩せていた。いつものかつらと白塗りメイク、コート姿で円山町に立つときも、裸になるとあまりの骨と皮に客が退《ひ》くほどだったという。

大学二年で一家の大黒柱だった父親を亡くしたあと、長女で責任感の強い彼女は、自分が家族を支えなければと思い詰めた。父親と同じ会社に入り、「亡き父の名を汚さぬよう、がんばります」と言ったと伝えられる。長女であり、期待されて一流大学へ進学した彼女は、「父の娘」だった。

大卒女子として「初期の女性総合職」だったA子さんは男性社員にひけをとらぬように仕事でがんばり、エコノミストとして頭角をあらわそうと、経済専門誌に投稿して採用されたり、受賞したりしている。だが、それ以前にOLしかいなかった職場は、彼女を例外扱いにはできず、「お茶くみ」もやらされた。彼女が当番のとき、茶碗をよく割った。洗い桶ごと水を張って、そのなかに茶碗を入れて揺すって洗ったために、そこから茶碗が飛び出して割れたのだという。いかにもやる気のなさそうなこの茶碗の洗い方のエピソードからは、これは自分の仕事ではない、というA子さんの不満が伝わってくる。

鳴り物入りで採用した「女性総合職」の処遇に現場が困惑したことは、さまざまな事例で報告されている。均等法以後、ポスト均等法第一世代がそれを証言している。職場は、総合職女子社員を従来どおりの「女の子」と扱ってよいのか、それとも「異形《いぎょう》の男子社員」と扱うべきかで迷っていた。実際には多くの女性総合職に要求されたのは、

「男子社員なみの業績を上げながら、同時に女子社員なみの気配りも忘れない」二重の役割だった。当初は採用条件も給与も男子社員と同じだったから、彼女たちは一挙手一投足に至るまで過度の注目を浴び、期待のプレッシャーにおしつぶされそうになる一方で、他の女子社員ともうまくやっていかなければならなかった。

たとえば職場の女子社員がローテーションを組んで始業時間前に出勤し、社員の机を拭いてあるく慣行のあるところでは、そのローテーションのなかに総合職女子社員を入れるか入れないかで問題が起きた。当番に総合職女子社員を入れなければ他の女子社員から浮くし、入れたら入れたで、総合職女性は不満を持つだろう。いずれにしても、総合職女性に慣れていない旧来の職場では、彼女たちは「取り扱い注意」の腫《は》れ物《もの》で、しかも配属先の部署では絶対的な少数派として孤立していた。A子さんは「職場で浮いていた」と言われるが、それはあながち彼女の特異な性格のためばかりとは言えない。この時期、期待されて総合職に採用された多くの女性が、高すぎるプレッシャーや不適切な処遇から職場に幻滅し、有利な採用条件を棒に振って離職した例は枚挙にいとまがない。「だから女は……」とまたもや言われる前例をつくることを怖れながら、彼女たちは、男なみの責任と女なみの負担の両方を背負わされて、「そんなの、やってられない！」と悲鳴をあげたのだ。

一九八八年、三〇歳でA子さんは、関連の調査会社に出向を命じられる。その出向先は、同期の男性社員にくらべて格落ちの会社で、会社の彼女に対する評価をあらわすような選択だった。そのときまでに彼女は、上司から「使いづらい社員」という定評を得ていた。東電という大手のクライアント企業から来る出向社員は、出向先の会社にとっては「お客様」である。彼女はここでも使いづらい「腫れ物」扱いとなった。完璧主義で几帳面な彼女は、上司や同僚の報告書のまちがいを容赦なく指摘し、嫌われたという。

三年間の出向後、彼女は本社に帰り、一九九三年に経済調査室の副長という管理職に就く。A子さんと同期入社組の大卒女性総合職九名のうち、在職している者も管理職になった者も、A子さんを除いてゼロである。採用されて最初にA子さんが配属されたのも、企画部調査課であった。大手企業の調査部門への配置は、企業が女性総合職をあくまでスタッフ部門の要員と考えていたことを示す。つまりライン部門の男性社員とはべつの、女向けの指定席が用意されていたのである。[*2]

佐野によれば、A子さんが「夜の仕事」に入るようになるのは、この出向後半年めくらいからのことである。最初はクラブのホステスを、やがて渋谷で売春婦をやるようになる。最初の頃は、「紳士のような客」をとっていたとあり、手帳にはリピーターの客のリストや連絡先があった。値段は一回二万円から三万円、この当時の渋谷の売春料金としては標準に近い。コギャルが登場し、売春の低年齢化がすすんでいたこの頃は、制服の高校生の価格のほうが高かった。

彼女は判で捺《お》したようにワンパターンの生活を送る。会社を定時に出て、空腹をコンビニのつゆだくおでんで満たすと、同じようなメイクとコート姿で円山町に立つ。一日四人の客をとると自分にノルマを課し、それを手帳に記録してカネを計算する。小銭を集めては一万円札に逆両替を求め、数字は気にするが、それで浪費をするわけでもない。疲れて杉並の家に帰る電車のなかでは、コンビニで買った菓子パンをむさぼる彼女の姿があったという。

「夜の仕事」は「昼の仕事」にもしだいに侵食していった。職場でのメイクはますます濃くなり、服装は奇矯になっていった。過酷な生活がたたったのか、それとも拒食症が再発したのか、病的に痩せていった。職場での孤立は深まり、彼女の異様さは職場の人々にも感じられるようになった。そもそも定時に職場を離れることができるということそれ自体が、彼女が職場に居場所を持たなかったことを意味する。三〇代後半、脂ののりきった仕事をする年齢で、男なら出世競争のさなかだ。

そして三九歳。「女の賞味期限」が切れるタイミングを狙ったかのように、彼女は殺される。殺されなくとも、彼女の暮らしぶりそのものが、「緩慢な自殺」だったととらえる人は少なくない。

死体が発見された円山町のみすぼらしいアパートは、ＯＬたちの「聖地」となった。その後何年にもわたって、その場所には花が絶えなかったという。

男たちの解釈

佐野が東電ＯＬを解釈する鍵概念は「堕落」である。だが、売春した女を「淪落《りんらく》の女」と呼ぶのはあまりに陳腐なイメージである。「身をもちくずした」とか、「陋巷《ろうこう》に身を沈める」とか言うが、彼女は生活に窮して社会の最底辺におちこぼれたわけではない。スキャンダラスな二重生活が露見して社会的な制裁を受けたわけでもないし、それが原因で職を失ったわけでもない。たとえ職場にわかったとしても、触法行為でない限り、解雇することはできなかっただろう。とりわけ彼女のように管理売春でないフリーランスの場合、いくらでも「自由恋愛」という言いのがれが可能だからだ。

佐野が「堕落」ということばを使うのは、女が性を売ることを、人倫にもとることだという昔風の考え方をしているからだが、それのみならず、「堕落」のなかにある、ロマン主義的な響きを見逃すことはできない。

東電ＯＬの仮面を脱ぎ捨て夜鷹《よたか》となったA子の姿は、坂口安吾が『堕落論』のなかで「人は正しく堕ちる道を堕ちきることが必要なのだ。……堕ちる道を堕ちきることによって、自分自身を発見し、救わなければならない」と述べた言葉を想起させ、私を感動させる。（中略）堕落する道すじのあまりのいちずさに、聖性さえ帯びた怪物的純粋さにいい知れぬほど胸がふるえるのである。〔佐野（眞）2003a: 321〕*3

「夜鷹」という時代錯誤な用語を持ち出すのはおそれいるが、彼女を「堕落のカリスマ」呼ばわりするメンタリティのなかには、性をつうじての求道や救済といった二〇世紀的なロマン主義のクリシェと、それだけでなくわずかな代価とひきかえに男の欲望を満たしてやる女に対する「マグダラのマリア」に向けるような憧憬がある。男性誌のなかには、「かさぶただらけの菩薩」「ブラックマリア」にたとえるものもあったという。男のひとりよがりというほかかない。

「メディアの発情」をとりあげながら、「これほど男性と女性の受け取りかたに落差がはげしかった事件も、今までになかった」と速水由紀子は指摘する〔速水 1998: 13〕。

佐野は東電ＯＬの「心の闇」を理解する試みを放棄し――見当違いな解釈をつみかさねるより、よほど誠実というものだ――精神科医の斎藤学に、その役割を委ねる。斎藤は東電ＯＬについて、次のようなフロイト的な分析を提供する。

父を愛し、父に期待されたできのよい長女は「父の娘」になる。大学生時代に父を喪った長女は、父に同一化し、父に代わって家長としての責任を引き受けようとする。その自負心は、庇護すべき対象である無力な母への軽蔑として向けられる。母は傲慢な長女を疎んじて妹に愛着し、長女を排除するようになる。こうしてますます家庭に長女の居場所はなくなっていく。

「父親に固着した結果、父親がわりの男として生きようと（することで）（中略）自分の持っている身体への憎悪、自分の体への復讐みたいな感情が生まれてくる」ことを、斎藤は「自己処罰願望」と言う。それは同時に「母親に対する処罰」の意味もあった。「売春していても必ら《ママ》ず母と妹の家に帰ってくるというのは、お母さんの（中略）社会的無力を際だたせる非常にいい方法だった」と言う。

したがって「彼女の売春行為は、母妹という二者連合に対する攻撃だったと思いますね。自分が亡くなったお父さんと結びついている、だから本当は男性連合のはずなんだが、それには自分の身体が邪魔だった。（中略）売春するということは、母いじめにも役立つし、自分の身体をぼろぼろにするのにも役立つ」〔佐野（眞）2003b: 132-3〕

こういうフロイト的な分析は、すべてのファクターを家族関係のなかに封じこめがちだ。そして父、母、娘という家族のカテゴリーにすべてを還元することで、かえってジェンダー・ブラインド（ジェンダーを無視する）になる傾向がある。

自発的な売春を自己処罰的な自傷行為として解釈する見方は、援助交際の少女の分析にも共通する。その解釈も、家族関係のうちにとどまる。父に愛され、期待された娘は、父に同一化しようとするが、父の娘はしょせん父の娘であって、息子ではない。自分が不完全な父にしかなれないことを知って、娘は父との同一化を妨げる女性身体を罰しようとする。この場合、売春は「自罰」である。他方、父に支配され、父を嫌悪した娘は、父に所属するはずの自分の身体をすすんで「汚す」ことで、父を裏切り、父にリベンジしようとする。この場合は売春は「他罰」である。だがこのような自罰も他罰も、娘自身の自傷行為をつうじて達成される。

「父の娘」は、母の無力さや依存を嫌悪する。だが、母と同じ身体の持ち主である娘は、母と完全な分離ができない。母の夫への依存が、母自身のセクシュアリティの封印から成り立っていることを知っている娘は、母の隠された欲望を読みとって、禁止を冒すことで母の欲望を代行的にかつ戯画的に果たそうとするが、それもまた母へのリベンジを意味している。九〇年代の援助交際の少女たちの背後に、二世代にわたる女性のセクシュアリティの抑圧を読みとったのも、速水由紀子だった。

家庭のなかでもっとも弱者である娘の攻撃は、直接、強者である父や母には向かわない。弱者の攻撃はさらに弱く抵抗しない自分自身、なけなしの自分の領地、身体やセクシュアリティへと向けられる。息子の攻撃性が、もっと単純に他罰や他者への傷害行為へと向けられるのとは対照的である。こうして自分の身体をドブに捨てるように男にくれてやる性的逸脱（そのなかに売春行為も含まれる）は、摂食障害やリストカットなどの自傷行為と同じように解される。

二つの価値に引き裂かれる女たち

東電ＯＬの理解に、女同士の「競争と嫉妬」というもうひとつの視角を持ちこんだのは、桐野夏生である。桐野の上下二巻にわたる長編『グロテスク』は、事件から四年後の二〇〇一年から『週刊文春』に一年半の長期にわたって連載された。「男性と女性で受けとり方にこれだけ落差のある」この事件をめぐって、ついに女性作家の想像力が及んだと、読者は期待した。

主人公の「わたし」とユリコはハーフの姉妹、一歳違いの妹のユリコはバタ臭い容貌に恵まれた「怪物的な美貌の持ち主」、それに対して姉の「わたし」はオリエンタルな凡庸な容貌の持ち主である。最初から「容貌」に注目する記述は、女にとって美醜がどれほどの違いをもたらすかを、作者が意識していることを意味する。設定のとおり、「わたし」とユリコは分身同士だが、ここにもうひとり「和恵」という女子校時代のもとクラスメイトが登場する。売春をしていたユリコは殺人事件の被害者として発見され、そののち、一流会社のＯＬになったはずの和恵も、売春をしていたことが発覚し、殺人事件の被害者として発見される。直接的には「和恵」が東電ＯＬをモデルにしたものとわかるが、語り手の「わたし」は、対照的に設定されたユリコと和恵とを対比しながら、自分自身も同じ運命のなかにまきこまれていく「信用ならない」語り手として登場する。こうして読者は、「わたし」の論評のみならず、和恵やユリコの一人称の独白を交互に読むことをつうじて、この事件の多面的なリアリティに接近していくことになる。『ＯＵＴ《アウト》』でパート主婦たちの殺人と死体解体作業を描いて鮮烈な印象を与えた桐野は、この作品では東電ＯＬのリアリティの再構成に成功しているとは思えない。そもそも登場人物を「悪魔のように美しい容貌」などと形容してしまうこと自体が、小説としては失敗だとわたしには思えるし、それだけでなく、登場人物のだれもが、作者によって初期値を与えられたゲームのプレイヤーのように、予期されたとおりのアクションを起こす。こういう書き方は、寓話《アレゴリー》というべきであって、小説としての魅力は少ない。力作長編であるにもかかわらず、わたしが期待感の肩透かしを食らった気分を味わったのはそのせいだ。だがそのぶん、なまな標語のような表現がそこここに散見し、作者のホンネが伝わってくる。もしかするとこれはある種の思弁小説かもしれないが、それならこんなに長い物語を読まされる必要はない。

登場人物のなかで東電ＯＬにもっとも近いのは和恵である。

和恵は「頭のよい」とされる有名私大卒の一流企業ＯＬ。彼女の独白はこうだ。

勝ちたい。勝ちたい。勝ちたい。

一番になりたい。尊敬されたい。
誰からも一目置かれる存在になりたい。〔桐野 2006：下 263〕

和恵の「一番病」のライバル意識が、とりわけ同期入社の東大卒女子社員に向けられているのは象徴的だ。「一番病」にかかるのは、つねにほんものの一番ではなく、二番手だからである。一流でも三流でもなく、二流だと自覚した人々がより強く「一番病」を内面化する。それは和恵のライバルである東大卒の女が「自然に」そつなくふるまえるのと対照的である。

和恵は女子校時代から、一番をめざすがんばりやだった。そのプライドは、きれいなだけで成績のぱっとしない、クラスメイトの妹ユリコに対する侮蔑として向けられる。だが、和恵に勝ちめがないことを、作者は語り手の「わたし」に、こう言わせている。
「女の子にとって、外見は他人をかなり圧倒できることなのですよ。どんなに頭がよかろうと、才能があろうと、そんなものは目に見えやしません。外見が優れている女の子には、頭脳や才能など絶対に敵《かな》いっこないのです」〔桐野 2006：上 92〕

そもそも姉妹として設定された「わたし」とユリコのあいだで、「わたし」の負けは運命づけられている。美貌の妹を持った姉は、家族のなかでつねに妹とくらべられて育つ。こういう姉妹のあいだに育つのはどすぐろい憎しみと嫉妬だけである。「悪意」のカリスマとなった語り手の「わたし」の役割は、この「美貌」の最終的で徹底的な敗北を、見届けることにある。なぜなら、「美貌」とは、男を欲情させる能力、男によって値踏みされる女の価値の別名だからだ。

第11章の「女子校文化とミソジニー」のなかで、女にとってはふたつの価値、女ウケする価値と男ウケする価値の両方が必要で、そのふたつは両立しないことを述べた。にもかかわらず、第９章の「母と娘のミソジニー」で述べたように、女にとって現代とは、自分で達成する価値と、他人つまり男から与えられる価値との両方が必要で、その一方だけではじゅうぶんでない時代である。『グロテスク』のなかでは、私立の名門女子校という閉鎖的な空間にまぎれこんだ「わたし」とユリコの姉妹の、クラスメイトとのあいだの息詰まるような嫉妬と確執の応酬が描かれる。和恵はその集団の、プレイヤーのひとりとして登場する。「名門女子校」という設定は、この両者の価値が達成されそうでありながらそうではない、微妙な位置どりを示す。

ユリコも和恵も、その名門女子校に進学した外部生である。分不相応なお嬢さま学校へ進学した外部生は、内部生への怨嗟《えんさ》と羨望を持たずにはいられない。女が出身階級を抜け出す方法はふたつ。美貌か学業の達成か。だが、圧倒的な美貌という武器をもってしても、階級の壁は越えられない。セレブ妻は、もともとセレブ家庭の出身者だからこそセレブ妻になる。美貌という資源しか持たない女は、男を利用するように見えながら

――実際ユリコは高校時代からその美貌を武器に、男友だちと組んで美人局のような詐欺をはたらいた――最終的には男にとことん蹂躙されて、死ぬ。

もうひとつの学業の達成はどうか。成績が集団のなかでのランクを決めるのは、閉鎖的な女子校という牧歌的な空間だからこそ。いったん女だけの集団から外へ出てみれば、そこには男の視線が重力のように瀰漫《びまん》している。

よい成績がよい学校を、よい学校がよい社会的な達成を意味するのは男にとってだけだ。学歴と父親のコネで一流企業へ入社するところまでは行けた。だが、和恵を待っていたのは、女向けの二流のコースだった。女向けの指定席で職業人としてとことん挫折感を味わった和恵に、女としてはもっと無価値だという侮蔑がさらに追い討ちをかける。「中年の男と変わりない」という生活を送る和恵は、その実、中年の男よりもっとみじめで、彼女は銀座の真ん中で大声でこう叫びたい気分になる。

誰か声をかけて。あたしを誘ってください。お願いだから、あたしに優しい言葉をかけてください。

綺麗だって言って、可愛いって言って。

お茶でも飲まないかって囁いて。

今度、二人きりで会いませんかって誘って。〔桐野 2006: 下 275〕

ここで引用したふたつの和恵の独白は、本文中そこだけゴチックで印刷された下巻の二箇所の部分である。その強調の仕方を含めてあまりにベタな表現に、思わず顔をそむけたくなる。

もう一箇所だけあるゴチックの部分にはこうある。

「勝ちたい、勝ちたい、勝ちたい、一番になりたい。いい女だ、あの女と知り合ってよかった、と言われたい」〔桐野 2006: 下 277–8〕

多くの論者が現代の女の引き裂かれ方についてさまざまな表現で語っていることは、つまるところ、上記のふたつの欲望に尽きる。均等法以後の女は、個人としての達成と女としての達成、このふたつを両方とも充足しなければ、けっして一人前とは見なされないのだ。

＊1　BG、OL等の名称については、金野《こんの》美奈子の『OLの創造——意味世界としてのジェンダー』〔2000〕に詳しい。

＊2　経営破綻した元日本長期信用銀行に在職していた女性エコノミスト、小沢雅子の証言によれば、調査室に配属された彼女の年収は、同年齢の女性労働者にくらべればきわ

だった高収入だったが、入社後異動と転勤を積みかさねてライン部門を歩いてきた同期入社組の男性とくらべて、一〇年間でほぼ二倍の差がついていたという。

＊3　佐野の原文には、被害者が実名で出てくる。東電ＯＬを論じるために、彼女の実名は必要ない。したがって引用の実名部分は「Ａ子」と置きかえた。

13　東電ＯＬのミソジニー(2)

娼婦になりたい女

「娼婦になりたいと思ったことのある女は、大勢いるはずだ。自分に商品価値があるのなら、せめて高いうちに売って金を儲けたいと考える者。性なんて何の意味もないのだということを、自分の肉体で確かめたい者。自分なんかちっぽけでつまらない存在だと卑下するあまり、男の役に立つことで自己を確認したいと思う者。荒々しい自己破壊衝動に駆られる者」〔桐野 2006: 上274〕

「理由は女の数だけ存在する」と、東電ＯＬをモデルにした長編小説のなかで、桐野夏生は言う。

東電ＯＬは、一千万円近い年収の仕事を持ちながら、渋谷の街で夜の立ちんぼをし、「セックスしませんか。一回五千円です」と性を売った。カネがないという相手には、二千円でもいい、とディスカウントした。吝嗇《りんしょく》で几帳面に収支を手帳につけていたというが、カネのためとは考えられない。

一九八〇年代の渋谷。テレクラ[*1]売春の相場が三万円、援交の少女ならそれに色がついて一晩五万円にもなった時代だ。まぐろのように横たわった芸のない少女の肉体に、男が五万円も支払った時代。東電OLが自分につけた値段は、「安売り」に過ぎないだろうか、と思えてくる。

『東電OL症候群《シンドローム》』で、佐野眞一は、A子さんが「〇・二万円という非常に安い値段で売春していたこと」について、ある女性読者の「解釈」を紹介している。「A子さんの方が男の値段をつけているんだ」という見方である（佐野（眞）2003b: 134）。炯眼《けいがん》である。わたしもうすうすそう思っていたことを、ずばり核心を衝く言い方で示した女性読者がいた。佐野はこの問いを、精神科医の斎藤学に投げかけ、「確かに面白い見方だと思います」という答えを引き出している。だが、そのあと、ふたりの対話は焦点をそれて、べつの方向に流れていく。佐野の著作のなかでは、この問いはこれ以上、少しも深められることはない。

「A子さんの方が男の値段をつけている」という見方は、読者にとって説明が必要かもしれない。

多くの人々は、売春の値段は売春婦につけられた値段だと見なしている。だが、売春の裏側は買春だ。男が支払うカネは、男が自分自身の買春に対してつけた値段でもある。A子さんに五千円を払った男は、A子さんの性の値段を五千円と見なすだけではなく、裏返しに言えば、自分の性欲に五千円という値段をつけていることになる。「そこまでして性を満たしたい男のみじめな性欲」に対して、A子さんは五千円という値段をつけたのだ。そこには、そうやってまで女に自分の性欲の充足を依存しなければならない男に対する憫笑《びんしょう》がある。

娼婦は、カネを払わない男には、けっしてやらせない。たとえ「ドブに捨てる」ようなセックスでも、それは無償ではない。ジョヴァンナ・フランカ・ダラ・コスタは、『愛の労働』〔1991〕のなかで、妻のセックスを「不払い労働」と見抜いた。[*2]夫に「ノー」を言えない妻にくらべれば、男にけっしてタダでやらせないことで、娼婦は男による搾取を拒む、誇り高いインディーズである。そのとき、娼婦が自分につける値段とは、相手の男につけた値段でもある。これだけの札束でわたしの頬をひっぱたくつもりでなければ、あんたはわたしを自由にすることなんてできないのだよ、と。セックスの値段の持つ意味は、娼婦にとってと客の男にとってとでは、異なる意味を持っている。

自分の性をどこまでも「値下げ」する女、果てはタダでだれにでもやらせる女……を、男社会は軽蔑する一方で、「かさぶただらけの菩薩」や「ブラックマリア」と聖化する〔佐野（眞）2003b: 50〕。どんな男も拒まない女を、みずからは畜生道に堕ちながら男を救済するマリア、とかれらは賞賛せずにいられない。女の側にはそんな意図などかけらもなかったとしても、みずからの性欲の後ろめたさを女に裏返しに投影することで、言い訳せずにはいられないのだろう。聖処女マリアの裏側には、娼婦マグダラのマリアがはりついている。両者が同じマリアという名前を共有していることは、偶然ではなかろう。女を「生殖向けの女」と「快楽向けの女」とに分断した男の「性の二重基準」に、男自身が翻弄されずにはいないのだ。

女が男につけた値段

女の性がどんどん「値下げ」されれば、女は付加価値抜きのタダの女性器になる。厚化粧にトレンチコートのA子さんがハダカになると、「身長一六九センチメートル、体重四四キログラム」（佐野〔眞〕2003b: 21）の摂食障害のカラダは、あばら骨が浮くほど痩せていて、客の男が思わず退《ひ》くぐらいだったという。それでも客の男がコトを果たして代金を払うのは、相手が女性器に還元されるからである。目をつむって、または他のだれかを思い浮かべて、あるいは思い切り嗜虐《しぎやく》的な気分で、「自分の手を娼婦の膣《ちつ》に持ち替える」マスターベーションのつもりでも、男は射精できる。

戦争中の軍隊慰安所は、兵隊用語で「ピー屋」と呼ばれた。朝鮮人「慰安婦」のいるところは「朝鮮ピー屋」、中国人「慰安婦」のいるところは「支那ピー屋」。「ピー」とは女性器をさす中国語の俗称だというが、たしかなところは知らない。そこでは女は娼館のように性技も手管《てくだ》も要求されず、タダの女性器として、前の客の精液を洗い流して横たわるだけだ。「慰安婦」が人格抜きのタダの女性器に還元されてしまう戦場の過酷さが伝わる用語だが、そのとき同じように、男もタダの男性器に還元されているはずだ。
「売春の値段」とは何か？　男が女にカネを支払うことで、男が女につけた値段だとカンチガイされているが、ひとりの「女性読者」が見抜いたように、それを、女が男につけた値段だと考えることで、多くの謎がいっきょに解ける。

　自分を高く売る女は、自分を買う男の値打ちをその分だけ認めているのだし、自分を安く売る女は、男の値打ちをその程度のものだと考えているのだ。タダでだれとでもやる女は、自分の身体を「ドブに捨てる」ような行為をすることで、男の性欲が「ドブに捨てる」ようなものであることを、自分のカラダで検証していることになる。

「おまえはタダの性欲にすぎない」……タダでやる女はそれに値打ちがないことを、二千円を要求するなら二千円の、五千円なら五千円ぽっきりの値打ちしかないことを、女の側から宣告していることになる。あまつさえカネをとる女は、カネでも出さなければおまえは自分の性欲を満たすことすらできないのだと、男のみじめさに追い討ちをかける。

「身を売る女の理由はひとつ。この世への憎しみです」と桐野〔2006：下443〕は、主人公のひとりに言わせる。「醜くなった自分を晒《さら》し、そんな自分を男に買わせることによって、自分に、そしてこの世に復讐していたのだ」と。「この世」などと、婉曲語法を使うまでもない。「男に」と言えばすむ。

だが、娼婦の側にある憎しみとはべつに、男は娼婦を憎まずにいられない。桐野は同じように、主人公のひとりに言わせている。

「体を売る女を、男は実は憎んでいるのよ。そして、体を売る女も買う男を憎んでいるの」〔桐野 2006：下332〕

女を性器に還元しながら、その女に依存せずには自分の欲望を満たすことができない男の性欲の自縄自縛の構造を、だれよりも呪詛しているのは男自身だろう。

このなかに男のミソジニーの謎のすべて——ミソジニーはもともと男のものだ——が含まれている。吉行淳之介を思い起こせばよい。[*3] 女に深く依存しながら、そのことによって女を憎まずにいられない男。それが、まちがって「女好き」と思われているミソジニーの男だ。

自縄自縛の呪詛を、男は娼婦に向ける。徹底的に利用しながら、その存在を公然と認めることができず、侮蔑し、嫌悪する。見たくないものを見ないですますように、半ばは必要悪と認めながら、隠そうとする。「慰安婦」制度を含めて、買春は、男にとってよほどばつの悪いものらしい。

他方で、娼婦がカネのためにしか自分と交わらないことをとことん承知しながら、カネで買えない女の「情」をカネで買おうとする。娼婦の「身の上話」は、あまりにありふれた手管のひとつにすぎない。プロの娼婦は、セックスにセックス以外の物語を付加価値としてつけようとする。遊郭の「粋人」は、「遊女の恋《まこと》」をカネで買う、という背理を生きる。このゲームに熟達しているのが、プロのホステスやホストだ。

セレブ[*4]の男は、高級コールガールを呼んだり、モデルやタレントの女をカネで買おうとするが、それも自分の性欲につけた値段と思えばわかりやすい。かれらは、付加価値のある女にしか欲情しない（と自分に言い聞かす）ことで、自分の性欲がタダの男の性欲とは違う（高級なものである）ことを、自分（と他の男）に証明しようとする。

女の側から見れば、事情はもっとよく理解できる。自分を高く売るという点では、終身契約だろうが、一回契約だろうが、同じことだ。セレブ妻になりたいと思う女は、そのことで「男が女に与える価値」を過大評価していることになるし、過大評価しているからこそ、たとえＤＶに遭ったとしてもその地位を降りられない。降りたら最後、自分が何者でもなくなるとおそれるからだ。

男のサクセスを示す社会的な指標は「美人妻」だと言われるが、もっと正確に言えば、「カネのかかる女」がそうだ。オレの性欲はめったなことでは満たせない、メンテナンスにこれだけのカネがかかる、ことを誇示するためである。アメリカでは「トロフィー・ワイフ」とも呼ばれる。勝利の戦利品だからだ。だからこそ、セレブ妻は、エステやファッションなど、自分磨きに余念がない。それは夫の地位の指標だからだ。そうやって彼女は自分が夫にふさわしい女であることを証明しようとするが、そのことによって夫に値打ちを与えているのは彼女自身である。

一回契約の単価の高い女も、事情は同じだろう。自分を高く売れば、そのぶんだけ男が女に与える価値を、女自身が高く評価していることになる。わたしは自分を安売りする女じゃないのよ、と。それが現金だろうが、高価なブランド品やフランス料理であろうが同じことだ。男のフトコロから自分のためによりたくさんのおカネを使わせる快感。それは男が自分に与えた値段をつうじて、自己を確認する行為である。裏返せば、それだけの価値を、女自身が男に与えていることになる。

「性的承認」という「動機の語彙」

援助交際の少女たちは、娼婦にしては分不相応な代価を得ていた。若いというだけで性的な経験も熟練も乏しい肉体、性の技巧も恋の駆け引きの術も貧しい未熟な年齢。「援助交際」とは、一〇代の売春、それも管理売春ではなくフリーランスの自由売春の婉曲語法にすぎなかったが、一〇代の少女に特別の付加価値が発生したのは、『少女民俗学――世紀末の神話をつむぐ『巫女』の末裔』の著者、大塚英志〔1989, 1997〕によれば「使用禁止の身体の持ち主」だったからにほかならない。生理的に成熟していながら、社会的には使用禁止の肉体の持ち主、それが中学・高校在学中の女生徒たち、首都圏ではそれにさらなる付加価値を与えたのが名門女子校の制服だった。「禁止」を冒すことに対して発生した付加価値、それが援助交際に発生した相場以上の値段だった。

援交の少女たちをフィールドワークした宮台真司は、この付加価値が首都圏ローカルな価値であることをのちに発見する〔宮台 1994, 2006〕。というのも、青森県のテレクラをつうじた少女売春では、一〇代の少女の性の値段は、ＯＬや主婦売春の値段と同じ水準に「収斂《しゅうれん》」していたことに、かれは気づくからである。性経験の年齢が相対的に低く、一〇代の性に対する中産階級的な禁忌が相対的に弱い日本の農村部では、一〇代であることに、特別な付加価値は発生しない。[*5] ミシェル・フーコーが指摘したように、セクシュアリティとは階級的なものであり、「使用禁止の身体」そのものが近代教育制度によって与えられた付加価値だった。そしてその価値が長くつづかないことを、少女たちは熟知していた。

ところで、宮台のフィールドワークのもうひとつの発見は、援助交際が例外的な逸脱行為ではなく、アクセスの機会さえあればだれでも参入するような、少女たちにとってモラルの障壁の低い行為だということであった。「あなたの娘も援交しているかもしれない（ちょうどあなたの妻がとっくにフリンしているように）」という宮台の発見は、オヤジの恐怖を煽るにじゅうぶんな言説だったが、これに対して、「援交は魂を傷つける」と言ったのが、ユング派心理学者の河合隼雄である。それに対して、宮台は「援交は魂を傷つけない」と反論した。ちょうどこの茶番じみた「論争」を知っていたかのように、『グロテスク』でも、女子高生売春をしているユリコに教師の木島が「きみの魂が汚れる」というのに対して、ユリコが「魂は売春なんかでは汚れません」と反論する〔桐野 2006 上：288〕。

代わって宮台が提示したのが、「性的承認」説だった。援交の少女たちは、居場所のない家庭や学校では得られない承認を、男が自分を求めてくれることで得ている、と。前述した桐野の、「女が娼婦になるさまざまの理由」のなかで、援交少女は「自分に商品価値があるのなら、せめて高いうちに売って金を儲けたいと考える者」で、かつ「自分なんかちっぽけでつまらない存在だと卑下するあまり、男の役に立つことで自己を確認したいと思う者」に該当することになる。

ちなみに冒頭の引用に、わたしはこの文の直後につづく一文を、故意に採用しなかった。そこには「あるいは、人助けの精神」〔桐野 2006：上 274〕とある。笑止というほかない。そしてたぶん、桐野もまたそう感じたからこそ、ついでに思い出したようにリストの終わりに「あるいは……」と追加したのだろう。ここでの「人」が客の男なら、「人助けの精神」で売春する女はいない。親兄弟や恋人の病気や借金のために売春する女はいるかもしれない。それはカネをつうじて他の人助けをすることを意味し、売春そのものが「人助け」であることを意味しない。男はカネづるだからこそ、彼女は売春する。男の性欲をあわれと思って身を投げ出す女……「かさぶただらけの菩薩」は、男の幻想のなかにしか、いない。この「かさぶた」は、もちろん、性病の暗喩である。

そう考えて、「女が娼婦になるさまざまの理由」を読み返してみれば、そのいずれもが「男仕立ての解釈」の変種であることが見えてくる。佐野に異議を唱えた「女性読者」は、「佐野さんは男側からの見方をしているようだけど、そうじゃないでしょ」と前置きをしてから、「Ａ子さんの方が男の値段をつけているんだ」という解釈を提示したのだ。

援交少女たちは、インタビュアーの求めに応じて、さまざまな「動機の語彙《ごい》」を提供する。「ブランド品を買いたいから」「もっとおカネがほしいから」という拝金主義の「動機」をそのまま信じて、「消費社会に毒された少女たち」を憂うのは、彼女たちの戦略にはまったと言うほかないだろう。「拝金主義」は、その動機を共有する大人たちに、彼女たちが提供したわかりやすい「動機の語彙」である。彼女らがそうするのは、そう言えば相手が勝手に「わかってくれる」おかげで、見も知らぬ他人に、自分の内面をそれ以上さらさずにすむからだ。そこまでは宮台の解釈にわたしは同意する。そのあとで、宮台の求めに応じて「性的承認」の語彙で自分の動機を説明する少女たちに、目の前にいる男に対する「戦略」がないと、どうして言えるだろう？

援交少女の「動機」を、「性的承認」に求めたいのはいったいだれだろうか？　性的承認を求める少女たちに承認を与えるのは男である。男はいつでも女の存在を、そこにいてよいと「承認する者」となる。この解釈にもっとも慰められるのは、多くの援交少女たちに「承認」を与えてきたらしい宮台本人だろう。

援交経験のあるひとりの女性の発言を、わたしは忘れることができない。養父に性的虐待を受け、それから売春を強制されていた彼女は、「男からおカネを受けとるのは、わたしのカラダをアンタが自由にしてよいのは、カネを払っているあいだだけだということをハッキリさせるためでした」ときっぱり言った。言いかえれば、カネを受け取るという行為を媒介に、彼女は自分のカラダが自分以外の他のだれにも所属しないことをマニフェストしていたことになる。この動機のなかに「性的承認」は無縁である。

売買春というビジネス

売買春というビジネスは、男が相手を選ばないという条件がなければ成り立たない。

「相手を選ばない」のは女ではなく、男のほうである。そのためには、「女」の個別性を消去して、その記号性に発情できるフェティッシュな性欲の機序《メカニズム》が、男の側に成立していなければならない。女の「ミニスカ」や「ハダカ」、極限的には性器などというボディのパーツに反射的に反応する性欲があるからこそ、売買春は成り立つ。

だがそれは、男の性欲が、いわゆる「獣欲」、つまりケダモノなみの動物的なものであることを意味しない。むしろ男の性欲が、それほど条件づけされた文化的なものであることを意味する。

買春で男が買っているのは女ではない、女という記号である。記号に発情し、記号に射精するからこそ、買春はマスターベーションの一種なのである。

それなら売春で女は何を売っていることになるのか？　売春をつうじて、女は自分が「物《モノ》になる」（あるいは「所有になる」）ことを売っている。「物になる」ことをつうじて、物に射精する男をタダの性欲に解体・還元していることになる。この機序をつうじて、男は売春婦を憎むにいたり、売春婦は客の男を侮蔑するにいたる。

女の存在価値

中村うさぎは『私という病』の一章を「東電ＯＬという病」に割いている。そのなかの一文、「俺の欲望を刺激しない女は存在してる価値がない」〔中村 2006: 160〕は、男による女の「性的承認」を簡潔に言いあらわして間然するところがない。「かわいくない女は女ではない」「ブスは女ではない」「おっぱいのない女は女ではない」「あがった女は女ではない」……限りなくつづくこの等式に何を代入しようが、それはひとつの簡潔な命題、「男の欲望を刺激しない女は女ではない」に還元される。べつな言い方をすれば、「女の存在価値は、男の性的欲望の対象となるところにある」という単純な命題になる。そうなれば、小倉千加子が『セクシュアリティの心理学』のなかで女性の「思春期」を定義して、「自分の身体が自分のものではなく、誰かの快楽の道具であり、誰かに見られることに気づく時期」〔小倉 2001: 3〕というのは、けだし名言というべきであろう。男の欲望の対象となるとき、人は「女になる」。それに年齢は関係ない。男の欲望の対象とならなくなったとき、人は「女でなくなる」。あまりのわかりやすさに卒倒しそうだ。

この命題から、中村の言うように、女がミニスカをはいて「自分の欲望を刺激するのはけしからん」とか、ブスは「自分の欲望を刺激しないからおもしろくない」というさまざまなヴァージョンが生まれる。いずれも男の一人芝居（ひとりよがり、とはよくも名づけたものだ）なのに、その責任を男は女に転嫁しようとする。セクハラ男が「誘ったのはあいつなんだ」と主張するように。*6

この「性的承認」を過剰に求めることで、中村うさぎは、一種のドラァグ・クィーンとなる。「男の欲望の対象としての女」を過剰に演じることで、そのからくりを舞台裏まであばきだしてしまう「パロディの戦略」、それがドラァグ・クィーンだ。中村は「男に求められたい」「男に求められなくては、自分に価値がない」とひりひりするほど切望したというが、そしてその結果、ついにデリヘル嬢[*7]にまで志願する性的冒険をやってのけるが、そのどれもが過剰な演技に思えるのは、彼女のなかにこのドラァグ・クィーンの要素があるからだ。つまり彼女を指示して演技指導をする冷徹な演出家の目が、作家、中村うさぎにはあるからだ。

中村は「身体を売る女」のなかに、「私のように『自分が男の性的欲望の対象になることに関して、自分自身の主体性を確保したい』という動機を持つ者もいるのではないか」と言う。そして、「東電ＯＬは、そういうタイプの売春婦だったのではないか」と推論する。

「東電ＯＬは、自主的に個人売春をすることで、自分に『性的客体』であることを押し付けようとした人々に対してリベンジを果たしたような勝利感を得たのだ。それが、彼女を夢中にさせた恍惚感の正体であった」〔中村 2006: 167〕

これが、一章を割いて東電ＯＬを論じた中村の「解釈」、「男仕立て」ではない、「女仕立て」の解釈である。

「主体的に男の性的欲望の対象となる」ことをつうじて、女は何を達成しているのか？もちろん、男をタダの性欲に、タダの性器に還元しているのだ。ちょうど男が自分に対してやったのと同じことを、やりかえすことによって、女は男に捨て身の「復讐」をする。

買春をつうじて男は女への憎悪を学ぶ。売春をつうじて、女は男への侮蔑を学ぶ。

女の分裂・男の背理

酒井順子は、『負け犬の遠吠え』〔2003〕のなかで、女には自分で達成する価値と他人に与えられる価値の両方があって、ひとつではじゅうぶんではない、そして、このふたつのうち、後者の価値のほうが、前者の価値よりも値打ちがあると考えられているらしい、と示唆する。東電ＯＬは、このふたつのはざまに「引き裂かれた」。この分裂は、東電ＯＬならずとも、均等法以後の女にも身に覚えのある経験だろう。だが、よくよく考えてみれば、そのどちらもが、「男に認められ、承認される価値」の別名ではなかっただろうか。会社で出世して「できる女」とほめられたいという、「父の娘」としての男なみの欲望をA子さんは持っていた。それだけでなく、男の性欲の対象として選ばれたいという女なみの欲望をも、彼女は持っていた。いずれの場合にも、男は「承認を与える者」の位置にいる。

そして「承認を与える者」の背理は、「承認を求める者」に深く依存せざるをえないということにある。ミソジニーとは、その背理を知り抜いた男の、女に対する憎悪の代名詞でなくてなんだろうか。

＊1　テレフォン・クラブの略語。男が電話の設置されたブースで、女からの電話を待ち受け、合意が成立したらデートするという男女の出会い系ビジネスの一種。しばしば売春目的のために利用された。

＊2　「家事労働に賃金を」と主張して不払い労働論の論客となったマリアローザ・ダラ・コスタは、ジョヴァンナ・フランカ・ダラ・コスタの姉である。

＊3　吉行淳之介のミソジニーについては、『男流文学論』〔上野ほか 1992〕、および第1章「『女好きの男』のミソジニー」参照。

＊4　セレブリティの略語。社会的な名声も富も備えたエリート層をさす。

＊5　フーコーが指摘するように、セクシュアリティは階級的なものである。前近代の日本

では、農漁村部を中心に庶民のあいだでは久しく寝宿慣行（夜這いとも呼ばれる）が実践されていた。そこでは処女性の価値がいちじるしく低く、婚前の自由交渉は当然視されていた。

＊6 「ひとりよがり」とは、もともと自慰のことをさす。

＊7 デリバリー・ヘルス嬢の略語。男の顧客の求めに応じて、自宅やホテルまで出張売春する女性のこと。

14　女のミソジニー／ミソジニーの女

ふたつの「例外」戦略

女がミソジニーを自己嫌悪として経験しないですむ方法がある。それは自分を女の「例外」として扱い、自分以外の女を「他者化」することで、ミソジニーを転嫁することである。そのためには、ふたつの戦略がある。ひとつは特権的なエリート女、男から「名誉男性」として扱われる「できる女」になる戦略、もうひとつは、女というカテゴリーからドロップアウトすることで女としての値踏みから逃れる「ブス」の戦略である。いわば、「成り上がり」の戦略と「成り下がり」の戦略、と言おうか。

三島由紀夫は、「論理的な女はいない」と言う。「女は論理的でない」、しかるに「A子は論理的である」、したがって「A子は女でない」。単純で、屈強の三段論法である。「例外」をも説明できるこの論法に、破綻はない。

「そうなのよ、ほんとに女って感情的でいやになるわ」

と A 子が言う。

「キミ？ キミは特別だよ」

と男が肯《うべな》う。

「そう、わたしは『ふつうの女』じゃないわ」

と彼女はほこらしげに宣言する。

だが、この「例外」視をつうじて、「ふつうの女」への蔑視を再生産しているのは彼女自身だ。彼女はホモソーシャルな男の共同体へ、「名誉男性」として迎えられるかもしれないが、慇懃《いんぎん》無礼な扱いの背後で、けっして「仲間」と認められることはない。ちょうど白人中産階級社会へ参入した黒人と同じようなものだ。

「ニグロの使用人ってのはね、ほんとにこずるくってすぐごまかしばかりやりやがる、目を離したスキにね。あ、キミ？ キミは特別だよ。キミはボクらと同じ教育を受けてきているもの」

中産階級の集まりのなかで、こう言われた黒人は、いったいどう反応したらよいのだろう？ 同調して差別を助長する側にまわるか、それとも怒り出してその場を台無しにするか。

この「例外」戦略は社会的弱者に対して、いたるところで使われる。

「年とるってほんとにいやーね、ぐちが多くてくりかえしばかり。あら、お義母《かあ》さま、お義母さまはべつよ、アタマがしっかりしていらっしゃるんですもの」

「そうなのよ、だからあたしも年寄りばかりの集まりに行くのは気がすすまないのよ」

「日本の女ってのはどうしてあんなにハッキリしないんだい？　イエスもノーもわからないじゃないか。キミ？　キミは特別だよ。キミは典型的な日本の女の子とは言えないね」

「ええ、あたしだってうんざりよ。あたしは日本に合わないのよ。だから、日本を出てきたんだわ」

こういうやりとりは、ほとんどブラックジョークだ。

特権的な「例外」を産出することで、差別構造は無傷のまま、再生産されつづける。そしてもうひとつ、後者の「成り下がり」の戦略を、林真理子ほどうまく表現した作家を他に知らない。

林真理子の立ち位置

女子短大の教師をしていた頃、女子学生を相手に、授業のたびにかんたんなアンケートをとった。そのうちのひとつに「女に生まれてソンか、トクか？」という質問があった。「ディスコが半額でトクした」「デートでおごってもらえてトク」といった無邪気な回答にまじって、一枚、忘れがたいレポートが胸を刺した。

「ブスに生まれたわたしには、こんな問いは関係ありません」

ソンもトクも、女というカテゴリーに属していればこそ。女であるためには条件がいる。女であることとは、すなわち男の性的欲望の対象となることだから、この条件を満たさない女は「女でない」。あがった女は女でない。乳房や子宮を失った女は女でない。ブスは「女でない」……と、女のカテゴリーから放逐される。

女はいつ女になるか？　「女の子」が「女」に変身するメタモルフォーゼの時期が思春期だ。小倉千加子が「思春期」に与えた卓抜な定義を、わたし流に言いかえるとこうなる。自分の身体が男の性的欲望の対象になると自覚したとき、その年齢にかかわらず、少女にとって思春期は始まると。だから七歳で媚態《びたい》を知って、思春期が始まる少女もいる。それからの女の人生は、自分の身体が男の視線によって値踏みの対象となることを自覚させられつづける経験となる。ある摂食障害の女性は、三〇代に入って自分の身体が男にとって価値を失ったと感じたときに、安心して食べはじめ、太ったと言う。年齢も体重も、彼女にとっては「女」から降りるための戦略だった。

自己アイデンティティとしての「ブス」は客観的カテゴリーではない。「ブス」を客観的に判断することはできない。本人が、そのような自己カテゴリー化をつうじて、

「男の視線」から降りている／降りさせられている、と感じることが重要なのだ。

林真理子の小説には、美しく、魅力的な女たち、つまり男にとって値打ちのある女たちが登場する。そしてこの作家は、その「女を武器にした」女たちの、卑劣さや卑小さを描くのが実にうまい。彼女の作品のなかでは、男も女に劣らず卑小である。なにも人間の偉大さを描くのが文学だ、と言う気はないけれど、これでもか、と卑小な男女を見せつけられると、読後の後味はよくない。

林の代表作のひとつ、『不機嫌な果実』〔1996〕を例にとろう。『週刊文春』に一九九五年から九六年にかけて連載され、九六年に出版された本書は、わたしが入手した九七年版で二七刷をかぞえるベストセラーとなったばかりか、映画化の際JRが吊り広告を「拒否」したことでも話題を呼んだ。そこには、「夫以外の男とのセックスは、どうしてこんなに楽しいのだろうか」という惹句《じゃっく》が書かれていた。

主人公の水越麻也子（三二歳）は、既婚者だが今でも未婚にしか見えない、若やいだ魅力的な容姿の持ち主。会社員の夫との生活に退屈していたところへ、エリートの御曹司が彼女に夢中になる。火遊びだったはずが相手の男の強引なペースに負け、いつのまにか家庭は破綻し、再婚するはめに。ハッピーエンドのはずが、残されたのはおもちゃをほしがるような自分勝手で幼児的な若い男との、ありがたくもない新しい結婚生活だった。「女の武器」をもてあそんだ女の、アテハズレの索漠とした成果を描いて出色、と言うべきか。

もうひとつ『ミスキャスト』〔2000〕の主人公は男。ごつごう主義的な不倫にふけっていた会社員の男が、自己チューのカンチガイ女の恋愛ゲームにはまって、それから降りられなくなり、家庭を壊して不本意な再婚に至る話である。これも「こんなはずではなかったのに……」という主人公の索漠たる感慨が結末にある。読者は登場する男女いずれにも、憫笑《びんしょう》を送ることはできても、こんな主人公たちに同一化することはむずかしい。

『アッコちゃんの時代』〔2005a〕は、バブルの狂乱を回顧した作品。惹句には、こうある。「あの狂乱と豊穣の時代。地上げの帝王と称される男の愛人となり、キャンティの御曹子を有名女優の妻から奪って世の女たちの羨望と憎悪を一身に浴びた女子大生がいた」「男を奪ったことなど一度もない。男がわたしを求めただけ」とうそぶく彼女は北原厚子、二〇歳。「男に愛されたこともない女に、男に愛され過ぎるつらさを喋っても無駄なことだ」という自信満々の女主人公に、ふつうの女性読者が同一化することはむずかしい。が、男が「求めた」のは、彼女の若さと肉体にすぎず、男との「愛」に、どんな深みもない。アッコちゃんに待っているのは、結局さるIT長者の囲われ者になる、という絵に描いたような「淪落《りんらく》の物語」だ。

この視線の背後にあるのは、自虐や批評意識だろうか？　と疑ってみるが、女主人公の破滅を描く容赦のない筆致を見ていると、自分が「例外」であるからこそ持てる特権的な「外部」の目から、意地の悪い観察がおこなわれていることが感じられる。自己批評につきものの苦さがあまりに希薄なために、そう思わざるをえないのだ。男性作家にならあるだろう女へのファンタジーを欠いているせいで、女性作家のミソジニーはさらに徹底したものになる。

「ブス」であること、モテないこと、「女」から降りていることは、観察者にとってかっこうの「安全圏」を与える。嗤《わら》われているのは、「わたし」ではない、他の女だ。ミソジニーは他人事《ひとごと》なのだ。

読者はどうだろう？　林真理子は大衆作家だ。たくさんの、しかも女性の読者を持っている。読者は、書き手の林と、書かれる女主人公の、どちらに同一化するのだろうか？　自分の容姿に「自信がある」と答える女性は一割に満たない。ほとんどの女性は、自分の容姿に不満や不安を持っている。それも無理はない。自分を値踏みする基準は、男の手のなかにあり、女はそれにふりまわされるだけだからだ。林の作品のなかでは、男にとって「値打ちのある」女が、華やかな成功を収めたかに見えた後、破滅への道を歩む。それを見て大半の読者は「溜飲を下げる」ことになろう。「わたしはこんな女じゃないわ（こんな女になれないわ）」とつぶやきつつ……。

林真理子は女と男の駆け引きや裏切り、ずるさやだましあいを描くのがうまい。そこでは女は男の欲望の対象であり、男は女が利用する道具、女と他の女とはライバル関係にある。これを読んで、女に対する不信感や嫌悪を持たずにいるのはむずかしいことだろう。林にそれが描けるのは、林にとってミソジニーは「自分以外の女」に向けられたものだからだ。この「他者化」のメカニズムを読者も共有したことを証明する証言がある。『不機嫌な果実』を読んだ読者からの感想には、「女主人公は私の友だちそっくり」というものが多かったという。

大衆作家の「成功」が「俗情との結託」によるのは、この点にある。「例外」の位置に立つことによって、彼女はミソジニーを生む家父長制を再生産し、強化する側にまわる。したがって、林の作品は、女にとってのみならず、男たちにとっても「安心して」読める作品となる。

女と女のライバル関係

林と言えば、辛辣な批評で知られる文芸批評家、斎藤美奈子の『文壇アイドル論』[2002]で、女の「ねたみ・そねみ・ひがみ」を作品化した功績を評価されている。「ねたみ・そねみ・ひがみ」は、女の属性とされている。そしてそれは醜い。女同士のあいだを引き裂き、相手を蹴落として自分が抜け駆けをしようとする欲望だからである。

「ねたみ・そねみ・ひがみ」はもちろん男のあいだにもある。だが、男と決定的に違うのは、女の場合は、それが「男に選ばれる」女の帰属をめぐるゲームだからである。

女への悪意に満ちた林の視線を「免責」するものがあるとすれば、それは林が「競争」から降りていること、女の「例外」であるという立ち位置による。競争相手のナルシシズムを、女はけっして許さない。林が欠いているのは、この女としての自分に対するナルシシズムである。競争相手が蹴落とされてもその指定席に自分が入れ替わる可能性はない。それが批判者に安全圏を与える。

この感情を、「ひがみ」と呼ぶことができるだろう。「ひがみ」とは、ついに相手を凌《りょう》駕《が》することのない者が持つ、無害ではないが脅威とはならない感情だ。「例外」の立場に自分を置くことで、林は「ひがみ」を安全に商品化する立ち位置を得た。読者は、書き手を嗤いながら、安心して悪意に身を委ねることができる。もちろんその立ち位置は彼女の現実の反映ではなく、周到に選んだ戦略のはずだ。

コスプレする「女」

林とわたしとのあいだには、かつて一九八七年に「アグネス論争」をめぐって対立した因縁がある。当時いくつかのメディアが林vs上野の「対談」を企画し、わたし自身はいずれのオファーにも乗ったが、先方が応じず、対談の企画はどれも実らなかった。それから約一五年。いわば歴史的とも言える対面のときが訪れた。林が『週刊朝日』に持っている連載対談、「マリコのここまで聞いていいのかな」〔林・上野 2001〕の対談相手に、わたしを指名してくれたからである。わたしは、この聡明な女性に好奇心と敬意とを持っており、対話はうまくいくだろうと確信していた。

対談のなかで、彼女は、自分が手に入れたすべてのもの、夫、子ども、地位、名声、ファッション、美貌などのもろもろを、「かぶりものをしているようだ」と表現した。ブランド服を身につけ、ダイエットと歯の矯正に成功した彼女を、わたしは「コスプレをしている」と感じた。「女を演じる」ことが平然とできるのは、自分が「女ではない」と感じていられるからだ。「にせの女」だからこそ、安心して、「ほんものの女」の内幕を、これでもかと仮借なくあばきたてることができる。

女というできあいのコスチュームがフィットしないことに違和感を抱いている女たちは、林に共感し、「女らしい女」がそれゆえに招く不如意な結果を嘲笑するほの暗い快楽を、共にするだろう。林がときに「フェミニスト」と呼ばれることがあるのは、この「女」というカテゴリーと自分自身とのあいだの、距離感と批評意識のせいだろう。だが、そのカテゴリーへの違和感は、「女」から自己を差異化することでガス抜きの方向へと転化され、チープな快感を与えることで発散されるに終わる。

女と女の友情・女と男の友情

林は女性作家として文壇で地位を確立し、いくつもの文学賞の選考委員をつとめている。角田光代が『対岸の彼女』〔2004〕で二〇〇五年に直木賞を受賞したとき、選考委員のひとりだった林は「小説の読み手の側が変わってきたような気がしてならない」と、感想を述べた。

> 人間は生まれつきこすくて意地悪く、そのくせ弱いもの。そして好色である。という大前提があったような気がする。私など元来そういうものを見いだす能力にたけていたのであろう。人間のずるさや弱さをテーマにした小説を次々に書いてきた。（中略）けれども最近私のまわりから「でもね……」というつぶやきが聞こえてくるのである。〔林 2005b〕

角田の作品のように女と女の友情を描く小説があらわれるようになって、「もうわたしの時代ではなくなった」と感じたのだろうか。

女と女のあいだには友情は成り立つか？

このクリシェの（陳腐な）問いに対する、クリシェの（陳腐な）答は、「ノー」というものであった。少なくとも、角田が登場するまでは。ホモソーシャルな社会では女のあいだに、原理上「友情」は成り立たないことになっている。すべての女は男への帰属をめぐって潜在的なライバル関係に置かれるからである。

ちなみにホモソーシャルな「男性紐帯《ちゅうたい》」があるなら、その反対にホモソーシャルな「女性紐帯」もあると考える向きもあるようだが、ジェンダー非対称性のもとでは、ホモソーシャルな女性の共同性というものは成立しない。なぜならホモソーシャルな共同性とは、社会的な資源とりわけメンバーシップを付与する機能を持つものだからだ。女はこの資源を欠いており、女がメンバーシップを獲得するのは（これまでは）ただ男への帰属をつうじてのみだった。女のあいだにもインフォーマルな集団はあるが、それを「ホモソーシャル」と呼ぶことには、まちがったメタファーの使用以上の意味はない。

だが、角田の『対岸の彼女』は、三〇代の女同士の友情を、ミソジニーなしに描くことに成功している。子持ちのパート主婦、小夜子と、シングルの会社経営者、葵とのあいだにはほとんど何の共通点もないが、あるとき小夜子が、葵の会社のパートに雇われることから、ふたりのあいだに奇妙な友情が芽生える。高校生時代の回想から、葵が、ナナコとアオちんというふたりの女子高生の「心中」未遂事件の当事者のひとりだったことが暴露される。少女時代の傷つきやすい心をかかえたまま、独身を貫いて小さな会社の経営者になった葵にとって、やはりやわらかな魂を持った小夜子は、ただひとりの理解者となる。その女同士の絆は、小夜子にとってディスコミの夫との関係よりも強いくらいだ。傾きかけた会社を再建するために、孤独な葵に小夜子はありったけのエールを送る。

レズビアンでもないのに、女を愛する女、女であることを愛する女たちの、友情の物語だ。林が感慨を覚えるのも無理はない。

女と女のあいだに友情は成り立つか？　イエス。角田はそうきっぱり答えたのだ。

ちなみに女と男のあいだに、（セックス抜きの）友情は成り立つか？　という問いにも、絲山《いとやま》秋子が「イエス」と答を出した。絲山の芥川賞受賞作、『沖で待つ』〔2006〕は、総合職女性と同期入社の男性の同僚とのあいだの、同志愛と言ってよいような友愛の物語だ。同僚の男性は既婚者。そこには不倫だの、略奪愛だのが、入るスキマはない。

女性作家の描く女は、急速に変化してきている。そればかりか、星野智幸のような男性作家も、『虹とクロエの物語』〔2006〕のなかで虹子と黒衣《くろえ》の女同士の友情を清冽に描く。サッカー好きのふたりの少女が、球を転がしながら逃避行をするロード小説は、まるで「スカートをはいた少年」たちの物語のようだ。そして少年たちのあいだに成り立つような「友情」が、少女たちのあいだにも成り立つこと、それがおとぎ話ではない程度のリアリティを持っていることを、すでにわたしたちは知っている。

川上未映子の『ヘヴン』〔2009〕では、共にいじめに遭っている少年と少女のほとんど形而上的な域に達した「友情」を描く。年齢は酒鬼薔薇聖斗こと少年Aと同じ一四歳に設定されている。子どもから大人への転換点、もっともまがまがしくも聖なる年齢、超越性と残酷さとが同居する危険な年齢だ。斜視のせいでいじめに遭っている「僕」に、同じクラスのコジマは「君の目がすき」「その目は、君そのものなんだよ」と暗示をかける。二人の関係はありふれた少年・少女のラブロマンスには発展しない。そのためにはあまりに超越的だからだ。この実存的な「友情」に「僕」は魅了され、そして呪縛される。「僕」は斜視の矯正を選択してこの呪縛から離れるが、この後も一生にわたってこの「友情」の記憶に支えられつづけるだろうことが暗示される。この「友情」と呼ぶしかない男女の関係は、性愛のふたしかさよりもはるかにたしからしいものだ。これがひとつの達成でなくて何であろうか。

15　権力のエロス化

夫婦関係のエロス化

ミシェル・フーコーは『性の歴史』第一巻のなかで、近代以降の「性的欲望の装置」を四つ挙げている。それは以下のようなものだ〔Foucault 1976=1986: 134; 上野 2002〕。

一　子どもの性の教育化（pedagogization of children's sex）
二　女性身体のヒステリー化（hysterization of women's bodies）
三　性倒錯の精神病理学化（psychiatrization of perverse pleasure）
四　生殖行為の社会的管理化（socialization of procreative behavior）

順に論じていこう。「子どもの性の教育化」とは、子どもの性が管理の対象となり、とりわけオナニーの禁止がしつけの一部になったことを言う。「女性身体のヒステリー化」とは、女性の身体が性的なものと見なされ、その性欲の抑圧が「神経症の女」を生む原因とされたことをさす。「性倒錯の精神病理学化」とは、性器接触をともなう異性間性愛以外の多様な性が、倒錯的快楽と見なされ、精神病理学によって異常視されたことを言う。その性倒錯のなかに同性愛があった。中世には道徳上の逸脱であった同性愛は近代になって精神医学上の病理とされ、治療と矯正の対象となった。[*1]「生殖行為の社会的管理化」とは、夫婦関係が異性愛の対《つい》として正統化され、生殖の単位として社会的統制のもとに置かれたことを意味する。かくして性の管理をつうじての生の管理という「生権力（bio-power）」が成立する。以上の歴史的変化が統制の対象としたのが、「マスターベーションする子ども」「ヒステリーの女」「性倒錯」「マルサス主義的な夫婦」の四つである。

正統な異性愛のカップルである夫婦間の性愛は、かくして特権化された。それは婚姻の内にも外にも遍在していた性が夫婦間にのみ限定され正統化されたことを意味するだけでなく、かならずしも性がその絆にとって不可欠であるとは限らなかった夫婦関係の核心に、性が位置するようになったことをも意味する。「性的家族（sexual family）」〔Fineman 1995=2003〕の誕生である。

ちなみに前近代のいずれの婚姻の定義においても、夫婦間の性関係は必要条件ではない。性関係がなくても夫婦関係は持続するし、子どもが生まれなくても正妻の地位は脅かされない。子どもが生まれなければ養子縁組をすればよいだけだし、あるいは側妾に産んでもらえばよい。逆に婚姻期間中に妻が産んだ子どもはだれの胤《たね》であれ、自動的に夫の子どもとして登録される。なかにはゴーストマリッジという死者との婚姻すらあるが、もちろんほかの胤から子どもは生まれ、その子は死者の一族となる。婚姻とは、子どもの帰属を決定する親族関係のルール以上でも以下でもない。夫とは、妻が産んだ「子どもの父」をさす社会的父親（pater）の代名詞にほかならず、生物学的父親（genitor）がだれかを問わないのが親族関係の制度というものである[*2]。

夫婦間に「セックスの義務」が発生したのは近代婚姻法以降のことである。いや、この言い方は正確ではない。法律には婚姻の要件のなかに「セックスの義務」など書かれていない。だから今さら「セックスレス」などと騒ぎ立てる必要もないのだが、離婚に際して「セックスに応じない」ことが正当な離婚理由を形成するという運用上の前例から、逆に「セックスの義務」が推定されるというだけのことである。だが、それも「セックスの義務」までであり、「性的満足を与える義務」ではない……。

これを「夫婦関係の性化（sexualization）」と呼ぶこともできるが、わたしは「夫婦関係のエロス化（eroticization）」という用語を採用したいと思う。夫婦間の性関係が特権化されただけでなく、その性が eroticize されたことが大きな変化のひとつだからである。

そこには快楽の言語が登場する。

性を統制する権力が、快楽をつうじて作動すること、すなわち「権力のエロス化」こそが、その核心にある。フーコーは「権力の官能化（sensualization of power）」と呼ぶが、ここでいう「官能（sense）」とはほかならぬエロス的な官能（erotic sense）のことである。

フーコーは言う。

> 快楽と権力は相容れないものではないし、排斥しあうわけでもない。両者は互いに追い求めあい、重なりあい、強化しあう。両者は煽情と発情の複雑なメカニズムと装置をつうじて互いにつながっている。〔Foucalut 1976: 48〕[*3]

ピーター・ゲイの『官能教育』〔Gay 1984=1999〕には、ブルジョアジーの階層に属する若い人妻の秘められた日記の分析が出てくる。新婚の彼女は夫に導かれて性的官能を学び、快楽にめざめていく。ポルノの定石のような展開だが、事実このようなプライベートな日記は、ポルノとして読まれ、消費された。裏返しにポルノが、主として女性のプライベートな日記をのぞき見する趣向で描かれることもある。

この経験をゲイが「ブルジョアの経験（bourgeois experiences）」と呼ぶのは正しい。「ブルジョア」の経験としての性的官能は、歴史的で階層的なものである。フーコーが喝破するとおり、セクシュアリティとはそれ自体が階級的な産物であり、ひとつの階級が他の階級から（ここではブルジョアが貴族と労働者から）みずからを差別化するために生み出したものだからだ。そして「官能教育（education of the senses）」という用語も示唆的である。「官能」とはまさしく教育され、学習され、陶冶《とうや》され、コントロールされるものだからである。性的官能においても例外ではない。「官能」が「自然」であり、「本能」であり、したがって「歴史」がない、というのは近代の性の神話というほかない。ここで「神話」というのは「根拠のない信念の集合」の別名である。性を「自然化（naturalization）」したこともまた、セクシュアリティの近代の主要な特徴だった。[*4] それは「神」に代わって、「神」の座に「自然」を代入する近代の帰結だったからである。

プライバシーの成立

フーコーの四つの「抑圧仮説」の背後には、「性の私秘化（privatization）」という機序《メカニズム》が横たわっている。性を公的世界から放逐し、秘匿し、私領域、すなわち家族へと囲いこむこと。家族がいちじるしく性的な存在になったのはそれ以降のことである。ただし急いで付け加えておかなければならないのは、私秘化によって性は抑圧されたのではなく、特権化されて人格と結びついたことである。フーコーが指摘するとおり、「抑圧仮説」とは字義どおりの「抑圧」を意味するわけではなく、「それについて語れ」という「告白」という制度を背後にともなっていた。禁止と命令は一組のセットとして性を特権化し、「どんな性行為をするか」が、その人の人格の指標となるに至った。

性が私秘化されて以来、「プライバシーに関わること」と言えば、そのまま「性的であること」の代名詞となった。家族が「性的家族」となり、夫婦が性的絆の代名詞となり、婚姻が性行為の社会的なライセンスになり、「初夜」が性関係の開始を告げ、セックスレスが夫婦関係の「病理」となる……という今日知られている結婚と夫婦に関する「常識」は、このようにして成立した。

「プライバシー」の語源はラテン語の「剝奪された」から来ている。公的権利を剝奪された領域、転じて公権力の介入を拒否する領域が私領域だが、その領域はそのまま公権力の届かないブラックボックス、公法の立ち入れない「無法地帯」となった[*5]〔Kerber 1998; 上野 2006a〕。こうして、家父長の専権的支配のもとに妻や子どもが従属する「家族の闇」が成立したことは近代家族史に詳しい。かくしてプライバシーとは、強者にとっては公権力による掣肘《せいちゅう》のない自由な支配を、弱者にとっては第三者の介入や保護のない恐怖と服従の場になったのである。

プライバシーはだれを守るのか？　強者を、というのが、セクハラやDVの被害者、性的マイノリティの答えだった。

性的満足の権利と義務？

夫婦間の契約関係が決めるのは性行為の権利・義務関係までである。どこにも「性的満足」の権利・義務関係については書かれていない。事実、西欧中世の夫婦関係を指南する書物には、夫婦のあいだには性の義務があるが、それは妊娠と出産のための手段であり、それにともなう快楽はできるだけミニマムであることがのぞましい、とされていた。だからこそ妊娠につながる異性間性器性交は奨励されるのに、妊娠につながらないソドミー（肛門性交）は神に背く行為とされ、オーラルセックスや前戯は抑圧され、禁止された。

だが近代のセクシュアリティのイデオロギーには、「夫婦関係のエロス化」すなわち「性的満足の権利・義務」関係が含まれている。ゲイの引用するテキストには夫婦間のセックスがいかに甘美で陶酔的なものかが、若妻の困惑と恥じらいとともに描かれる。夫の導きで快楽を学ぶ妻は、「昼は淑女のように、夜は娼婦のように」というブルジョア性道徳の鑑《かがみ》となる。

日本近代の通俗性科学書、『造化機論』のなかには、夫婦間性愛を最上等の性愛と見なす言説がくりかえし登場する。その多くは外国から紹介された書物の翻案・紹介ものだから、もとは英語圏のピューリタン的な性道徳から来ていると考えてよい。そうした通俗性科学書のひとつ『新編娯苦楽世界独案内』には、「快楽の極点」として「実《げ》に人生の快楽は夫婦間の情好《じょうかう》にぞある」とある〔上野 1990: 534〕。「恋の相手」を「遊女さま」、妻や母にする女を「地女《じおんな》」と呼んできた江戸時代の日本を考えれば、性的快楽の最高のパートナーが夫であり妻であるという考え方は、新奇なイデオロギーであったにちがいない。

「夫婦関係のエロス化」のもとで、妻は「快楽の権利と義務」を夫に対して持つが[*6]、それを夫に対してだけ、行使しなければならない。なぜなら妻に快楽を教えたのは夫だから。それどころか処女妻を「調教」することで、鋳型《いがた》に嵌《は》めるように妻に快楽の型を刻印したのはほかならぬ夫なのだから、妻は他の男では快楽をえられないことになっていた。妻に限らず女にとって、自分が「初めての」そして「唯一の男」でありたいと願う多くの男たちがそう信じたがっているにもかかわらず、もちろんそんなことは事実ではない。

ここには第7章「春画のミソジニー」で述べたような「快楽による支配」が成立する、はずだった。

もし夫婦間のセックスが最上の快楽であるならば、夫は娼婦を求めることはないであろう。明治期の性指南書のテキストには、娼婦との性交は手を膣《ちつ》に持ちかえただけのオナニーであり、味気ない、質の低いものであることがくりかえし述べられる〔上野1990: 534〕。裏返しに、もし夫が娼婦に走ったとしたら、それは妻の性的サービスが至らないからである、ということになる。他方、妻にとっても夫との性愛が満たされていれば、欲求不満からヒステリーになることもなく、まめまめしく夫に尽くすであろう。快楽の市場では、「良貨が悪貨を駆逐する」はずであった……。

権力に代わって快楽が、究極の男性支配を完成する。だが、「権力に代わってエロスが」ではなく、「権力がエロスのかたちをとって」と解するのが正しい。あるいは裏返しに、「エロスが権力のかたちをとって」と言いかえてもよい。「権力のエロス化」とは、そのような近代のセクシュアリティのあり方を言う。

サディコ・マゾヒズムの誕生

「権力のエロス化」を理解するための参考になるのが、マルキ・ド・サドである。サド侯爵がフランス革命期という中世から近代の過渡期に登場したことは偶然ではない。「神が死んだ」あとの秩序の真空を「自然」が埋めたあと、「原罪」を人間に教えるのは「神」でなく「性の自然」となった。原罪としての性は、快楽であると共に罰となった。罰を与える鞭《むち》を握るのは、「神」に代わって父であり夫である男となった。キリスト教の婚姻の誓いのなかで、「汝の神に仕えるように、汝の夫に仕えなさい」と言うのは、「神の代行者」としての「家父長」の位置を示している。「おお、神様、わたしにもっと罰を」と請いねがうのは、「ああ、わたしにもっと快楽を」と同義である。かくして父に鞭打たれる息子はそれに父の愛を感じなければならないし、夫に殴られる妻はそこに夫の愛を感じて恍惚としなければならない。

いや、それは愛ではなくたんなる暴力だ、と現代のDVの専門家なら言うだろう。だが、事態はもっとふくざつだ。「権力のエロス化」とは、支配が性愛のかたちをとるということだし、その裏返し、「エロスの権力化」とは、性愛を暴力や支配のかたちで表現する人々（主として男だ）がいる、ということだからだ。だから、「夫はわたしを殴るほど愛しているのね」と思ったり、「殴ってもくれないなんて、かれはわたしを愛していないのかしら」と女が感じるのも、あながちまったくの見当違いというわけではない。性とならんで暴力とは、自己防衛という安全装置をはずすほどの、正気を失うまでの相手の身体への過剰なコミットメントである点で共通しており、暴力の快感が性の快感をひきおこし、またその逆がありうることは知られている。

サディズムの名前がそこから来ていると言われるサド侯爵が、エロスに加虐・被虐を持ちこんだとき、かれは加虐者の側の快楽についてだけ語っていたわけではない。鬼畜系ポルノに触れたところ（第5章参照）で論じたように、加虐者は被虐者の苦痛に同一化することをつうじて快楽を増幅させる。だから、サディズムがサディコ・マゾヒズム（加虐・被虐趣味）と二重化するのは当然であろう。サディストはマゾヒストときっぱりふたつに分かれているわけではなく、マゾヒストと想像的に同一化するからこそ、容易に役割の転換ができる。複数の行為者を巻きこむ社会的なゲームには、役割のルールが決められている。夫婦も親子もそのように役割演技のルールが決められている関係だからこそ、逆転のロールプレイが可能になる。性関係も例外ではない。男にとっては加虐が快楽と、女にとっては被虐が快楽と結びつけられてきたために、快楽に至るためにそれぞれが加虐・被虐の回路をたどることが条件づけられた。それをわたしたちは「男は能動の性／女は受動の性」と言い替えているだけだ。

セクシュアリティの脱自然化

コリン・ウィルソンは、連続女性強姦殺人事件の犯人「切り裂きジャック」を論じるなかで、一〇代初めの幼いカップルの同じような殺人事件を扱っている。イギリスの小さな町で、少年が好きだった少女のカラダをナイフでメッタ突きにして殺した。それを解説してウィルソンは言う。もしこの少年がセックスをすでに知っていたとしたら、かれは少女にナイフを突き立てる代わりにペニスを挿入したことだろう、と。

だがこう言ったからといってわたしは暴力と性が同じ衝動から来ているとか、あるいは多くのアンドロロジスト（男性性研究者andrologist）が言うように、性衝動が攻撃衝動から来ており、それを支配するのが男性ホルモンのうちのテストステロンであるとか、言うつもりはない。その反対である。

フーコーを始めとするあらゆるセクシュアリティの研究者がやってきたように、ここでもわたしの課題は、セクシュアリティを歴史化（historicize）すること、すなわち脱自然化（denaturalize）することである。

セクシュアリティが暴力や加虐から、愛着や親密さまで幅広いスペクトラムをとることは、否定できない事実である。したがってセクシュアリティに「本質」はない。つまり「性はもともと攻撃的なものだ」とか、「性は親密さの表現である（べきだ）」というのは、規範的な命題にすぎない。わたしたちが知るのは、ある特定の歴史的文脈において、性が特定の何かと特権的に結びつけられる蓋然性だけである。そしてフーコーが示唆し、わたしがそれにならって用いる「権力のエロス化」とは、近代がエロスを非対称なジェンダー関係、すなわちほかならぬ権力関係と結びつけた、という現象をさす概念である。そしてジェンダーが権力関係の用語であることは、いくら強調してもしすぎることはない。

くりかえすが、エロスがジェンダー関係と結びつく必要がないように、ジェンダー関係がエロス的である必然性はまったくない。古代ギリシャではエロス的な関係とは同性のあいだに成り立つものだった。それにくらべれば、夫婦関係はどちらかと言えば支配や所有の関係であった。ジェンダー関係のうちでも、夫婦関係が特権化されるようになったのは中世末期以降のことだし、それでも夫婦の性にエロスは入ってこなかった。中世西欧の騎士道恋愛では、ロマンチック・ラブの対象は既婚女性だったし、近世日本の色道においても、エロスとは夫婦関係の外で見いだされるものだった。

ジェンダー関係が夫婦という一対の男女に象徴されるようになったのも、一夫一婦婚が定着した近代以降のことである。重婚があたりまえの社会では、婚姻は少しも対等な関係ではなかったし、対《つい》関係ですらなかった。妾とは妾奉公する奉公人、つまり専属契約のセックスワーカーだった。日本の妻にとっても、セックスは久しく「奉仕」であり、ノーと言えないつらい「おつとめ」であり、快楽ではありようもなかった。もし、その妻たちが、ブルジョア的婚姻の規範が、「性的快楽の権利・義務」であると知ったら！　日本にはブルジョア社会は成立したことがなかった、とあやうく言いかけそうになる。

身体化された生活習慣

性愛の歴史について知ることは、性愛の現実から解放されることと同じではない。ちょうどそれは「パブロフの犬」のような条件づけと考えてもよいかもしれない。あまりに深く身体に食い入り、他のありようが考えられないために、それを変更することが身体の苦痛や自我の崩壊に至るような嗜癖《しへき》が、人にはあるものだ。麻薬中毒を考えてみるとよい。麻薬をやめるくらいなら死んだほうがましだ、と思う人もいるだろう。文化とは集団的な慣習的生活様式のことであり、広義の生活習慣と考えてよい。生活習慣は――生活習慣病のように――体型を変え、体質を変える。思考様式を変え、感情の様式まで変えることであろう。

その昔、リブの女たちがつくった標語に「抱かれる女から抱く女へ」というものがあった。しばらくして「やってみたら、抱かれる女のほうが快楽は深かったわ」という声が聞かれるようになった。そして快楽を棄てるくらいなら、「抱かれる女」のままのほうがよい、と考える女がいてもふしぎではない。

清野《せいの》初美の『話があるの――「分かりあいたい女」と男』〔2009〕は象徴的なタイトルの本である。こういうタイトルに覚える違和感はいったい何だろう。著者は、女は「分かりあいたい」と思っており、男はそう思っていない、と言う。だが、ほんとうだろうか。「分かりあわなく」ともセックスができることくらい、だれでも知っている。第7章で挙げた小倉千加子の「女は関係を求め、男は所有を求める」という命題に対応させるとしたら、男は「所有したい」と思うだけで「関係」しなくてもセックスできる生きものだ。

ある日妻から「話があるの」と切り出されるのは、夫にとって恐怖だろう。それまで「関係」を求めてかなわなかった妻の、たまりにたまった思いが沸点寸前になっていることを予感させるからだ。著者によれば、「話があるの」は、「分かりあいたい女」が「家庭の中での女と男の対等性」を求めてのせりふだと言うが、それを読みながら「ウソだろう」というつぶやきがこみあげる。「関係したい女」の「関係」のありかたは多様で、かならずしも「対等」ばかりを求めるとは限らないからだ。それどころか垂直的《ヴァーティカル》な関係でなければ「萌えない」人もいる。

二〇〇九年にがんで亡くなった中島梓は、栗本薫の名で「美少年もの」という文学ジャンルを確立した先駆的な作家だった。彼女は『美少年学入門』〔中島 1998〕のなかで、自分は垂直の落差のある関係でないと萌えない、と告白する。同性愛者のなかにも、親子やきょうだいのような落差のある関係を求め、それによってようやく関係の様式が安定するという人もいる。同性愛者が異性愛の非対称性や権力性を嫌って「対等な性愛」を希求する人々である、とするのは一部のフェミニストの規範的な解釈にすぎない。

もしほんとうに「対等な関係」を求めていたら、女は年上の男や長身の男や地位や学歴の高い男などのぞまないだろう。「わたし、尊敬できる男の人しか愛せないの」というのは、「男に従属したい」という欲望のあらわれだし、「若くてかわいい女の子にしか萌えないんだ」という男は、自分の手におえる「支配と所有の対象」にしか性的欲望を感じないと告白しているだけのことだ。

わたしは『発情装置——エロスのシナリオ』〔1998b〕のなかで、エロスは文化的・歴史的に条件づけられている、と書いた。「女はうなじが色っぽいね」とか「ひかがみにゾクッとくる」と言うとき、文化の刷りこみを身体がなぞっているにすぎない。エロスとは「文化的な発情の装置」であるからこそ、知性も教養も必要なのだ。

男にとっては、女からの「話があるの」は、女の側の「変節」と見えるだろう。かつて「対等な関係」など少しものぞまなかったくせに、時間の経過のうちに権力関係は変化し、その過程で女は変節する。権力者は実力も権威も失い、張り子の虎のような形骸であったことがあらわになってくる。歳をとるにつれ、わずかな年齢差の持つ意味は小さくなり、学歴も地位も身長も、権力を支える資源にはならなくなる。だからこれは妻の「変節」であり「下剋上」なのだ。多くの夫が困惑するのも無理はない。「オレは結婚以来、変わってない、変わったのはオマエのほうだ」と。

「自立した女性」のロールモデルのひとりだった俵萠子さんが、前夫、俵孝太郎氏との離婚の顚末《てんまつ》を書いたエッセイがある。かけだしのジャーナリストだった俵さんは、すでにエスタブリッシュメントになっていた評論家の孝太郎さんに弟子入りし、それこそスポンジが水を吸収するようにかれから学んだという。孝太郎さんはそんな萠子さんを愛し、ふたりは結婚した。そんな夫婦関係を、萠子さんは「師弟関係」だった、と回想する。だがやがて萠子さんがジャーナリストとして自立し、世に出るようになるにしたがって、「師弟関係」は崩れていく。孝太郎さんは若い愛人をつくり、萠子さんのもとを離れるが、それは萠子さんにはかつての「師弟関係」をべつの女性と再生産するように見えた。変わったのは妻のほうであり、変わらなかったのは夫だ。男は自分が指導し、優位に立てる女しか愛せなかったのだが、なにもそれをＤＮＡやテストステロンで説明する必要はない。女のほうもいったんは「支配され、指導される」喜びを味わい、そしてそれから「卒業」したのだから、一方的に被害者だったわけではない。

皇太子浩宮が雅子さんを妻としたときに言ったと伝えられるせりふがある——「一生全力でお守りします」。このせりふに当時どれだけの日本の女がしびれたことだろう。もしあなたがこのせりふに「しびれた」女のひとりだったとしたら、あなたもまた「権力のエロス化」を身体化した女性だと言ってよいだろう。「守る」とは囲いに閉じこめて一生支配する、という意味だ。その「囲い」が温室であろうが、獄舎であろうが同じことだ。そしてそのとおりの囚われ人の現実が、雅子妃を待っていた。しかも男が女を「守る」というとき、「守る」べき外敵とは、しばしば自分よりさらに力があるかもしれない他の男性をさす。「所有」の言いかえにすぎない「守る」ということばが、「愛」の代名詞になることを「権力のエロス化」と呼ぶ。揶揄《やゆ》しているのではない。青年皇太子が、このことばを誠実な愛の表現として使ったことに偽りはないだろうが、男にとっての愛が、所有や支配の形式しかとりえないことを、この概念は如実に示すのだ。それを裏から補完するように、女にとっての愛が、従属や被所有の形式をとることもある。「あなたについていきます」や「一生わたしを離さないで」という表現はその象徴的な例である。そして女は「愛」を「身の回りの世話をかいがいしくやく」という、これまたきわめて近代家族的な「ケア」役割の形式でしか表現する回路を知らない。好きになったとたん、相手の下宿へ乗りこんで掃除や洗濯を始めたり、弁当をつくって差し入れたりする女のふるまいは、主婦が下層中産階級の不払い家事労働者に転落して以降の、歴史的現実を反映している。貴族やブルジョアの子弟なら、女が弁当をつくったとたん、下女にはふさわしいが妻にはふさわしくない、と思ったことだろうに。

エロスという不可視で不定形なものの文化的な表現の回路は、歴史的文脈に依存する。「権力のエロス化」という概念は一見おどろおどろしいが、上述のような日常的な関係にもあてはまる。

関係の様式もまた生活習慣だ。だが、長い年月のあいだに、生活習慣は変わるし、変えられる。

クスリをやめて健康なカラダの快楽を味わったらクスリの快楽なんて忘れられる、といくら聞かされても、ほんらいの「健康なカラダ」とはどういうものかを想像することができなければ、ドラッグ中毒者は、目の前にあるつかのまの快楽を手放そうとはしないだろう。あるいは背骨がゆがんだまま不自然な姿勢で歩くことが身についてしまったら、それを矯正することに現在以上の痛みをともなうとしたら、ゆがみを治したいとは思わないにちがいない。文化とは、身体と精神の強制的な鋳型のようなものだ。その鋳型をはずされたら、コルセットなしでは歩けない患者のように、心身共にくずおれてしまうかもしれない。

だが、鋳型は鋳型である。変わっていくこともあるし、変えることもできる。生活習慣を変更することは容易ではないが、それが運命や宿命ではなく、「習慣」にすぎないことを知っておくのはよいことだろう。

ミソジニーとホモフォビアを単一の概念で表現する用語が、「権力のエロス化」である。エロスと権力という異なるものを異なるままに切り離し、権力をそのもとの場所へと差し戻し、エロスをもっと多様なありかたで充満させること……はできないわけではなかろう。それはすでに始まっているのだから。

＊1　事実アメリカ精神医学会のＤＳＭ（精神疾患の診断・統計マニュアル）では、一九七三年まで同性愛は「精神病」の一種に分類されていた。

＊2　だからこそ「民法七七二条問題」が発生する。この法律の条文は、婚姻期間中または離婚後三〇〇日以内に生まれた子どもの父を前夫と推定する、「嫡出推定」を定めている。子どもが前夫の戸籍に記載されることを避けるために母親が出生届を出さなければ、子どもは「無戸籍児」となる。法という制度は「嫡出推定」だけに関わり、実際に彼らが性行為をしたかどうかには踏みこまない。

＊3　訳文は英語版からの拙訳。ちなみに渡辺守章による訳文は以下のとおりである。「快楽と権力は互いに互いを否定しない。両者は相反目することがないのだ。互いに互いを追い回し、互いに馬乗りになって走り、更に遠くへと互いに相手を投げ送る。両者は、煽情と教唆の複雑で積極的なメカニズムに従って連鎖を構成するのである」〔Foucault 1976=1986: 62〕

＊4　「セクシュアリティの近代」について、そして「セクシュアリティの近代」が「近代のセクシュアリティ」とどう違うかについては上野「セクシュアリティの社会学」を参照〔上野 2002 所収〕。

＊5　「プライバシー」概念の持つ抑圧性については上野「『プライバシー』の解体」参照〔上野 2006a 所収〕。

＊6　だからこそ妻の不感症は、夫に対する義務に違反することになり、治療の対象となる。

16 ミソジニーは超えられるか

ミソジニーの理論装置

男は女との対関係《つい》のなかで「男になる」のだ、と思っていた。まちがいだった。男は男たちの集団に同一化することをつうじて「男になる」。

男を「男にする」のは、他の男たちであり、男が「男になった」ことを承認するのも、他の男たちである。女はせいぜい、男が「男になる」ための手段、または「男になった」証明として与えられたりついてきたりする報酬にすぎない。

これに対して、女を「女にする」のは男であり、「女になった」ことを証明するのも男である。

「男になる」ことと「女になる」こととの、この圧倒的に非対称な機序《メカニズム》を、目の覚めるような理論装置で説明してくれたのが、イヴ・セジウィックの『男同士の絆――イギリス文学とホモソーシャルな欲望』〔1985=2001〕だった。異性愛秩序、男性間の権力と欲望、同性愛嫌悪、ジェンダーの非対称性と女性差別……これらの関わりについて、セジウィックの理論ほどわかりやすく説明してくれたものはない。そうか、そうだったのか、やっぱり。うすうす感じながらそうではないかと思っていたものに、彼女は概念を与えた。それがホモソーシャル、ホモフォビア、ミソジニーの三点セットである（第2章参照）。

概念は概念であって現実ではない。だが、概念は現実を説明し解釈する強力な武器《ツール》になる。なるほど、ミソジニーという概念を手に入れると、なぜ「女好き」の男がその実、女を蔑視しているのか、あるいは逆に、なぜ男が自分より劣った女を欲望するのか、がよくわかる。

男にとっての異性愛秩序とは何か？　それは男が性的主体であることを証明するための装置だ。異性愛の装置のもとでは、男と女とは対等な対にならない。男は性的欲望の主体、女は性的欲望の客体の位置を占め、この関係は男女のあいだで非対称である。異性愛秩序とは、男は同性の男を性的欲望の対象としてはならず、男でない者（つまり女）だけを性的欲望の対象としなければならない、という「命令」のことだ。裏返しに言えば、男によって性的欲望の対象となった者は、「男でない者＝女」にされる。それが男であるときには、その者は女性化される、つまり「女のような男」とされる。ここでは「女」とは定義上、「男」の性的欲望の客体のことにほかならないからだ。したがって男の性的欲望を喚起しない女は、定義上「女でない」ことになる。ホモソーシャルな集団とは、このように「性的主体」であることを承認しあった男性同士の集団をさす。女とはこの集団から排除された者たち、男に欲望され、帰属し、従属するためだけに存在する者たちに与えられた名称である。それなら、ホモソーシャルな集団のメンバーが、女を自分たちより劣等視するのは当然であろう。

女とは「男ではない者」に与えられた「徴《しるし》つき」の名称であり、それは男に与えられたありとあらゆる美徳や名誉から差別化して、カテゴリー化されなければならない。女とは、男とちがって「勇敢でない者」「たくましくない者」「指導力や決断力のない者」「怯懦《きょうだ》な者」「つつましい者」「無力な者」、すなわち「主体たらざる者」に対して与えられた名称であり、これらすべての「女らしい」属性は、男の支配の対象にふさわしくつくりあげられた属性だと言ってよい。

だからこそ、異性愛秩序の核心に女ぎらい《ミソジニー》があることはふしぎではない。なぜなら自分は女ではない、というアイデンティティだけが、「男らしさ」を支えているからだ。そして女を性的客体としてみずからが性的主体であることを証明したときにはじめて、男は同性の集団から、男として認められる、すなわちホモソーシャルな集団の正式のメンバーとしての参入を承認される。輪姦《まわし》が性欲とは無関係な集団的な行為であり、男らしさの儀礼であることはよく知られている。

欲望の三角形

セジウィックは自分の理論を着想するにあたって、ルネ・ジラールの『欲望の現象学――文学の虚偽と真実』〔Girard 1965=1971〕から「欲望の三角形」と呼ばれる理論枠組みを借用している。ラカンの言うように欲望とは他者の欲望、すなわち自分が同一化する対象が欲望しているものがみずからの欲望の対象となるのだ、と。フロイトのセオリーどおり、ここでも同一化の対象と欲望の対象とは異なる性別にふりわけられている。ジラールの「欲望の三角形」では、同一化の対象となる「他者」は、その個体にとって尊敬や愛着や競争の対象でなければならない。だからこそ、この欲望する男同士の関係は、父と子、師と弟子、先輩と後輩、ライバル同士のような関係にある。そもそも相手を尊敬していなければ、「他者の欲望」に価値は発生しないからだ。同一化の対象となる相手の欲望の対象を手に入れることをつうじて、その者は同一化の対象である「欲望の主体」の位置にみずからを立たせることになる。

「欲望の三角形」のもとでは、欲望の主体は男性に限られる。女はその三角形のなかでは、意思さえ問われない欲望の客体にすぎない。同じ客体への欲望をつうじて、複数の男同士は自分たちが同じような価値観を共有する欲望の主体であることを認めあう。男が欲望する女の価値が、その逆に女が欲望する男の価値よりも、尺度が一元的でわかりやすいのはそのためだろう。なぜなら男は自分が獲得したものの価値を、他の男たちに誇示しなければならないからである。

異性愛秩序の根幹に、三角形が、つまり複数の男女ではなく、(欲望の主体としての)ふたりの男と(欲望の客体としての)ひとりの女がいることを喝破したのは、ゲイル・ルービン〔Rubin 1975=2000〕だった。彼女はレヴィ＝ストロースの「婚姻交換」[*1]のアイディアをもとに、結婚とはふたりの男女の絆ではなく、女の交換をつうじてふたりの男(ふたつの男性集団)同士の絆を打ち立てることであり、女はその絆の媒介にすぎないと見なした。だからこそ、異性愛秩序は、ホモソーシャル(男同士の脱性的な絆)と、ミソジニー(そこからの女の排除)とをその核心に置き、ホモフォビア(同性愛の駆除)をともなうのである。

ホモソーシャル・ホモフォビア・ミソジニー

ホモソーシャル、ホモフォビア、ミソジニーの三点セットを図示すれば次のようになるだろう(図)。この図式はセジウィックがつくったものではなく、わたしのオリジナ

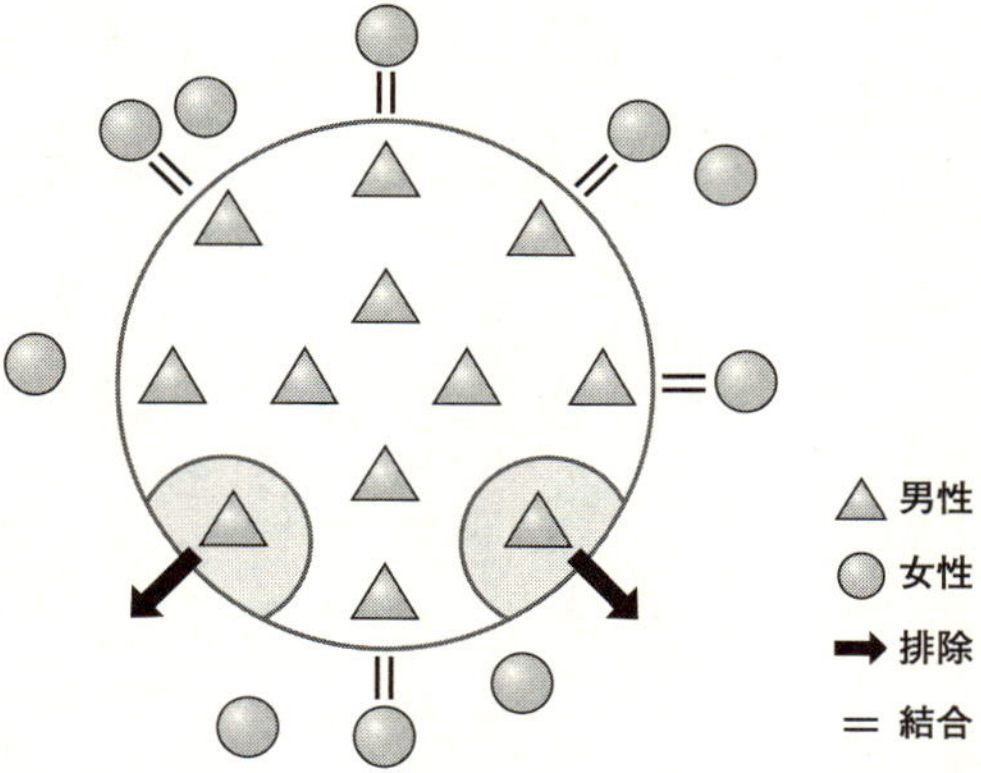

図 ホモソーシャル・ホモフォビア・ミソジニーの概念図

ルである。このモデルの認識利得は、「女にもホモソーシャルな絆はあるか?」という問いに、同時に答えてくれることにある。女には男に比肩すべきホモソーシャルな絆は、存在しない。セジウィックは、女性にもホモソーシャルな絆を想定するが、そのジェンダー非対称性を指摘する。すなわち男にとってはホモソーシャルとホモセクシュアルとのあいだに断絶があるが、女にとってはそのあいだに連続性がある。これはアドリエンヌ・リッチ〔Rich 1986=1989〕の言う「レズビアン連続体[*2]（lesbian continuum）」を想起させる。

ジェンダーに権力の非対称性がともなうところでは、ホモソーシャルな男性の絆と、ホモソーシャルな女性の絆とは、たとえ存在したとしても同じではない。同性の集団に同一化することをつうじて得られる権力という資源の配分が圧倒的に違うからである。だれが劣位の集団にすすんで同一化することを望むだろうか。したがって女性にとってホモソーシャルとホモセクシュアルとのあいだに連続性があったとしても、それは不利な選択、劣位であることに甘んじる選択となる。それよりも女にとっては、性的欲望の客体となることを引き受け、ホモソーシャルな男性の集団に帰属することをつうじて、たとえ間接的にであれ、権力という資源の配分を求めるほうがはるかに効率がいいだろう。女同士が男（に選ばれること）をめぐって潜在的な競合関係に置かれるかぎり、女同士のホモソーシャルな絆は、あったとしても脆弱《ぜいじゃく》なものとなるだろう。そしてこの機序は、女の嫉妬が、自分を裏切った男に対してではなく、同じ女に向かうことを説明する。

セクシュアリティの近代

もちろんセジウィックはこのホモソーシャル、ホモフォビア、ミソジニーの三点セットが超歴史的なものだと言うほど、慎重さを欠いているわけではない。彼女の探求のねらいは、「セクシュアリティの姿とセクシュアリティとみなされているものとが、いかに歴史的な権力関係から影響を被ると同時にそれに影響を及ぼすか」〔Sedgwick 1985=

2001: 3〕であるが、当然にもそこには「時代によって変化しうる権力の非対称性」〔Sedgwick 1985=2001: 9〕があるからだ。だからこそ、彼女が典拠として挙げる事例がすべて一九世紀以降のイギリス文学のなかからとりあげられたものであることは、この三点セットの説明力が、フーコーの言う「セクシュアリティの近代」の、とりわけ異性愛秩序について、高い説明力を持つことを意味する。そのことは逆に、この概念装置が説明力を持っているあいだは、わたしたちが「セクシュアリティの近代」から脱けだせていないことをも意味する。少なくとも、この三点セットでは説明できない例外的な事態がもっと次々にあらわれるか、さもなくばこの三点セット以上に高い説明力を持ったべつの概念装置が登場するまでは。

この文章を書いているさいちゅうに、シナリオどおりのようにもってこいの例に出会った。『AERA』（二〇一〇年五月三一日号）の表紙を飾った韓流スター、イ・ビョンホンのインタビュー記事だ。

「自分よりお酒が強くて、言い負かされそうな女性は遠慮したい。女性は自分が守りたいから」

「そこら辺の男なんて、やっつけられそう。そんな女性は怖くて苦手（笑）」と語る彼は、強い女には萎《な》える、と正直に告白しているのと同じである。自分より劣った女性を「所有したいから（自分のテリトリーに囲いこみたいから）」というあからさまな欲望を、

「守ってあげたいから」と婉曲語法に置きかえただけである。

しかもご丁寧に、こんなおまけつきだ。「男友達と同じ人を好きになったら、答えは出せない」。ジラールの言う「欲望の三角形」をそのまま体現した発言だ。ここは次のように読むのが正しい。たまたま好きになった女性が親友の好きだった女性と同じ、だという想定ではない。愛着と尊敬、すなわち同一化の対象である親友が好きになった女性だからこそ、自分も好きになる。そのとき、女性をめぐって親友とライバル関係になるか、それとも男同士の友情を優先して女を断念するかどうかは、そうなってみないと「わからない」。男がしばしば「友だちの恋人」や「師の妻」、「領主の夫人」などに恋いこがれるのは少しもふしぎではない。中世の騎士道恋愛の対象は、手の届かない既婚の貴婦人に対する愛のことだったし、この愛こそはロマンチック・ラブの原型となったものだ。その女性に価値があるのは、ほかでもない、彼女が自分より上位の男の妻だからだ。そして騎士道恋愛は、同じ女性を崇拝の対象とすることをつうじて、騎士団というホモソーシャルな絆を維持するためのしかけとして機能することを中世史家のジョルジュ・デュビィ〔Duby et Perrot 1991=1994〕は明らかにする。

イ・ビョンホンの発言を、いまだに徴兵制のある韓国社会にふさわしいマッチョの発言と解することもできる。だが、この記事をインタビューした『週刊朝日』のおそらく年若い女性編集者が、かれの発言を、半ばうっとりと賛嘆をこめて伝えているのを見ると、二一世紀の今日においても、セジウィックが一九世紀のイギリスに見いだしたのと同じホモソーシャルとミソジニーとが、まだ歴史的賞味期限を保っていることを再確認させられる。

セジウィックがこの三点セットを武器に近代イギリス文学を分析したように、ミソジニーという鍵を手にして、本書では日本のホモソーシャルな社会の分析を試みた。そしてミソジニーがどのようにして日本の男の、そして日本の女の、欲望やアイデンティティに影響しているかに分け入ってみた。この概念がいまだに高い説明力を持つことを発見して、わたしたちはかえってがっかりするかもしれない。だが同時に、その理論が綻《ほころ》びを見せる裂け目のあいだから、新しい変動の可能性を見いだすことになるだろう。

ミソジニーを超えて

ミソジニーについてこれでもかと論じた後で、「ミソジニーは超えられるか」という章を置くのはあまりにも見えすいた手口に思える。それがかんたんに超えられるものなら、こんな書物が書かれる必要もないだろうに。ジェンダーと同じくミソジニーも、それが歴史的構築物だとわかったからといって、それから自由になれるわけではない。それどころかこれまで論じてきたように、ミソジニーはあまりにも深く身体化され、欲望の核心にまで入りこんでいるために、それをなくそうとすれば「たらいの水ごと赤子を流す」、つまり欲望そのものを否定してしまうことにもなりかねない。そしてミソジニーを超えた世界については、ちょうどマルクスが階級の廃絶された世界について答えたように、わたしたちもこう語るしかないのだ。

「わたしはミソジニーがあまりに深く埋めこまれた世界で生まれ育ったために、それがない世界について想像することができません」

ミソジニーについては、それを超える道筋がふたつある。ひとつは女が超える道筋、もうひとつは男が超える道筋である。

前者について、よくある誤解を解いておこう。それは「フェミニストは女ぎらい《ミソジニー》だ」という説である。これについては「そのとおり」と肯《うべな》っておけばよい。否定する理由は何もない。理由の第一は、このミソジニーの社会で生まれ育ってミソジニーを身につけていない女はまずいないからであり、理由の第二は、フェミニストとは、みずからのミソジニーを自覚してそれと闘おうとしている者のことだからである。もしミソジニーから完全に自由な女がいたら（そんな女がいるとして、のことだが）、その女性は闘う対象を持たないのだから、フェミニストである理由もない。仮に自分自身はミソジニーから完全に自由だが、周囲の社会がそうでないから社会変革のために闘うという人がいるとしたら、フェミニズムはもはや「自己解放の思想」ではなく、「社会変革」のツールになるだけだろう。ほとんど異文化接触と言ってもよいこのような「正義の押しつけ」は、対話を成り立たせるどころか、多数派による少数派の抑圧と排除に終わってしまうだろう。そもそも何がミソジニーかは、それが何であるかをあらかじめ知っているひとによってしか判定されないものだ。多くの女は、ミソジニーとは何かを知っているからこそ、それに対して怒りと苦痛とを覚えてきたのだ。

男の自己嫌悪

もうひとつ、男にとってはどうだろうか？　ミソジニーとは、男にとっては女性蔑視、女にとっては自己嫌悪になる、とわたしは書いた。森岡正博は最近の著作のなかで、「たぶん多くのフェミニストに一番見えていないのは、男の自己嫌悪という問題ではないでしょうか」と指摘する〔フリーターズフリー 2010: 181〕。卓見である。

「私はフェミニズムの申し子です。明らかにフェミニズムによって意識を覚醒させられた世代です」〔フリーターズフリー 2010: 147〕と自認する森岡は、「『男』に固有の性の痛みと苦悩は『ある』」〔フリーターズフリー 2010: 156〕と断言する。

「男としての自分が恋愛や性愛、セクシャリティ《ママ》の面でズタズタに傷ついているにもかかわらず、何も痛みはない、自分は無傷の加害者である、というふうに自分を欺き続けていた。そういう形で社会構造の中に自分を適応させてきた。そのことに気づくのに、とても長い時間がかかったんです」〔フリーターズフリー 2010: 157〕

森岡は男性の自己嫌悪に、「自己否定」と「身体蔑視」があるという。かつてわたし自身が女性の「身体への疎外」と男性の「身体からの疎外」として対比した構図に、この「身体蔑視」は対応している。「身体史」を提唱した荻野美穂の卓抜な表現を借りれば、女性のほうが男性よりも「身体度」が高い。別な言い方をすれば、女性は身体に従属し、男性は身体を支配している。女は身体の奴隷であることを生涯呪詛しつづけることになるし、男は身体を他者化したことのツケを生涯払いつづける。そう考えれば男の身体嫌悪は、男であることの宿痾《しゅくあ》と言えるかもしれない。

この背後にあるのは近代にある主体の形而上学、おなじみの主体と客体の二元論、精神と身体の二項対立だ。男が自分の身体を鍛えたり、痛めつけたりすることをいとわないのは、身体をとことん他者化しているからこそだし、身体の主人としての主体＝自己を誇示する必要に迫られるからであろう。精神に対して劣位にある身体の欲望だからこそ、性欲は「汚れた欲望」なのだし、それがさらに劣位にある女によってしか充足されないとなれば、身体への呪詛はますます深まるばかりだろう。

男の身体への自己嫌悪は、脱身体化、すなわち自己身体からの離脱の願望としてあらわれることもある。そしてその欲望は、女性身体への同一化への願望として表現されることである。もしかしたら女装趣味とは、理想化された身体への自己同一化願望であって、ジェンダー越境の願望ではないのかもしれない。M君が幼女の身体を切り刻んだとき、彼にあったのは「少女になりたいという願望だった」と大塚英志が解説したとき、その根拠のない断定にふしぎなリアリティを感じたのは、そのせいだったのかもしれない。

男にも自己嫌悪はある。そのとおりだろう。だがそれにも二種類の自己嫌悪がある。ひとつは自分が男であることへの。もうひとつは自分がじゅうぶんに男でないことへの。森岡の議論では、このふたつの自己嫌悪が区別されているとは言いがたい。このふたつの自己嫌悪は似て非なるものである。というのも、このふたつの自己嫌悪は向かう方向がまったく逆だからだ。

男性学は、ジェンダーの呪縛に男もまた苦しんできたことを指摘するが、それは後者、男が「じゅうぶんに男でない」ことへの苦しみではなかっただろうか。性的弱者、非モテ、フリーター、ひきこもり等の「男性問題」は、ホモソーシャルな男性集団の規格からはずれることへの恐怖と苦痛をあらわしている。そう考えれば、規格をはずれた男が「居場所のない」思いを味わい、孤立へと向かうのも理解できる。ホモソーシャルな集団から排除された「男になれなかった男」には、連帯が不可能だからである。

もちろん女性にも同じように「規格」をはずれることへの恐怖や苦痛はある。やせ願望、不妊治療、「負け犬」恐怖など。だが彼女たちが首尾よくその恐怖を克服して「規格」に達したときに、自分がミソジニーの鋳型《いがた》のなかにはまったことを知って愕然《がくぜん》と「自己嫌悪」に陥るほかなかったのだ。そして「規格」外の女たちが、その自己嫌悪と格闘しながら連帯したのが、フェミニズムだった。なぜならその自己嫌悪の普遍性を、彼女たちが知っていたからだ。

だが、森岡の指摘する男性の自己嫌悪には、たしかに男性性の根幹に触れる深度がある。彼は男性性と暴力との結びつきを語るが、暴力とは恐怖という名の防衛機制を解除した他者身体との過剰な関係を意味する。それは他者身体との関係である以前に、まず第一義的に自己身体に対する暴力的な関係でもあろう。それは身体の安全を顧みない無謀さや勇気としてあらわれる一方で、アルコール中毒やドラッグ嗜癖《しへき》のような緩慢な自殺としてもあらわれる。他方で身体への過度の配慮は、「怯懦」「女々しさ」「懦弱《だじやく》」など、「男らしさ」の欠如と見なされる。どちらにころんでも、男には「自己嫌悪」が待っている。男にとっては男であることも男でないことも、どちらも苦痛に満ちた経験であるだろうことが、見てとれる。

男性の自己嫌悪とは他者化した身体からのリベンジだ。そんな男性が、ミソジニーを超える方法はたったひとつしかない。それは身体を他者化することを止《や》めることだ。言いかえれば、身体および身体性の支配者としての精神＝主体であることを、止めることだ。そして身体性につながる性、妊娠、出産、子育てを「女の領域」と見なすのを、止めることだ。もし森岡のように男も「丸ごとの自分」を受けいれたいと思うなら、身体ぐるみの自己と和解することだ。身体の欲望とその帰結に向きあい、身体の変化につきあい、身体を介する親しみを貶《おとし》めないことだ。身体はだれにとっても思うようにならない最初の他者であり、その他者の他者性を受けいれることは、身体を介してつながる他者の存在を、支配や統制の対象としてでもなく、脅威や恐怖の源泉でもなく、丸ごと受けいれることにつながるはずだ。その「他者」の中心に女がいる。すなわち男が主体となるための核心に、「女（と女のような男）」の他者化と排除を置くことを止めることである。

男に（なるべく）生まれついた者にとっては、それは「男でなくなる」恐怖に打ち克つことを意味する。こんな課題を達成することが男に可能かどうかはわからない。そうなったとき、男の欲望がどうなるかもわからない。森岡は、「男性として生まれて育ってきたことの全体が丸ごと肯定されてほしい」と言う。したがって「フェミニズムの持っている男性存在否定のメタメッセージは拒否しなければいけない」〔フリーターズフリー 2010: 184-5〕と続ける。

誤解しないでほしい。フェミニズムが否定しているのは「男性性」であって、個々の「男性存在」ではない。もし「男」と分類されている者たちが、ちょうど女がそう思ったように「丸ごとのわたしを肯定したい」と思うなら——そしてそれはだれにとってももっともな希求だが——女がミソジニーと格闘したように、男も自分のミソジニーと格闘するほかないだろう。

ちなみに男性同性愛者たちは、「男でない」者、「女のような男」として、女性化されつづけてきた。男性同性愛者たちは、ミソジニーを克服した者たちなのだろうか。「男でなくなる」ことは、すなわち同性愛者になることと同じではない。同性愛者の男性が、ミソジニーを克服した男であるかどうかはわからない。セジウィックが指摘するように、ゲイ・ムーヴメントについてはフェミニズムの側に次のような誤解が成り立っている。「ひとつは、ゲイとすべての女性は時代を超えて『自然に』共闘し（中略）利害が本質的に一致しうるという前提であり、もうひとつは、男性同性愛は女ぎらいの権化、人格化、結果、おそらく第一原因であるという前提だ」〔Sedgwick 1985=2001: 30〕「私はどちらも誤りだと信じている」と彼女は続ける。おそらくこの両者の極端な説は、そのいずれもいくらかは正しく、いくらかはまちがっているのだろう。

「ゲイとフェミニズムは共闘できるか？」という問いに対して、かつてわたし自身は以下のように答えたことがある。イエス、バット、ミソジニーでないゲイとなら、と。これに加えて、セクシュアリティの如何《いかん》を問わず、ミソジニーでない男となら、と付け加えてもよい。フェミニストがミソジニーから自由でないように、さらに慎重に「ミソジニーと闘っている男となら」と。

森岡との対談のなかで、杉田俊介は次のように発言する。

「ポスト男性運動」的な状況ともいえる現在、男性性に関して、再び、バックラッシュ、非モテ、草食系男子、動物化、オタク、ライトオタク、子どもポルノ、疑似子どもポルノ、DV、加害者臨床、性犯罪者の更生または規制、などがトピックになります。それらの一部は、表立っては男性運動とは名乗らない（あるいは自覚のない）男性運動にも見える。

しかし、それらの個々の流れを、相互に結び合わせる太い水脈は、まだ発掘されていません。これらの論点を統一的に論じうる男性性の理論が不可欠なのではないか。〔フリーターズフリー 2010: 150〕

そのとおりである。セジウィックの助けを借りて考察をすすめてきた本書がそのための一助になればよいと思う。本書は何よりも、「男であること」について論じてきたのだから。

フェミニズムは女にとって自分自身と和解する道だった。男にとっても自分自身と和解する道がないわけではなかろう。それは女性と同じく、「自己嫌悪」と闘うことのはずだ。そしてその道を示すのは、もはや女の役割ではない。

＊1　婚姻を一対の男女の結びつきとしてでなく、複数の親族集団間の女の移動であると定義することで得られた交換モデルのこと。

＊2　男性のあいだでは異性愛と同性愛に断絶があり、境界線が引かれるが、女性同士では異性愛と同性愛という確たる断絶がなく、なだらかな連続体をなしていること。

〈文庫版増補〉
諸君！　晩節を汚さないように――セクハラの何が問題か？

実名告発のインパクト

二〇一七年から一八年にかけてハリウッドでもカンヌでも#MeToo の動きは活発なのに、日本ではなぜ起きないのか、と嘆くひとたちがいる。日本でも#MeToo の動きは確実に起きている。しかも後戻りのきかない地殻変動のように。セクハラを容認しない方向へと世論は変化した。

一連の波を起こしたきっかけをつくったのは、なんと言っても伊藤詩織さんが『Black Box』〔2017〕で顔と実名をさらしてセクハラを告発したことである。被害者が沈黙し名乗りをあげないことで、あるいは匿名で告発しても、「被害者の特定できない犯罪」として、加害者は免責されてきた。性暴力は被害者をスティグマ化する効果がある。実名をさらしたとたん、被害者はありとあらゆるバッシングを受ける。それに耐えて矢面に立つ者がいるからこそ、#MeTooとあとに続く者たちが登場した。

「慰安婦」が#MeTooの先駆けだった、と回顧的に言うこともできるだろう。そのとおり、一九九一年に金学順《キム・ハクスン》さんが実名を出してカミングアウトしてから、「慰安婦」をめぐる政治状況は一変した。金さん以前から、「慰安婦」の存在と被害は広く知られていた。同情を寄せる者たちもいた。だが金さんが実名をさらしたことで、わたしはここにいる、わたしが当事者だ、謝罪と賠償を要求するという告発の「主体」が登場した。だからこそ、「実はわたしも……」と#MeTooのあとに続く者たちがあらわれたのだ。

実名告発のインパクトはどれだけ強調しても強調しすぎることはない。「保育園落ちた日本死ね!!!」のブログを国会で山尾志桜里《しおり》議員がとりあげたとき、受けて立った安倍首相が「匿名のブログでもあり、真偽のたしかめようがない」とつっぱねたことを覚えているだろうか? ただちに複数のママやパパたちが、「保育園落ちたの私だ」というプラカードを持って、国会前に立った。

当事者のいないところで、だれかが利害を代弁することは難しい。ましてや性暴力はこれまで「親告罪」だったから、他のだれかが代理告発することはできない。

だからと言って被害者に名乗りをあげよ、と要求することが不適切なのは言うまでもない。名乗りをあげることで支払わなければならないコストが大きすぎるからだ。それを過去の痛ましい例から、すでに多くの被害者は学習している。被害者の側にスキがあった、誘惑した、合意だった、もともとふしだらだったと過去の性経験やプライバシーまであばかれる。そんなバッシングに耐えられる女性は多くない。

二次加害、三次加害

そこに追い風になったのが福田淳一財務次官（当時）のセクハラ問題だった。録音という物証があったにもかかわらず、「自分の声かよくわからない」「相手がわからない」「お店の女性相手のことば遊びだった」……と「セクハラに当たらない」と否認しつづけた。ネット上で視聴できる発言によれば、「胸さわっていい？」「手縛っていい？　手縛られていい？」と、引用するのもはばかられるような、取材という公的な場で口にすることばとはとうてい思えない。

追い打ちをかけるように、女性記者の所属するメディアと、対する財務省トップの、リスク管理のミスハンドリングがつづいた。

まず、女性記者の訴えを聞いたテレビ朝日の上司が、事件をにぎりつぶそうとした。「あなたのためにならない」というのは、もっとも悪質な組織防衛であり、かつ最低のリスク管理と言える。訴えの持って行き場を失った記者は、情報を週刊誌にリークした。引っ込みのつかなくなった会社側は、財務省側に正式に抗議するとして緊急記者会見をしたが、そのなかで、他メディアへ情報をリークした記者の行為を報道人として不適切だとした。他社への情報提供は、上司のにぎりつぶしがなければ起こらなかったことであり、かつテレビ朝日がメディアとしてほんらいの機能を果たしていれば自社メディアで扱えた事件である。また取材相手の許可を得ず録音したことが取材ルールに反するという言い分に対しても、内容は取材を超えており、セクハラ事案に関して被害者が身を守るために、録音は広く推奨された手段である。取材ルール違反と人権侵害は、どちらがより深刻だろうか。にもかかわらず、記者の落ち度としたことに、産経新聞のような保守系メディアが飛びついた。事件はセクハラという人権侵害から、情報源秘匿の記者倫理を守らなかった不適切な取材活動へと、方向をねじまげられるかとおそれたが、そうはならなかった。瞬間、わたしの脳裏に浮かんだのは、一九七〇年代に起きた沖縄密約問題をめぐる毎日新聞、西山太吉記者の事件である。米軍基地の原状回復補償費をめぐる重大な密約の是非が、情報源から「情を通じて」入手したというスキャンダルにすりかえられて、西山記者は有罪判決を受けた。

それに続いて、財務省側では二次、三次加害が次々に起きた。まず加害者の福田氏が事実を否認した。セクハラの多くは、告発された事実を加害者が否認することそのものが二次加害となる。次いで財務大臣の麻生氏が調査らしい調査をせず、「福田の人権はなしってわけですか」と加害者擁護と組織防衛に走った。わけても被害者に名乗りをあげるように呼びかけるなど、セクハラについての無知をさらけだした。セクハラ事件は告発者の匿名維持や、公判においても衝立の後ろに隠れての証言など、対応にさまざまな工夫を凝らしてきたが、それというのも被害者を守るためである。交通事故の被害者に名乗りをあげるように呼びかけるのとはわけが違う。この呼びかけは被害者に「踏み絵効果」をもたらし、二次加害を誘発する。セクハラについていくらかでも知っていれば、決してやってはならないことだ。これもセクハラ案件をこれまで扱ってきた女性弁護士や支援団体などが、その非を説いて押し戻した。麻生大臣が名乗りをあげるように呼びかけた窓口は、弁護士事務所だった。さすがに財務省本体ではなく、外部団体に委託したのは知恵を絞ったのだろうが、それが財務省の顧問弁護士だったのは浅知恵と言うべきだろう。顧問弁護士とはクライアントの利益のために動くものだ。中立とは言えない。

さらにリスク管理の失策は続いた。セクハラ疑惑を認めないままの福田次官の依願退職を認めたことだ。「自己都合退職」となれば、何のペナルティもなく、退職金も規程どおり満額支払われる。経歴に傷もつかない。世論に押されて、退職金の支払いを延期し、あとづけで減給二割、六カ月間という「懲罰」を科した。大臣によれば理由は「役所に迷惑を掛けたとか、品位を傷つけたとか（そういう理由で）処分した」というはっきりしないもの。その後、遅ればせに省内で調査委員会が立ち上がり、本人否認のまま「セクハラ」を認定した。幕引きを急いだ様子がありありだが、もしきちんと調査委員会を設立するなら、省内ではなく、中立の第三者機関にしなければならないのは常識の内である。

その過程でも麻生財務大臣の失言は続いた。「(取材の) 次官担当を男性記者に替えればいい」というのは、女性記者を職場から排除するものだ。代わりに、「次官を女にすればよい」とすればどうだろう。男性記者がふつうにおこなっている一対一の取材を、女性記者がやっていけない理由は何もない。また、麻生氏は「(福田が) はめられてうったえられている」とも発言した。ハニトラこと「ハニートラップ」という、あさましい英語の隠語が広まったのも、そのせいである。これまでのセクハラ告発を見ても、告発者が支払わなければならないさまざまな犠牲を考えれば、「はめて」陥れることにともなうコストは高くつきすぎる。福田氏を陥れても、記者に得るものはない。

さらに麻生氏はセクハラに対する無知をさらけだした。「セクハラ罪という罪はない、殺人罪とは違う」と発言した。包括的な性暴力禁止法のない日本では、「強制わいせつ罪」を除けば「セクハラ罪」という罪はないが、これまでの判例の積み重ねで、セクハラはあきらかに「不法行為」であることが確立している。また「セクハラは親告罪」というが、二〇一七年六月の刑法改正で、性犯罪は親告罪ではなくなった。側近に耳打ちしてくれる知恵者もいないのか、麻生氏のたびかさなる失態は無様でもある。

女性ジャーナリストが当事者になった

その過程で女性のあいだに、#WithYou、#WeTooと追い風が吹いた。4・21新聞労連全国女性集会、4・23#もう終わりにしよう「セクハラ被害者バッシングを許さない4・23緊急院内集会」4・28「#私は黙らない0428」新宿アルタ前集会、5・7財務省前抗議行動と次々に抗議集会が開かれた。五月一日には「メディアで働く女性ネットワーク」が発足した。4・23集会で、ある女性ジャーナリストが、「客観報道」のために自分たちは「当事者になることを避けてきた」という発言をしたが、「メディアで働く女性ネットワーク」の林美子さんによれば、彼女たち自身が「当事者」だったのだ。4・21新聞労連全国女性集会では、「セクハラは日常的で感覚がまひしていた」「記者として認められなければというプレッシャーがある。セクハラも業務の一環とすら思いこんでいた」という発言が相次いだ。その場に立ち会った小林基秀中央執行委員長は、「女性記者の生の声に、改めてショックを受けた。マスコミも男性中心の組織文化を変えるときだ」とコメントした。

伊藤さんが実名告発したのも、自分はジャーナリストだという職業意識からである。真実を伝えることが仕事の自分の身に起きたことを、自分が伝えなくていったいだれがそうするのか？　という思いが、彼女を踏み切らせた。ジャーナリズムの場でのセクハラが問題になったのは、メディアの女性労働者が増えたためである。これまで職場で受忍してきた男性優位の組織文化を、女性が容認しなくなった。新聞労連の集会では、これまで女性が「我慢し黙認してきたことが最悪の結果を生んだ」という、反省の声が聞かれた。

変化を感じるのは、#MeTooの声ばかりではない。年長の女性たちの反応も変わった。従来、告発の声があがるたびに、「それくらい、いなすのがオトナの女」「騒ぎ立てるなんてみっともない」と、年かさの女がいさめたものだが、そして今でもそういう声はないわけではないが、新聞投書欄などの公共的な空間にはあらわれなくなった。作家の中島京子さんは、伊藤詩織さんとの対談〔中島・伊藤 2018〕のなかでこう発言している。

「もし、私たちの世代がちゃんと声を上げていれば、社会も少しは変わっていたかもしれない。詩織さんがひとりで頑張らなければいけないような状況にしてしまい、本当に申し訳ない」

被害者を孤立させない

#MeTooに#WithYouの動きが続いたのには理由がある。セクハラの被害者を孤立させないことが大事だからだ。#WithYouは、被害者に対して「あなたはひとりではない、

わたしたちがついている」とメッセージを送るためだった。

セクハラの告発が起きると、加害者はまず被害者を周囲から分断して孤立させようとする。悪い評判を立て、被害者のプライバシーを暴き、家族や親族に圧力を加える。多くの被害者が、セクハラの告発を断念したり、取り下げたりするのはそのせいである。セクハラが親告罪だったあいだは、つらくて長い裁判の期間中、原告の立場を維持することが課題だった。大阪府知事だった横山ノック氏のセクハラ事件のとき、支援者たちがもっとも神経をすりへらしたのは、被害者を支えて訴訟を維持することだった。そのあいだにも、訴訟の取り下げや和解への圧力は間断なしに働いたことだろう。セクハラ訴訟の取り下げや和解の報を聞くたびにわたしが思うのは、その背後にどれほどの圧力と締め付けがあっただろうか、ということである。

最近ではＴＯＫＩＯの山口達也さんに対する女子高生のセクハラ告発の取り下げが報じられた。女子高生は、夜中に呼び出されて男の家に行ったことを責められたが、相手は四六歳の大人の男、対するに女子高生は未成年にすぎない。深夜に呼び出した男と、呼び出しに応じた女とでは、非常識なのは、呼び出した大人の男のほうに決まっている。沖縄米兵による強姦事件でも、たびたび告訴の取り下げが報じられる。そのたびに、被害者の孤立と無力化、水面下で働く圧力や脅かしを思わずにいられない。性暴力に関する訴訟は、維持するのが困難なばかりか、たとえ勝訴しても、得るものの少なさに比べてコストが大きすぎるのだ。

セクハラ告発の波及

セクハラを容認しない動きは、各地で続いた。ここしばらくのあいだに、自治体トップのセクハラ関連の辞職が相次いだことである。岩手県岩泉町長のセクハラ辞職、新潟県知事の買春辞職、東京都狛江《こまえ》市長のセクハラ辞職等々。狛江市長はセクハラを否認したが辞職に追いこまれ、群馬県みなかみ町長はセクハラで町議会の辞職勧告を受けたが、まだ居座っているという。セクハラは政治家の政治生命を絶つほどの、重大な犯罪となった。

またセクハラの告発は他の分野へも波及した。もともと#MeToo運動はハリウッドの大物プロデューサー、ワインスタイン氏を女優たちが告発したことから始まったものだが、学校や職場だけでなく、芸能界や芸術界にも拡がった。アート界では荒木経惟《のぶよし》氏のモデルを務めたＫａｏＲｉさんの告発があった。アーチストとそのモデルとの関係は以前から問題含みのものだが、これまでは秘匿されていた。#NotSurprized（私たちは驚かない）がその事情を物語っている。「あってもふしぎはない、ただだれも言わなかっただけ」なのだ。スポーツ界でも、コーチや監督と選手との関係が問題になった。軍隊という聖域でもセクハラがあることが女性自衛官の告発によってわかった。宗教教団のなかでも、治外法権的に何がおこなわれているかわからない。

ジェンダーの非対称性がある限り、ありとあらゆる領域でセクハラはおこなわれていると考えられるが、それが明るみに出ないとすれば、ただ被害者が沈黙しているからにほかならない。

経験の再定義

財務省前事務次官福田氏のセクハラ疑惑に対して幕引きを許さないと矢継ぎ早に実施されたアクションのなかで語られたことばの数々に、わたしは目を瞠《みは》った。「家父長制の抑圧」「ジェンダーの再生産」「自分を定義する」……かつて女性学・ジェンダー研究の学術用語だった概念が、日常のことばのなかで使われている……そもそもセクハラことセクシュアルハラスメントということばも、かつては日本語になかった。ジェンダー、セクシュアリティ、セクハラ、DVなど、どれもカタカナことばなのは、もともとそれらに当たる概念が、日本語になかったからだ。

「からかい」や「いたずら」をセクハラと名づけ、「痴話げんか」をDVと名づけて、女性の経験を再定義してきたのは、フェミニズムである。裏返しに言えば、セクハラを

「いたずら」と呼ぶことで矮小化しようとし、青あざをつくって交番に駆けこむ妻を「犬も食わない痴話げんか」と言って追い返す警官のふるまいは、男性に有利なように「状況の定義」権を行使していることになる。その点では、自らのセクハラを「ことば遊び」と矮小化した福田前次官は、同じことをしている。福田氏は性的人権侵害に当たるような発言を「お店の女性とのことば遊び」と呼んだが、女性記者に言うのがアウトな発言は、だれに対してもアウトだろう。もし氏が「お店」と呼ぶ、キャバクラや風俗店でなら許容されるとしたら、これらの環境では女性の人権侵害が蔓延していることになる。客は人権侵害に対して、対価を払っていることになるのだろうか？　対価を払おうが払うまいが、人権侵害は人権侵害にちがいない。

福田氏の発言が「ことば遊び」か、それとも「セクハラ」という名の人権侵害かは、「状況の定義」による。そしてこの「状況の定義」権こそを、権力と呼ぶのだ。多くのセクハラ加害者が、「あれは合意だった」と言うのは、そのためである。

概念がなければ経験を表現することができない。概念があるからこそ、あのときのもやもやはセクハラというものだったのだ、と過去にさかのぼって女性は自分の経験を再定義することができるようになった。そしてセクハラという概念は、けっして「いたずら」や「からかい」のように軽いものではないこと、被害者は深い傷を負い、心身の不調、自己評価の低下、自信や意欲の喪失、鬱《うつ》や不眠、場合によっては自殺念慮を持つことなどが知られている。ＰＴＳＤという概念が拡がったのもそのおかげである。セクハラの起きた場所や状況に近づくと、フラッシュバックが起きたり、パニック発作が起きたりする。有名なのは一九九二年に起きた横浜セクハラ裁判である。午前中に上司にセクハラを受けた女性が、ランチタイムに何事もなく（ないかのように）ランチを食べたという事実が争われた。フェミニスト・カウンセラーの河野貴代美さんが法廷に意見書を書き、そのなかで、あまりにトラウマ的な出来事が起きたあとには、日常生活のルーティンを維持しようとする一種の解離現象が起きると説明した。解離もＰＴＳＤの一種である。このように、積み重なる裁判の過程で、フェミニストの法律家、アクティビスト、専門家、研究者たちは、セクハラ被害者のＰＴＳＤや二次被害について、「ふつうの男」たちにすぎなかった警官や検事、裁判官たちを啓蒙してきたのだ。

フェミニズムの達成

性暴力被害が、加害者が被害者の無抵抗を合意に還元し、その加害性や効果を矮小化しようとするのに反して、その実、被害者に甚大なダメージをもたらすことをあきらかにしたのもフェミニズムである。たとえば「つきまとい」を「ストーカー」と再定義することによって、ストーキング行為の悪質さや恐怖はようやく知られるようになった。

ストーカー被害の極限は殺人に至る。女性が被害者となる殺人事件でもっとも多いのが「復縁殺人」だが、これを「ストーカー殺人」と呼び変えれば、「状況の定義」は変わる。前者では、「復縁」を迫る男は女に逃げられた被害者に見えるが、後者では女性はいわれなきストーキング行為の一方的な被害者である。

ちなみに「痴漢は犯罪です」というポスターを、東京都の地下鉄で見たときの感動は忘れない。ラッシュアワーの電車で通勤通学する女性にとって、痴漢は「あってあたりまえ」の日常的風景だったが、今では「あってはならない」犯罪行為となったのだから。セクハラの違法化もDV防止法も、日本の女性運動の達成した成果である。変化は自然現象のように起きたのではない、闘いとってきたのだ。学問は何の役に立つのかと言われ、理論は机上の空論と言われながら、女の経験の言語化と理論化に努めてきたのが女性学・ジェンダー研究だった。

セクハラ概念の進化

セクハラは七〇年代から八〇年代にかけて、アメリカから持ちこまれた概念だった。アメリカではすでにセクハラ訴訟が相次ぎ、とりわけ米国住友商事や米国三菱自動車製造など、日本企業がターゲットとなった訴訟では、巨額の補償金が課されるようになった。「セクハラは高くつく」という教訓を、アメリカに進出した日本のグローバル企業は学習しつつあったが、同時にそれはアメリカ人女性に対してやってはならないふるまいを、日本人女性に対しては日常的にやってきたということでもあった。当時ニューヨークの日系企業で働いていた日本人女性が、アメリカ人女性に対して気を使う男性の同僚が、日本の女性にはほっと気を緩めて「自然に」ふるまう傾向があることをこぼしたのを覚えている。男が「自然に」ふるまうというのは、女性に気を使わず、横柄かつ横暴にふるまうことを指す。本社派遣の男性社員のセクハラを受忍してきた現地採用の女性職員たちは、「私たちはアメリカ人女性の告発のしわ寄せを受けている」と言った。

八〇年代には「働くことと性差別を考える三多摩の会」が「セクシュアル・ハラスメント一万人アンケート」を実施、実態が明らかになった。八九年に日本初の福岡セクハラ裁判が提訴され、同年に「セクハラ」は流行語大賞を受賞した。当時、「『きれいだね』もセクハラなのか、ぎすぎすする職場」などという見出しが、男性週刊誌に躍った。セクハラという用語は、皮肉にも男性メディアの「からかいの政治学」〔江原 1985〕によって拡散したのである。

九七年には職場でセクハラをめぐるパラダイム転換が起きた。改正均等法がセクハラの予防と対応を事業主責任としたからである。この法改正によって、セクハラ研修の対象が、被害者になりやすい女性たちから、加害者になる蓋然性の高い中間管理職以上の男性たちへと、一八〇度転換した。それまでは被害者になる可能性のある女性たちが、どうすればセクハラを受けずにすむか、もし受けたらどう対処したらよいか、が研修の内容だったが、このときから、加害者になる蓋然性の高い男性管理職やトップに対して、何がセクハラになるか、加害者にならないためにはどうすればよいか、を伝えるのが、研修の内容になった。それによってセクハラ研修は「セクハラ産業」と言ってよいほどマーケットを拡大し、研修のテキストや講師派遣が増大した。わたしが勤務していた東京大学でも毎年一回、教授会で全員必修のセクハラ研修が実施されるようになった。セクハラ加害者になる蓋然性が高いのは、上位の職階にある者だが、もっとも蓋然性が高いのは中小企業の経営者など、企業のトップである。周囲に掣肘《せいちゅう》する者がだれもいないからである。自治体トップもその例に漏れない。彼らはハイリスク・グループとしてセクハラ研修を受ける必要があるが、福田事件が明らかにしたところによれば、このセクハラ研修は、中央省庁には及んでいなかったようである。

九七年の法改正は、企業のリスク管理のあり方をも根本的に変えた。それまではセクハラの加害者を守り、被害者を切るのが組織防衛だったのが、今ではできるだけ早く加害者を切ることが組織防衛になった。財務省の福田前次官に対する「処分」は、セオリーどおり。事実関係の調査も十分しないうちに、早々と辞職を認めた。

セクハラは労働災害

　セクハラ対応が均等法という労働関連法令から生まれたのは偶然ではない。セクハラは、一種の労働災害だからである。それどころか、セクハラはかつては「職場の潤滑油」とすら呼ばれていた。新聞労連の女性記者たちは、「職務の一環」と受けとめていた。職務を遂行するために、女性労働者が受忍すべきコストのひとつと見なされていたのだ。一九七〇年代に起きた山形交通セクハラ事件では、観光バスの運転手が女性車掌を強姦するのが「役得」のひとつになっていた。

　セクハラの定義には「環境型セクハラ」と「対価型セクハラ」のふたつがあるが、いずれも「職務上の地位にもとづく権力の濫用」であって、「被害者の意に反する性的な言動」によって「職務の継続を著しく困難にするもの」を言う。職場の位階は指揮命令権を上位者に与えるが、それはあくまで職務の遂行のためであって、それを私的な領域にまで越権して行使するのは、職務上の「権力の濫用」である。わかっているのは、職務上の権限を与えられた者が、ノーを言えない（言いにくい）下位者、職場なら部下、派遣社員、臨時雇い、アルバイトのような立場の者につけこむ傾向があることである。加害者は決して衝動的に欲望を抑えられないのではない。つけこみやすい相手をねらいすまして、権力を行使する。

セクハラ知事、横山ノック裁判のときに、曾野綾子さんは毎日新聞のコラム〔曾野1999〕に、被害者を批判してこう書いた。「そのときノーを言わなかったのに、あとで告発するとは卑怯だ」と。これほどセクハラに対して無知な発言もない。セクハラはノーを言わない相手、言えない相手に行使される。知事という絶対権力者とアルバイトのうぐいす嬢という関係のもと、選挙カーという密室状況に閉じこめられた女性にノーが言えるだろうか？

セクハラの定義要件にある「意に反する性的言動」かどうかを決めるのは、あくまで被害者側である。セクハラ加害者の言い分に、同じことをやられても喜んでいる場合もあるのにというものがあるが、同じように見える「性的接近」でも「のぞましい」ものと「のぞましくない」ものがあるのは当然だ。その「のぞましい」「のぞましくない」定義を決めるのは、あくまで当事者である。この法理は、日本が世界に誇る公害基本法を想起させる。長きにわたる公害訴訟の過程で、被害者は被害の因果関係の立証義務を負ってきたが、判例の積み重ねと運動の成果として成立した公害基本法では、被害者による因果関係の立証義務は、加害企業による因果関係の反証義務へと一八〇度転換した。再び「状況の定義権」という概念を使えば、「セクハラの状況の定義権」は弱者である被害者側のものになったのだ。

もうひとつ「職務の継続を困難にする」が定義に含まれることも重要である。それは職場に女性が参入し、女性労働者が職場にいることがあたりまえになったこと、そして職業が女性にとって、たんなる「腰掛け」のような、いつ失っても惜しくない軽い存在ではなくなったことを意味する。女性の就労継続年数の平均は、年々長期化する傾向にある。職場が女性にとって手放せない重要な場所になれば、そこにおける「職務の継続を困難にする要因」は耐えがたいものになる。おのずと就労継続を可能にする職場環境への改善が求められるだろう。セクハラ申告件数の増加の背後には、職場が女性にとって重要性を増した事実がある、とわたしは見ている。

均等法は、九七年改正に続いて二〇〇七年にも改正され、加害者、被害者共に男女が特定されなくなった。女性もセクハラの加害者になりうるし、男性もセクハラの被害者になりうる。また性別を問わずセクシュアル・マイノリティもまた、セクハラの被害者になりうる。均等法は十分な禁止規定と罰則規定を持たないことから、実効性のない「ザル法」と批判されてきたが、この二度の改正によって、企業がセクハラ対応に敏感になったことは評価してよい。多くの企業にはセクハラ相談窓口や担当者が置かれるようになったが、今日でも対応が難しいのは、組織間のセクハラや非雇用者とのあいだのセクハラである。前者は得意先の企業との営業職の被害であり、後者は、フリーランスの労働者が契約相手から受けるセクハラである。派遣社員が派遣先で受けるセクハラもこれに含めてよいだろう。被害を派遣先に訴えるか派遣元に訴えるかでも違ってくる。

派遣先に訴えれば派遣切りのリスクに遭い、派遣元に訴えれば受忍を強いられる。伊藤詩織さんの事件では、組織人とフリーランスのジャーナリストとのあいだのセクハラだった。組織が守ってくれない労働者を救済するしくみは、今でも整備されていない。

大学のセクハラ対策

大学はわたしの職場であった。大学でのセクハラ対策は、民間企業よりも一歩先んじていたが、それというのも大学に女性学・ジェンダー研究者が急速に増えた結果、彼女たちが大学内でのセクハラに敏感な対応を求めるようになったからだ。大学のセクハラ問題の嚆矢《こうし》は一九九三年の京大矢野事件であろう。それ以前に東北大学大学院のセクハラ事件があったが、加害者の実名報道はされなかった。矢野暢《とおる》教授は、当時京都大学東南アジア研究センターの所長という要職にあり、ノーベル賞選考に関わりのあるスウェーデン王立科学アカデミーの会員という著名人であったために、メディアを賑わせた。証言しておくが、矢野事件報道は、朝日新聞の東京本社版には登場したが、大阪版には、落合恵子さんの談話を含む連載記事は報道されなかった。後で仄聞したところによれば、大阪本社はセクハラの報道価値が低いと判断したためという。あるいは地元の矢野氏の影響力を「忖度」して、報道しなかったのかもしれない。

事件は研究室秘書の甲野乙子さん（彼女は最後まで匿名を守った）が、京都市弁護士会に人権救済申し立てをしたところから始まった。学内にとりあげてくれる窓口がどこにもなく、思いあぐねての訴えだったという。

矢野研究室には複数の女性秘書がいたが、あるとき複数の若い女性秘書がたてつづけに辞めるという出来事が起きた。矢野氏に命じられて、先輩秘書（甲野乙子さん）が事情を聴取したところ、採用時点から始まる数々のセクハラがあきらかになった。甲野さんが驚愕したのは、自分がされたのと同じ経験を若い秘書たちも経験していたことである。同じような犠牲者が出ないように、甲野さんは思い切って人権救済の申し立てに踏み切った。

当時京都大学には、女性教官懇話会があったが、代表の小野和子さんは、自分たちの会が、被害者救済のために機能しなかったことをふかく反省して、甲野さんの支援に回った［小野 1998］。矢野氏を実名で告発する記事を地元紙に書いたことで、矢野氏から名誉毀損で逆訴訟を受けるということまで起きた。そのあいだに、矢野氏はいったん依願退職、その後、不当な退職勧奨にあったと、地位保全要求をするなど、泥仕合の様相を呈した。その過程で京大の女性教員たちはセクハラを許さないとさまざまなキャンペーンを張ったが、反対に男性教員の一部には、「たかがセクハラごとき小事で、（矢野氏のような）有為な人材を失っていいのか」と、女性教員たちの告発をやめさせるような動きさえ見られた。どんな世界的な研究者であろうと、有能なトップ官僚であろうと、セクハラはセクハラ。人権侵害をして顧みない人物を許すことはできない、という声は、男性教員の頑強な抵抗に遭いながら挙げられたのである。小野氏に対する矢野氏の逆訴訟は、裁判で事実認定がされた結果、敗訴した。

わたしが東京大学に移籍したのは一九九三年。東大で京大矢野事件を支援する活動をしようと思ったが、待てよ、と考えた。京都大学女性教官懇話会に当たる学内組織があるだろうか、と調べてみたらないことがわかった。それでさっそく東京大学女性教官懇話会を組織した。のちに「教官」を「研究者」と変更したのは、技官や院生などの教育職にない研究者およびその予備軍が問題を抱えていることがわかったからである。まず実態調査を、と「東京大学女性教官が経験した性差別」をアンケート調査したら、出るわ出るわ。文系より理系、それも驚くほど加害者が無自覚・無防備におこなうセクハラが多かった。理系の、それも実験室で長時間にわたって作業をおこなう女性研究者は、こんなセクハラに耐えて研究を続けてきたのか、と胸が痛くなった。

一九九七年にはキャンパス・セクシュアル・ハラスメント・全国ネットワークが結成。各大学に相談窓口が設けられるようになった。東京大学はその流れに後れをとっていたが、キャンパスセクハラ全国ネットワークがつくった「セクハラ相談窓口の通信簿」が役に立った。すでに窓口を開設したところでは、どんなしくみに効果があり、どんなしくみに問題があるか、が徐々に明らかになりつつあった。教育関係者は「通信簿」ということばに弱い。東京大学のハラスメント相談窓口と防止委員会の設置にあたっては、過去の例から見て最善のしくみをつくろうと提案することができた。

当初、東大はセクハラ相談窓口を各部局の部局長が担当することで事足れりとしていた。女性教員はこれにはげしく反対した。これまで論じてきたように、組織のトップはセクハラ加害者になる蓋然性のもっとも高いグループである。しかもそんなところにセクハラの相談を持ちこめば、組織防衛に走って握りつぶされる可能性が高い。いったい誰がそんなところに相談を持ちこむだろうか？

ここから生まれた原則が、セクハラ事案の解決には、必ず部局を超える機関が必要であるというもの。したがってセクハラ対応の全学委員会が生まれ、当該部局の関係者は対応からはずれることになった。すなわち、部局内の事案には、当該部局が関与しない、という原則が生まれた。

次に相談窓口を割り当てられる可能性が高いのは、部局の女性教員たちであった。とりわけ相談窓口の設置を要求していたフェミニストの女性教員たちが、その役割を配当される可能性は高かった。それを「フェミニスト教官総動員体制」と呼んだひともいるくらいだ。だが、通常の教育・研究業務に加えて、負担と責任の重いセクハラ対応業務をわりふられてはかなわない。しかもフェミニスト教員といえども、カウンセリング等にはまったくのしろうとである。にわか研修を受けても追いつかない。聴取の過程で二次加害の加害者になる怖れもある。何が二次加害になるかも、まだじゅうぶんにわかっていなかった。「あなたの思い過ごしじゃない?」の一言が、深刻な影響を及ぼすこともある。フェミニスト教員が学内セクハラ対応の防波堤になるなど、ブラックすぎる。そのためにつくった原則が、相談の対応にはかならず心理職の専門家を置くというルールである。そのためには新設ポストを確保しなければならないが、東大のハラスメント防止委員会はそれに予算とポストをつけることに成功した。

最後に防止委員会の構成員は各部局長と指名委員から成るという規定に、外部委員を加えるという原則を入れた。担当副学長をトップとして全学部の各部局長を主たる構成員とするという委員会構成は、東京大学がセクハラ対応をどのくらい重要視しているかを語っている。外部委員を加えたのは、セクハラ事案を、学内でもみ消すことを防ぎ、対応の公正性を担保するためである。わたしは指名委員のひとりだったが、それに加えて、法律職と心理職の専門家を外部委員として加えた。発足時の東大ハラスメント防止委員会は、法律の専門家としてセクハラ訴訟に関わってきたベテランの角田由紀子弁護士、心理カウンセリングの専門家としてセクハラやDVに関わってきたフェミニスト・カウンセラーの第一人者、河野貴代美さんに加わってもらうという最強の布陣でスタートした。

東京大学のハラスメント防止委員会の三原則はこういう試行錯誤の過程から生まれた。その三原則とは以下の三つである。

1　対応する機関は当該部局の外に置く
2　かならず専門家が対応する
3　学内委員のみならず、外部委員を入れる

このような慎重な姿勢がセクハラ対応には求められることを知っていれば、財務省の対応がいかに拙速であったかが理解できるだろう。

その後各地の大学にセクハラ相談窓口ができ、相談窓口はあってあたりまえの状況が生まれたが、一部の大学にセクハラ研修の講師として呼ばれるたびに、憮然とすることがある。「ウチでは開設以来、相談が一件もありません」それがセクハラのない証拠だと、胸を張って言う担当者がいることである。セクハラは至るところに潜在している。もし相談窓口に一件も相談が持ちこまれなかったとしたら、それはその窓口に対する信頼性の低さのあらわれにほかならない。反対に相談件数が多い大学は、セクハラの蔓延している大学だというわけではなく、相談窓口が機能しているサインと理解してよい。相談件数は、相談窓口とその後の対応に対する、信頼のバロメーターなのだ。

教育とセクハラ

大学でセクハラ事件が起きたとき、世間のひとびとの反応は「まさか最高学府の知性が……」という驚きであった。それどころか、のちに研究が蓄積してわかったことは、大学は民間企業以上にセクハラの起きやすい構造的な条件を持っていることだった。アカハラこと「アカデミック・ハラスメント」という用語を造語したのはわたしだが〔上野編 1997〕、アカハラには性的でない研究上のハラスメントが含まれ、被害者は性別を問わない。だが、現場では、アカハラにセクハラがしばしば以上にともなっている。

大学のセクハラには、①一般の職場とおなじく女性が労働者として経験するハラスメントと、②研究職という職業に固有のハラスメントとがある。後者はとくに、研究室という密室状況のもとにおける徒弟奉公的な関係と、専門分化した狭い領域に生涯にわたって帰属することからくる選択肢の乏しさがある。指導教員や専門を変えることは容易ではないし、しかも院生のような修業中の身で問題が起きれば一生を台無しにするなど、被害が甚大で永続的な傾向がある。事実、矢野氏は、自分に刃向かった若い研究者について、本人のいないところで「あいつの将来をめちゃくちゃにしてやる」と発言したことがあるという。狭い専門領域のなかでボス的なリーダーが謀れば、そういうことも可能だった。

職場でのセクハラが「職務の継続を困難にする、意に反する性的言動」であるように、教育機関でのセクハラは「教育・研究の継続を困難にする、意に反する性的言動」である。そして前者よりも後者のほうが、被害者はより脆弱《ぜいじゃく》な立場に置かれている。

大学のセクハラが問題化されるにしたがって、それ以前の高校、中学校、小学校においてもスクール・セクハラが問題化され、次々に明るみに出るようになった。聖域としての学校、聖職者としての教師の偶像は崩れた。むしろ学校のほうが、抵抗できない子どもに対して、密室的な状況がセクハラの温床になっていることが判明した。そして被害者が低年齢であるほど、打撃は深刻で永続的であることもわかってきた。

この経験を通じて、こと大学教員のセクハラに関しては、わたしは「まさかあの人が……」と決して思わなくなった。権力を容易に濫用できる環境にいて、それを抑制するのは、その逆よりもずっとむずかしい。ゼミやクラスが教師の専制王国である学校は、上司や他人の目の入る民間企業より、むしろセクハラの温床なのだ。

加害者の共通点

大学のセクハラ事案の調査や調停に関与してみて、わかったことがある。セクハラ加害者には共通点がある、ということだ。

加害者のほとんどはリピーターである。彼らは「権力の濫用」が可能な状況と判断すれば、ノーを言えない相手や状況を冷静に選んで権力を行使する。他方、セクハラ被害者の陥る罠は、自分だけがこんな目に遭っている、と孤立し、沈黙することである。矢野事件であきらかになったように、被害者の受忍は、ほかの女性も同じような目に遭っているとわかったことで断ち切られる。しかも加害者の側に加害の自覚がなく、この点で被害者とのあいだに著しい認知ギャップがあることもわかっている。加害者にとって「この程度のこと」が、被害者にとっては深刻な打撃になっていることに気がつかない。

それ以前に加害者は、相手の笑顔や曖昧な態度が、すべて自分に向けられた好意だと、状況を自分に有利に解釈することに長《た》けている。その過程で言語化されない「ノー」のサインに、加害者はすこぶる鈍感だ。要所要所で被害者は言語化しないまでも、身体的な「ノー」のサインを送っているはずだ。セクハラ加害者を見ると、あなたのその鈍感さが罰されているのだ、と言いたくなる。しかもそれを指摘され、責められると逆ギレする傾向さえある。

だが、セクハラ加害者の困惑にも理解可能な点がある。リピーターであるということは、「ボクは昔から同じことをしているだけなのに……」。かつては通用したふるまいが、今は通用しないことに困惑した男性に同情する理由はないが、そう、そのとおり、「ボクは少しも変わっていない」。変わったのは、社会通念と女性の意識のほうである。これまでの女性なら受忍したかもしれないふるまいを、若い女性は受忍しなくなった。それには世代による変化だけでなく、晩婚化と就労率の高まりにともなって、職場が女性にとって、かんたんに手放してよいものではなくなったことが関係している。かつてなら不愉快な思いをしたら、黙って職場を去っていたかもしれない女性たちは、沈黙の代わりに告発を選ぶようになった。

八〇年代末、セクハラが問題化されるようになった頃、田原総一朗氏は「（女性の職場進出は）男湯に女が裸で入ってくるようなもの」と言ったことがある〔パンドラ編1990〕。だからどんな目に遭っても仕方がない、と。だが職場は「男湯」ではないし、私的な空間でもない。今やあらゆる職場に女性がいるし、仕事は女性にとってなくてはならないものになった。「職務の遂行を阻害する」要因としてのセクハラは、深刻な「労働災害」として対応しなければならないものになった。

セクハラの何が問題か？

セクハラの何が問題なのか？　セクハラは人権侵害の不法行為であるという法理はすでに成り立っている。侵害されるのは、どんな人権か？　「意に反する性的言動」が侵すのは「性的自己決定権」という人権である。だがほんとうにそれだけか？　セクハラに対する、人権侵害ということばでは言い尽くせないこの不快さには、もっと根の深い根拠がある。

セクハラはジェンダーの実践である。職業人や研究者である女性を、ジェンダーの属性に還元して「おまえは女だ」「しょせん女だ」「思い知れ」という権力の誇示と、それによる男としてのアイデンティティの確認が、セクハラの核心にある。

女とは何か？　「男でない者」のことである。主体としての男に対して、客体としての女は、男の欲望のために存在する者である。女とは、男の欲望をかきたてる存在としての誘惑者であり、したがってその価値は、「オレサマをむらむらさせてなんぼ」で測られる。反対に「オレサマを欲望させない女（ブスやオバサン）には価値はない」。女はつねに男の視線によって値踏みされている。

女はいつ女になるか？　少女の思春期がいつから始まるかについて、心理学者の小倉千加子さんは卓抜な定義をした〔小倉 2001〕。思春期とは、年齢にかかわらず「少女が自分の身体が男の性的対象となることを自覚したとき」から始まる、と。

「キレイだね」もセクハラなのか？　と問われれば、そのとおりである。あれこれの女を美醜で比較するとき、男は自分を「値踏みする者」（評価者）の側に置いている。女に価値を与えるのは男、男から価値を与えられるのは女。女だって男の値踏みをしているだろう、と言う人もいるだろうが、集合的行為としての価値付与は、しかももっぱら性的な価値付与は、圧倒的に男性側のジェンダー実践である。その実践によって、くりかえしくりかえし男は自分が優位な性であることを再確認し、それを通じて、「男でない者」に自分の分際を思い知れ、と宣告していることになる。

反対に女はいつ女でなくなるか？　男を「そそらなくなった」とき、すなわちオバサンになったときである。二〇一八年四月二〇日に財務省に抗議に向かった野党女性議員たちに対して、自民党長尾敬議員が「こちらの方々はセクハラとは縁遠い方々です」とツイッターに投稿したが、これこそセクハラ発言にほかならない。女は自分の欲望をかきたてる限りにおいて価値があるというジェンダー的な言説実践をしたことになるからだ。

ちなみにセクハラ被害者が若くてきれいな女性だというのは、事実にもとづけば、完全な神話である。現実には、年齢・容姿・体型に関係なく、女性はセクハラの被害者になる。施設入所の知的障害のある女性も、高齢者施設の寝たきりの老女も、セクハラの被害者になる。セクハラや痴漢が「若くてきれいな女性」のみを狙うという「神話」もまた、女性の値踏みがもっぱら男性の視線によっておこなわれるという男性優位の構造の再生産の効果なのだ。

これがミソジニーのしくみであることを、本書をここまで読んできた読者は容易に理解するだろう。強姦と同じくセクハラの加害者は、性欲からではなく、ミソジニーからセクハラをする。ミソジニーとは、男を「女でない者」として差別化するための、アイデンティティの契機だからだ。セクハラの被害者の陥る罠に、「セクハラ被害を言い立てると、モテ自慢ととられてしまう」というものがある。その反対に、セクハラを言い立てると、「本気にしてるのか、自分のご面相を見てみろよ」と言い逃れる手合いもある。どちらも見慣れた、男性による女性の分断支配の効果だ。前者では、美人に対する選民意識を植え付け、後者では、ブスに性的に価値のない女と宣告することで。こうして互いに孤立し、分断させられた被害者は、沈黙を守る。だがそれらはコインの両面にすぎない。同僚や職業人、仕事仲間として評価する以前に、オマエはオレの前では「性的価値」としてしか存在していないのだ、と宣言するのと同じだ。「一度も痴漢に遭ったことのないわたし」を、性的に価値のない女として恥じなければならないこの社会に瀰漫《びまん》したミソジニーを、セクハラはくりかえしくりかえし、顕在化させるのだ。

「これは僕らの問題です」

こうした構造的なジェンダー非対称性のもとでは、セクハラ対応はもぐら叩きに等しい。いやな臭いはもとから断たなきゃダメ。構造的にセクハラを再生産する家父長制というシステムが諸悪の根源なのだが、これをくつがえすのは難しい。これまで女性がセクハラを告発してきたが、セクハラは「男性問題」と言うべきなのだから、男に解決してもらうほかない。

ようやく、最近になって若い男性たちが、女性の傍らに立って、「これは僕らの問題です」と発言するようになった。「#私は黙らない0428」新宿アルタ前集会で、女性と並んでマイクを握る若い男性の姿にわたしは感動した。三〇年前、女たちのセクハラ告発に対して冷笑と揶揄《やゆ》を浴びせた男たちと比べれば、信じられない姿である。

だがそのなかに気になる発言があった。「もし被害者が自分の恋人や姉妹だったら……」あなたはセクハラを容認できるか、という趣旨の発言である。セクハラ研修のなかに、「加害者にならないために」心することとして、「相手が上司の妻や娘だと考えたら」、あるいは「自分の妻や娘が同じ目にあったら」という想定がある。

この発言のどこが問題なのか、と思うだろうか？　問題だらけである。こうした発言は、女性のセクシュアリティを男が庇護すべきもの、ひいては男の所有物という前提に立っているからだ。「相手が上司の妻や娘だと考えたら」手が出ないだろうというのは、女性の人権を尊重しているのではなく、その所有者である「上司」の権力を怖れているからだ。「もし被害者が自分の恋人や姉妹だったら……」怒りが湧くのは、これも自分の所有物に対して庇護すべき責任を果たせなかったことに対する「男らしい」怒りだ。

女性のセクシュアリティはこれまで男性同士の取引材料となってきた。そしてその保護に失敗したとき、男性は怒りと屈辱を感じる。戦時下における性暴力は、女性に対する侵害以上に、その女性が属する（と考えられる）男性集団に対する侮辱であり、だからこそ、いっそうの怒りを買うのだ。保護が不可能だとわかったときの男性の対応は、その女性を切り捨てるか、差し出すか、排除するというもの。敗戦後の引き揚げ時のソ連兵に対する女性の「供出」や、また占領軍慰安婦（のちにパンパンと呼ばれた）への対応は、「差し出し」た後に、「排除する」ものだった。こういう男性のあり方を「保護ゆすり屋」（女性を守ると称して、依存と制約を強いる男性）と呼ぶチャールズ・ティリーの発言を紹介したのは、佐藤文香である〔上野ほか編 2018〕。被害者が「もし自分の妻や娘だったら……」という想像力は、家父長制の域を出ない。

「保護ゆすり屋」に対して女性が言うべきせりふは、自分のセクシュアリティは自分自身のもの、あんたになんか守ってもらわなくていい、というものだ。思えばリブ以降、フェミニズムは「自分のカラダは自分のもの」と、性的自己決定権を主張してきたのではなかったか。女性の性的自己決定権とは、家父長制の性支配に対して女性がつきつけた、究極のノーである。だからこそ、その侵害はジェンダー支配の核心にあるのだ。

セクハラ研修は「加害者にも被害者にもならないために」と言う。だが、被害者にならないことは選べない。また被害者に声を挙げるように要求するのはもっと過酷だ。必要なのはハイリスク・グループの男性たちが、「加害者にならないように」努力することであろう。そう、「これは僕らの問題」なのだから。

諸君！　晩節を汚さないように

日本でもっともセクハラに詳しいと言われるフェミニストの社会学者、牟田和恵さんに、『部長、その恋愛はセクハラです！』〔2013〕という名著がある。頼まれて帯に推薦文を書いた。最後にそれを引用したい。

「一家に1冊、いや、男性ひとりに1冊、本書は『家庭の医学』なみの必需品。あのひとが昇進したら、贈ってあげよう。管理職と経営者はセクハラのハイリスク・グループだから」

権力を持った者がそれを濫用するより、濫用しないように努めるほうがずっとむずかしい。

諸君！　晩節を汚さないように。

〈文庫版増補〉こじらせ女子のミソジニー

「こじらせ女子はわたしだ」

「こじらせ女子」ということばを流行らせた雨宮まみさんが、単行本『女子をこじらせて』〔雨宮 2011〕の文庫化〔雨宮 2015〕にあたって、解説者にわたしを指名した。面識はない。ツイッターに投稿して絶賛したのを見たのだろう。

本書をわたしに紹介したのは、四〇代の女性。まるで自分のことを語られているかのように共感したのだ、という。どの世代にも、世代のアイコンというべき人物がある。九〇年代の四〇代女子は、「東電OLはわたしだ」と言った。二〇〇〇年代の四〇代女子は、「東電OLって、わからない」と言うが、その代わりに「こじらせ女子はわたしだ」と言う。そもそも九〇年代には、「女子」ということばはなかった。というより、四〇代にもなった女が、自分を「女子」と呼ぶことはなかった。「女子」には、男社会が女に与えた指定席に座り心地の悪さを感じ、「女」になろうとしない、「女」になりそこねた、そしてそれに自嘲と誇りの両方を感じる、新しい世代の女のありようがあらわれているように見える。

そしてその「女子」をこじらせるとは？　ポストフェミニズムの時代には、かつてよりも「女になる」のは、難しい。女になっても、ならなくても、いくえにも複雑骨折した「女子」のありようが、雨宮さんの本からは見えてくる。

「当事者研究」のイタサ

痛い。痛い本だ。読むのも痛いから、書くのはもっと痛かろう。

このイタさは、本人の気づかない無様さを第三者が嗤《わら》うイタさのことではない。これほど鋭利な自己分析と徹底した自省のもとに書かれたテキストは、ざらにあるものではない。他人に突っこみを入れられる前に、そんなことととっくにわかってるよ、と著者なら言うだろう。

なぜわたしは女の身でAVライターになったのか？　なぜなら女子をこじらせたから。なぜ女子をこじらせたのか？　なぜなら……自分とはじぶんにとって最大の謎だ。その謎にありったけの知性と内省で挑んだ。おもしろくないはずがない。

だからわたしは、本書をこじらせ女子の当事者研究と呼ぼうと思う。

心理学者の小倉千加子は『セクシュアリティの心理学』〔2001〕のなかで、思春期に卓抜な定義を与えている。女の子にとって思春期とは、年齢にかかわらず、自分の身体が男の性的欲望の対象になると自覚したときに始まる、と。

男に性的に欲望されても女は傷つく。欲望されなくても傷つく。それ以前に、女を性的欲望の客体（モノ）としてまなざす男の視線がはりめぐらされた磁場があり、そのなかで「オレをそそる女」と「そそらない女」とのあいだに、分断が持ちこまれる。だれかを見て「いい女だな」と男が一言いうだけで、いやもおうもなく女の序列のなかに自分も組み入れられる。だれにどんな価値を与えるかは男の手のなかにあり、その評価に女はふりまわされる。

本書の著者、雨宮まみさんは、「スクールカーストの最下層」にいたという。第二次性徴の始まる中学校時代。「美人判定」「ブス判定」という外見の政治にまきこまれるからだ。高校に入れば「学力」と「モテ」の階級社会が待っている。まわりじゅうから「おまえは価値がない」と言われつづけて、彼女は自分に恋愛の資格もセックスの対象になる価値もないと思いこむ。これが「女子をこじらせる」第一ステップだった。

大学ではこれに「田舎者」のコンプレックスが加わる。「おしゃれしたい」「きれいになりたい」というふつうの女の子の欲望すら、自分にその資格がないと禁じてしまう。

だが、ある日「女装」してみたとたん、男の欲情の対象になる自分を発見する。たいがいの女は「女装」というカラダに合わないコスプレと折りあいをつけながら、「女になって」いく。「女装」しても自己否定感はなくならず、「こんな女でごめんね」という卑屈さに、男はどこまでもつけこむ。ありがちな展開だ。ようやく男の欲望の対象になってはみたものの、男の値踏みと侮りのなかで、女としての自尊感情はますます低くなっていく。これが「女子をこじらせる」第二ステップだ。

欲望の市場

このひとはやることの振れ幅が大きい。性欲の対象となるとは、男性目線の欲望の市場にみずから身を差し出すということだ。まるで「女」の市場の記号そのものであるようなバニーガールに、彼女はすすんでなる。おさわりと脱ぎがないことがハードルを下げたのかもしれないが、これがキャバクラや風俗であってもたいした違いはなかっただろう。事実、その後、出会い系で、彼をつくる。

欲望の市場は、金銭がからんでもからまなくても、「やらせてくれる女」と「この程度のコスプレにかんたんにひっかかる男」とのあいだの互いを侮蔑しあう男と女のゲームの場だ。そのコスプレが雨宮さんのようにうまくフィットしないひともいるが、天然のコスプレを備えている女性もいる。『愛より速く』の著者、斎藤綾子さん〔1981, 1998〕は、肉感的なボディの持ち主で、その自分の身体を「ボディスーツ」と呼ぶ。そのコスプレ・ボディを男の前に投げ出せば、おもしろいように男がひっかかったと、斎藤さんは言う。男たちが自分にではなく、コスプレに反応していることを、彼女はよく知っていた。男を欲望させ、そのことで男を侮蔑し、欲望されることで自己確認をしながら、そのことの浅ましさと愚かしさに反吐《へど》が出る……こういう欲望のゲームのなかの悪循環が「女子をこじらせる」第三ステップだ。

たとえそんな市場のなかでも、商品価値のランキングはなくならない。ある日、歌謡曲を聴いていたらこんな歌詞が耳に届いた。「♪ちょっとお人よしがいい」、「♪くどかれ上手な方がいい」……翻訳しよう、「ばかで扱いやすい女がいい」「パンツ脱ぐのに、オレサマにテマかけさせせんな」。わかりやすさに卒倒しそうになる。裏返せば、この程度のちょろい男ならかんたんにコスプレで騙すことができるということでもある。女を侮蔑する男に対する徹底的な侮蔑が、連続男性不審死事件の被告、木嶋佳苗にも、後妻業連続殺人事件の被告、筧千佐子《かけひ》にも、分けもたれていたはずだ。

AV女優にはまちがってもならない女

そして著者はついにＡＶ雑誌のライターになる。男の性欲の対象にはならないが、男の性欲に理解のあるレアな女、という立ち位置で。「男の男による男のための消費財」、抜くためのおカズであるＡＶ、月間何千本も量産されるＡＶを長時間にわたって見続け、そのツボを伝達するＡＶレビューのプロになる。なぜなら「ＡＶの世界はエロくてエロくてうらやましすぎて死にたくなる」くらい好きなうえに、「出てくる女がイイ女すぎて」自分との断絶を思い知らされるからだ〔雨宮 2015: 98〕。男に愛される価値はないと思いこんでいるが、自分の性欲は認めてやりたい女にとっては絶妙の立ち位置だっただろう。これが「女子をこじらせる」第四ステップだ。

ＡＶ業界の周辺には二種類の女がいる。まちがってもＡＶ女優にはならない女と、ふとしたきっかけさえあればいつでもＡＶ女優になる女と。ＡＶ業界の女優の層は厚くなり、今では十人並みの容貌の女性が脱ぎさえすれば商品になるような時代は終わったと言われているそうな。街頭でも周囲が振り向くほどの清楚な美少女や、めったにない爆乳の持ち主でもなければ、もはや商品価値はない。風俗ライターの最底辺に、風俗系の体験ルポがあるが、「自分のような駆け出しのライターがしごとをえり好みしてよいのだろうか」という卑下から、女性フリーライターはこの世界にはまっていく。

雨宮さんは「ＡＶ女優にはまかりまちがってもならない／なれない女」の立ち位置から、男に欲望されるＡＶ女優のきらきらした存在にうちのめされる。女を性欲の対象に還元するもっとも陋劣《ろうれつ》な男の欲望による承認でも、「きらきら」見えてしまうほど、女の自尊感情は低いのか。その「きらきら」にはまってしまった女が、『身体《からだ》を売ったらサヨウナラ――夜のオネエサンの愛と幸福論』〔2014〕の鈴木涼美さんだ。「自分の（カラダの）ために一晩で一〇〇万円使った男」の存在が、その後の人生を支える誇りになるほど、女の誇りはちっぽけなのか。

ウルストンクラフトのジレンマ

「AV女優にならない／なれない女」という安全圏にいったんは身を置いたはずなのに、女であることから彼女は逃げられない。AVレビューのプロとしてまじめに仕事をすればするほど、男に受ければ「女でも、コイツはちがう」「わかってる」と名誉男性の評価を受けるいっぽうで、逆に「女だから」とか「女目線」が評価の対象となることに傷つく。

女でなくても傷つき、女であっても傷つく。これは多くの女にとって見慣れた風景だろう。しごとができればできたで、「女にしては」と評価されるいっぽうで、「女だから」評価されたのだとおとしめられそねまれる。しごとができなければ論外だ。男の社会のうちに居場所を求めようとすれば女であることを自己否定しなければならないし、逆に女の指定席に座ってしまえば一人前に扱われない。あまりになじみの経験なので、これに「ウルストンクラフトのジレンマ」と名前がつけられているぐらいだ。一八世紀のフェミニスト、メアリ・ウルストンクラフトが指摘して以来の、歴史的な性差別のジレンマのことである。これが「女子をこじらせる」第五ステップである。

こう書くと、本書が「全国のこじらせ系女子に捧ぐ！」という経験の普遍性を持っていることがわかるだろう。こじらせのこのような各段階に無縁な女性はほぼいないと言ってよい。

彼女のプライドはねじれた方向へ向かう。ここが「こじらせ女子」の「こじらせ」度の深刻さかもしれない。女を扱うことにかけては巧者であるはずのAV監督の、女優ではなく恋人になろうとするのだ。そして選ばれたことにひそかなプライドを持つ。だが、現実は恋人どころか便利なセックスフレンドのひとりにすぎず、自分の恋した相手がAV女優とのからみで「ハメ撮り」するのを見ることに耐えられない。その嫌悪感までを抑圧しぬいてしまわなかったことが、著者の救いだろう。吐き気、嫌悪、苦痛……それらの身体的反応が、彼女にノーをつきつけたことで、彼女は次のステップにいくことができた。

わたしはすれっからしだった

当事者研究は、読み手の当事者研究を誘発する。この本を読みながら、わたしは、自分が「すれっからし」だった頃のことを思い出した（わたしは今でも「すれっからし」だが）。男を侮り、男の欲望をその程度の陋劣なものと見なし、そのことによってかえって男の卑小さや愚かさに寛大になるという「ワケ知りオバサン」の戦略である。セクハラにあってショックを受ける女性を「男なんてそんなもんよ」となだめ、下ネタには下ネタでかえすワザを身につけ、男の下心だらけのアプローチをかわしたりいなしたりするテクを「オトナの女の智恵」として若い娘にもすすめる……そんなやり手ババアのような存在になっていたかもしれない。そしてこんなワケ知りオバサンほど、男にとってつごうのよい存在はない。

「すれっからし」戦略とは、男の欲望の磁場にとりかこまれて、カリカリしたり傷ついたりしないでやりすごすために、感受性のセンサーの閾値《いきち》をうんと上げて、鈍感さで自分をガードする生存戦略だった、と今では思える。男のふるまいに騒ぎ立てる女は、無知で無粋なカマトトに見えた。そうでもしなければ自分の感受性が守れなかったのだが、ツケはしっかり来た。感受性は使わなければ錆びつく。わたしは男の鈍感さを感じなくなり、いつのまにか男にとって便利な女になっていた。著者のいう「ハメ撮りしてることを知ってて、うまくいっている（ＡＶ監督の）奥さん」〔雨宮 2015: 165〕と、その対極にいる「奥さんがいることを知っていて男の欲望に応じ、トラブルを起こさない愛人」のセットほど、男にとってつごうのよい存在はないだろう。

男目線の内面化

どんなにあがいても女であることからは降りられない。著者は、怖くてもくるしくても、女であることと向き合おうとする。それから著者の自己分析、当事者研究が始まる。「男だ女だにとらわれたくないと思っているのに、それにいちばんとらわれているのは自分だった」と気がついたからだ。

たどりついた答はこうだ。

「私の女としての強烈なコンプレックスは、男目線を内面化しなければ生まれ得ないものだった」〔雨宮 2015: 195〕と。それを著者は「自分の中に男を飼っているのと同じ」〔雨宮 2015: 196〕と分析する。こう書けばシンプルな答だが、ここに至るまでのこじれにこじれた七転八倒があればこそ、著者の発言には説得力がある。

さらに「問題は……私の男目線が童貞の妄想レベルの男目線だった」と分析は続く〔雨宮 2015: 195〕。無理もない。ＡＶ業界とは、「童貞の妄想レベルの男目線」（著者によれば「女は巨乳で肌がキレイでかわいくて美人でミステリアスな小悪魔で、でも素直なのが最高！　みたいな超絶論理を支持する、現実離れした目線」（同）のことに向けて、商品を生産しているところだからだ。

「男目線を内面化した女は、男向けのエロのほうが感情移入しやすい」（雨宮 2015: 196）と著者は言う。本書は「やおい」ファンの心理についても洞察に富んだ記述がある。女であることを否定したい女にとっては、男同士のからみのほうが、自分を安全圏に置いて「受け」「攻め」のいずれにも自由に感情移入しやすいことだろう。女の側に同一化できなければ、「女向けのエロに拒否反応すら生まれ」（同）るのも理解できる。

そして著者は、「女が男目線でエロを観るというのは、エロといえば男性向けしかなかった時代から女性向けのエロがようやく生まれ始めた今の過渡期にあって、ごく自然なことだと私は考えています」（雨宮 2015: 194）と指摘する。「自然」というより、「たどらざるをえなかった必然」であったとは、わたしも思うが、その過渡期を生きた女が、壮絶な股裂き状態を経験したことは記憶しておこう。

なぜ「男目線の内面化」が起きたのか？　著者の自己分析はこうだ。

「子供時代、性的な目線で見られる『女』としての自分を確立する前に世の中の『男が女に欲情するエロ』を感じ取り、欲情する側の自分を先に確立してしまった」（雨宮 2015: 196）から。もうすこし正確に言うと、ＡＶを通じて「童貞の妄想レベルの欲望をもった男が、その妄想に応えるつごうのよすぎる女に欲情するエロ」を、学習してしまったからだろう。

性と愛とが分離可能であること、そのふたつが別なものであることを、この世代は早くから学んでしまった。年長の世代（とくに女）にとって、性と愛が一致しなければならない（愛した男としかセックスしてはならない）という規範もそれはそれで抑圧的だったが、性と愛が分離した状況へ、性とは何か、愛とは何かを知らないうちに押し出されるのも問題だろう。セックスのハードルが下がったために、かえって無防備なまま性欲の市場にさらされる若い女が増えたように見える。愛より前に性を知ってしまうこと、それもひたすら男によってつごうのよいセックスをＡＶを通じて学んでしまうこと……が、この世代の女にとっても、男にとっても、深刻な問題かもしれない。

ＡＶ女優への「敬蔑」

欲望とは他者の欲望の欲望である……と、何もラカンを持ち出さなくても、欲望は文化装置だから、学習される。欲望の学習は男によっても女によってもおこなわれる。本書を読みながらわたしが痛感したのは、著者の世代が、性や愛を知る前に「欲望とは何か」をメディアを通じて学習していることだ。しかもＡＶという、男が女を性欲の道具に還元するような性差別的なメディアで。もちろんわたしもAVのなかに芸術性のあるものや実存に触れるような作品が少数ながらあることを否定しない。だがAVの多くが女性に対する蔑視（ミソジニー）をもとに成り立っているのはたしかだろう。たとえば男性タレントたちが女を道具にしてホモソーシャルな絆を再確認するレース仕立てのAVで、「こんなブスでも抱けるボク！」に、ほとんどの女性は不快感をおぼえずにいないだろう。だが、女がそんな不快感をあらわしたとたん、それはないことにされてしまう。

AV女優は金銭の対価がなければ職業として選ばないだろうし、出演した過去を公然と経歴に書くことができない。他方、おのれの欲望の卑小さを自覚しているからこそ、男はAV女優を道具として欲望を満たしながら、彼女たちの過去をスティグマ化することでペナルティを与える。そしてその程度の男による承認すら、「きらきら」見えてしまうほど、女の自己評価は低いのだろうか。

AV業界という「男しか行けない場所」に取材に赴いた女性の漫画家・ノンフィクションライターがいる。田房永子さんだ。『男しか行けない場所に女が行ってきました』〔田房 2015〕のなかで、彼女はこう書く。

「今までAVというのは『男の人たち』から『借りて』見ていたんだと強く感じる。女にとって今までのAVはすべて海賊版だったと言える。／『世の中に、男物の洋服しか作られていなくて、仕方ないから体に合わないけどそれを借りて着ている』みたいなことだったんだと思う。それが当たり前すぎて『普通のこと』だと思っていた……」〔田房 2015: 232-3〕。実のところ、「女のエロ」については、まだまだ多くのことがわかっていないのだ。

そして、「男物しか作られてなくて、仕方ないから借りてる」というものは、「他にもたくさんある気がする」と指摘する。そして「この世界そのものが男による男のための『男しか行けない場所』だからなんじゃないか」という〔田房 2015: 233-4〕。

この本の帯には「お宅のダンナ（カレシ）、こんな楽しいことしてますよ…羨ましすぎるッ！（怒）」とある。誰がつけたのか、大いなるカンチガイというべきだろう。本書には、「男しか行けない場所」に行ってみて田房さんの経験した、怒り、キモさ、いらだち、うんざり感が、読みまちがえようがないほどにあふれている。「出産して35歳になった今、私はもう彼らが羨ましくなくなってしまった」〔田房 2015: 236〕とあとがきではっきり書く彼女が、「羨ましすぎるッ！（怒）」と思うわけがない。田房さんは「男しか行けない場所」での傍若無人な男のふるまいに嫌悪感を隠さなかった。それをワケ知り顔で許容するのが「オトナの女」だという罠にもはまらなかった。どんな小心な男の手前勝手な欲望にも笑顔で応えてくれる「優しいおばあちゃん」が女子高生みたいな制服を着てとんだりはねたりする「男が作り出した男のためのサービス」がＡＫＢ

だと、田房さんは喝破する〔田房 2015: 227〕が、そういう女たちを「アイドル」の名で量産するこの社会、そして「アイドル」志望の女の子たちが絶えないこの社会が継続するのは、男の妄想に応えるほうが女にとって有利な生き方だと、彼女たちが知っているからだろうか。

田房さんが風俗やAV業界のライターになれたのも、雨宮さんと同じく「AV女優にならない／なれない」カテゴリーの女に、自分を分類したからだ。「風俗嬢やAV嬢に対して自分が持っている。蔑みと劣等感、矛盾した過剰な感情、これは尊敬と軽蔑、どっちなのだろうかという思いがあった」と書く田房さんのアンビヴァレントな感情は、雨宮さんも共有しているにちがいない。それを自己分析した結果、「それが、両方であるということが分かって、『敬蔑しているんだ』と自分で認めることができて、すごくスッキリとした」という〔田房 2015: 153-4〕。

それでも彼女は言う。

「はっきり言って、AVは出ないほうがいいものだと思う。……もし友だちが出たりしたら、大きなお世話であっても、『やめたほうがいい』とか、『もうこれ以上出ないほうがいい』とか、忠告してしまうだろう……」〔田房 2015: 141〕

そういう彼女自身はやらないだろうし、もし娘がいたらすすめないだろう。

彼女にならってわたしも若い女たちに言いたい。はした金のためにパンツを脱ぐな。

好きでもない男の前で股を拡げるな。男にちやほやされて、人前でハダカになるな。人前でハダカになったくらいで人生が変わると、カンチガイするな。男の評価を求めて、人前でセックスするな。手前勝手な男の欲望の対象になったことに舞い上がるな。男が与える承認に依存して生きるな。男の鈍感さに笑顔で応えるな。じぶんの感情にふたをするな。そして……じぶんをこれ以上おとしめるな。

ウーマン・リブの闘士、田中美津は四〇年も前にこう言ってのけた。

「男に向けて尻尾をふるこの世の女という女は、すべて永田洋子なのだ」〔田中 1972, 2004〕

永田洋子、連合赤軍のリーダーであり一二人のなかまをリンチ殺人した首謀者として死刑の判決を受けた女だ。「どこにもいない女」になろうとして、永田はほかの女を殺し、自分自身をも殺した……と。

田中さんはある「文化」の名を冠した会議に招かれて、レセプションで緊縛ショウがアトラクションにあることを知ったとき、憤然として席を立った。ハダカの女が公衆の面前で縄師に縛られる……苦痛でないはずがない。それを余興とする主催者の神経も問題だ。田中さんが席を蹴って去ったあとに、にこやかな「文化人」の紳士たちや、それを許容する女性たちが、笑いながら余興に興じたのだろうか。あなたなら田中さんのように席を立てるだろうか、それとも無粋でおとなげない態度として、眉をひそめるだろうか。……田房さんが言うように、この世の中は男の性欲にはおそろしく寛大で、男の性欲に寛大な女が受け入れられる社会なのだ。

男に欲望されても、されなくても、あなたの価値に変わりはない……フェミニズムはそう言ってきたはずなのに、その声は若い女性に届いているのだろうか。

「女子」であること

ところでなぜ「女子」なのか。

本書だけではない。他にも、ジェーン・スーさんの『貴様いつまで女子でいるつもりだ問題』〔2014〕や、湯山玲子さんの『文化系女子という生き方――「ポスト恋愛時代宣言」！』〔2014〕など、「女子」を論じた本がアラフォーを超えた女性によって次々に書かれている。いい年齢をした女が、自称「女子」とは笑わせる、とおもう向きもあるだろうが、オヤジからの他称詞としての「女の子」（職場の女性は三〇代になっても四〇代になってもそう呼ばれていた）を返上した女たちが、今度は自称詞として「女子」を選ぶのには、次のような理由があるとわたしはにらんでいる。

女子は結婚前の女の代名詞だった。結婚しても出産しても、「わたしは変わらない」という強烈なアピールをしたのが松田聖子だ。結婚と出産は「使用前／使用後」みたいに激烈にかつ不可逆的に女を変えるものだったはずなのに、妻になっても母になっても「私はわたし」というアピールが多くの女に届いた。「少女」というには気がひける。それに「少女」のように無垢でも無力でもない。だから「女子」「男子」と対等に呼びあっていた共学時代の残響のする「女子」なのだ。

最近、岸本裕紀子さんの『定年女子――これからの仕事、生活、やりたいこと』〔2015, 2017〕という新刊のタイトルをみつけた。女もいよいよ企業のなかで定年を迎えるようになったのだ。そのうち「退職女子」ばかりか、「要介護女子」「認知症女子」という呼び名も登場するかもしれない。なぜって女子は一生、女子だから。女子は生涯、自分のなかに誰にも侵されない透明な核を持っているはずだから。

「女子問題」はこれまでの「女性問題」とは違うかもしれない。働くことがデフォールトになり、もはや結婚も出産も人生のパーツでしかなくなった女たちの経験は、わたしたちの世代の女たち（結婚しなければ生きていけなかった女、出産しなければ一人前と認められなかった女）とは異なるだろうが、違う種類の生きづらさを味わっているように思える。現に性欲が女に解禁されたからといって、それがすこしも解放的なものではないことは、雨宮さんの現場レポートからもあきらかだからだ。「女子問題」は女子自身によって解かれねばならない。それこそが当事者研究である。

当事者研究の最上のテキスト

当事者研究の元祖、『べてるの家の「当事者研究」』〔浦河べてるの家 2005〕のなかで、「生きのびるためのスキル」として「摂食障害の研究」を書いたブライトな若い女性、渡辺瑞穂さんは、これでもか、という自己分析の最後にこう言う。

「分析は終わった、それで？」

自分とは謎だ。だが自分以上に自分について知る者はいない。だから自分の謎は自分で解く。そうやって自己分析の果てまでたどりついたとしても、自分の生きづらさが減るわけでもなければ、自分の周囲にある困難な状況が分析前と変化しているわけでもない。「それで？」と言いたくなるのも無理はない。

「あとがき」で雨宮さんはこう書いている。

「私は鈍くて凡庸なので、きっとまた今のような気持ちをいつか忘れて、またいつか何かに気がついて目が覚めたような気分になって、そんなことを繰り返していくのだろうと思います」〔雨宮 2015: 236〕

そして「一人でも多くの心優しきこじらせガールが心から笑える日が来ることを祈って」〔雨宮 2015: 237〕とエールを送る。

田房さんの「あとがき」の最後にはこうある。

「山（引用者注：男社会の比喩）をつぶしたいわけではないし、乗っ取りたいわけでもない。ただ山に怯え、『仕方ない』と諦め、世話だけをし、本来山へぶつけるべき怒りを次世代の女へ流し愚痴る、そんな歴史はこれ以上続けたくないなあと、思っている」〔田房 2015: 237〕

女であることの謎を、痛みを伴いながらここまで率直にえぐりだし、みずから自己分析する当事者研究の最上のテキストがこうして次々に生まれている。

脱洗脳の痛み

痛い。痛い本だ。読むのも痛いから、書くのはもっと痛かろう。この痛みは脱皮、脱洗脳の痛みだろう。雨宮さん自身はそれを「デトックス（解毒）」と呼ぶ。クスリ漬けからの脱中毒。男目線の欲望による洗脳からの脱洗脳。痛くないわけがない。顔にはりついた面を剝ぐような作業だからだ。だがその後で外気にさらされた素顔は、すがすがしいはずだ。その後でどんな顔をつくっていくか……は、あなたに任されている。

【追記】

ここまでを書いたのが二〇一五年。その後、二〇一六年一一月一五日に、雨宮さんの突然の訃報が入った。死因は明らかでないが、自殺だという説もある。

二〇一五年九月には、わたしの主宰するWAN（ウィメンズアクションネットワーク）主催の上野ゼミの書評セッションにゲストとして来てもらった。雨宮さんに共感し、「こじらせ女子」を自称する二〇代のふたりの女子がやりたいと提案し、ギャラの出ない研究会に来ていただいた。初対面の雨宮さんは涼やかな知性と清楚な佇いの持ち主だった。

二〇一六年九月には、社会学者の岸政彦さんとの対談『愛と欲望の雑談』〔ミシマ社京都オフィス〕が刊行。これが彼女の遺著となった。対談相手の岸さんは、雨宮さんの死が報じられた後一一月一八日付けのネットへの投稿で、こう書く。[*1]

「雨宮さんがいなくなってしまったことを、純粋に悲しもうと思います。断固たる決意で、堂々と、正面から、誠実に、真面目に、悲しもうと。そう、雨宮さんの文章のように。いつも真面目で誠実な文章を書くひとでした。だから、せめて読者のひとりとして、あの文章がもう二度と読めなくなってしまったことを、真面目に悲しみたいと思います」

岸さんだけではない。ネット上には「信じられない」「言葉もない」とショックを受けた読者の反応があふれた。

死の直前まで「40歳が来る！」という連載をブログに続けていた。

「『ババア』と呼ばれると、怒りとか失望とかよりも先に『ああ、こういう「女の年齢」ってものに、いつまでつきあわされるんだろう？』という気持ちがわいてくる。若さや美しさに嫉妬？　そんなこと、まともにしていたら、40歳まで生き延びることはできなかった。自分より若くて美しい人間は死ぬほどいる。さらに自分より才能もずっとあって、お金もずっとあって、成功している人だっている。そういう人たちの前で、『自分は自分です』と存在するために、卑屈にならずに快適な友達付き合いができるように、どれだけ気持ちをしっかり持ってきたことか。

いつまでも若い人でいたいわけじゃない。もうババアですからと自虐をしたいわけじゃない。私は私でいたいだけ。私は、私のままで、どうしたら私の『40歳』になれるのだろうか。そしてどんな『40歳』が、私の理想の姿なのだろうか」[*2]

一一月一日には「40歳で人生が始まる」というタイトルでこう書いた。死の二週間前のことである。

「40歳は、80歳まで生きると仮定したら、ちょうど折り返し地点になる。生きているとは、当たり前じゃない。だから私たちは何度でも誰かと約束を交わし、相手と生きて再び会えることを祈る」[*3]

そう、そのとおり、「人生百年時代」には、四〇歳など、折り返し地点どころか、未熟者の小僧っ子だ。わたしは五〇歳を迎えたとき、よくもまあ半世紀も生きてきたものよ、と自分をほめてやりたくなった。「生きていることは、当たり前じゃない」、だからこそ、とりかえしのつかない一瞬一瞬が貴重なのだ。

雨宮さんが約束を交わす「誰か」には、読者は含まれていなかったのか。ことばで自分を表現する表現者には、読者に対する責任がある。あなたはこれからどう生きるのか、と問いかけられて、それを示す責任が。本を一冊や二冊書いたからといって、状況は変わらない。生きづらさもなくならない。だが、ことばとは何よりもまだ見ぬ「誰か」に届けと願う、コミュニケーション行為ではなかったか。

ミソジニーからの脱洗脳

解説の最後に「男目線の欲望による洗脳からの脱洗脳」と書いた。本書の読者には、これが「ミソジニーからの脱洗脳」と同義だと理解できるだろう。だが、脱洗脳した後の自分は、だれなのか、どこに行けばよいのか？　洗脳装置によって自分が成り立っていたとしたら、過去の自分をすべて自己否定しなければならないのか。「洗脳前」と

「洗脳後」はそんなにはっきりと境界がわかるものなのか。ミソジニーが女にとって自己嫌悪だとしたら、ミソジニーから脱洗脳されたとき、わたしは「女」ではなくなるのか？　わたしはどんな「女」として生きていけばよいのか？

もし家父長制がそれに抵抗することのできない、目には見えないが遍在する重力のようなものだとしたら。そしてその重力がようやくわたしを地に立たせているとしたら。重力なしでは生きていけない。重力圏を離れた自分を想像することはできない。

マルクスは、「来るべき共産主義社会における人間は、どのようなものか？」と問われて、「私は階級社会に汚染されて育った歴史的に被規定的な存在だ、来たるべき人間像は、その社会で生まれ育った人間にしかわからない」と答えたという。

「わたし」はつねに中途半端な、過渡的な時代の産物である。過去の自分を否定して生きる必要はない。過去の自分の、限界や過ちや「こじらせ」があったからこそ、今の自分がある。過去の自分を許し、和解し、「わたし」のなかに抱きとめたらよい。

ずいぶん昔、若い頃に、成熟とは自分のなかにある他者の喫水線が上がることだ、と書いたことがある。その考えが変わらないことに驚く。だが、その当時とくらべて、もっと実感を持って同じことばを受けとめることができるようになった。

過去の自分はすでに「他者」だ。未来の自分も「他者」だ。

まみさん、死ぬな。約束を交わした「他者」と、ふたたび出会うために。

あなた自身が、だれかの「他者」であるために。
本書を、ミソジニーに苦しむ、すべての読者に贈る。

＊1　http://sociologbook.net/?p=1114
＊2　http://www.daiwashobo.co.jp/web/html/mob/forty-years/index.html
＊3　http://www.daiwashobo.co.jp/web/html/mob/forty-years/vol12.html

編集部注：本稿は雨宮まみ著『女子をこじらせて』（幻冬舎文庫、二〇一五年）の「解説——こじらせ女子の当事者研究」に、雨宮まみさんの逝去をうけて加筆、改題したものです。

参考文献

〔日本語文献　五十音順〕

- 赤木智弘 2007『若者を見殺しにする国——私を戦争に向かわせるものは何か』双風舎／2011 朝日文庫
- 浅野智彦 2008「孤独であることの二つの位相」大澤真幸編『アキハバラ発〈00年代〉への問い』岩波書店
- 「アジア・太平洋地域の戦争犠牲者に思いを馳せ、心に刻む集会」実行委員会編 1997『アジアの声 第11集 私は「慰安婦」ではない——日本の侵略と性奴隷』東方出版
- 雨宮まみ 2015『女子をこじらせて』幻冬舎文庫／元本は 2011 ポット出版
- 飯島愛子 2006『〈侵略＝差別〉の彼方へ——あるフェミニストの半生』インパクト出版会
- 石原宗典 2005「『第三のジェンダー』研究を再考する」（未発表）
- 絲山秋子 2006『沖で待つ』文藝春秋／2009 文春文庫
- 井上輝子・上野千鶴子・江原由美子編 1994『日本のフェミニズム1 リブとフェミニズム』岩波書店
- 岩月謙司 2003『なぜ、「白雪姫」は毒リンゴを食べたのか』新潮社
- ヴィンセント、キース・風間孝・河口和也 1997『ゲイ・スタディーズ』青土社
- 上野千鶴子 1984「異人・まれびと・外来王——または『野生の権力理論』」『現代思想』一九八四年四月号、青土社（1985『構造主義の冒険』勁草書房に収録）
- 上野千鶴子 1985「〈外部〉の分節——記紀の神話論理学」桜井好朗編『大系 仏教と日本人 第1巻 神と仏——仏教受容と神仏習合の世界』春秋社

- 上野千鶴子 1987「めうと事して遊ぶ此里――江戸の戀」『言語生活』四二五号
- 上野千鶴子 1990「解説」『日本近代思想大系23 風俗 性』岩波書店
- 上野千鶴子・小倉千加子・富岡多恵子 1992『男流文学論』筑摩書房
- 上野千鶴子 1994『近代家族の成立と終焉』岩波書店
- 上野千鶴子 1996「セクシュアリティの社会学・序説」上野ほか編『岩波講座現代社会学10 セクシュアリティの社会学』岩波書店
- 上野千鶴子編 1997『キャンパス性差別事情――ストップ・ザ・アカハラ』三省堂
- 上野千鶴子 1998a『ナショナリズムとジェンダー』青土社／2012 新版、岩波現代文庫
- 上野千鶴子 1998b『発情装置――エロスのシナリオ』筑摩書房／2015 新版、岩波現代文庫
- 上野千鶴子・宮台真司 1999「対談 援助交際は売春か?」SEXUAL RIGHTS PROJECT 編『買売春解体新書――近代の性規範からいかに抜け出すか』つげ書房新社
- 上野千鶴子 2002『差異の政治学』岩波書店／2015 新版、岩波現代文庫
- 上野千鶴子編 2005『脱アイデンティティ』勁草書房
- 上野千鶴子 2006a『生き延びるための思想――ジェンダー平等の罠』岩波書店／2012 新版、岩波現代文庫
- 上野千鶴子 2006b「それでも『家族』は生きる」――斎藤環『家族の痕跡』書評『ちくま』四一八号、筑摩書房
- 上野千鶴子 2007「インタビュー ポルノグラフィと女性――表象と現実は地続きか?」〔永山・昼間 2007〕
- 上野千鶴子・蘭信三・平井和子編 2018『戦争と性暴力の比較史へ向けて』岩波書店

・内田樹 2006『私家版・ユダヤ文化論』文春新書
・浦河べてるの家 2005『べてるの家の「当事者研究」』医学書院
・江藤淳 1967『成熟と喪失──〝母〟の崩壊』（初版）河出書房／1988 河出書房新社／1993 講談社文芸文庫
・江原由美子 1985『女性解放という思想』勁草書房
・大塚英子 1995『「暗室」のなかで──吉行淳之介と私が隠れた深い穴』河出書房新社／1997 河出文庫
・大塚英子 1998『「暗室」日記』上・下、河出書房新社
・大塚英子 2004『「暗室」のなかの吉行淳之介──通う男と待つ女が織り成す極上の人生機微と二人の真実』日本文芸社
・大塚英志 1989『少女民俗学──世紀末の神話をつむぐ「巫女」の末裔』光文社カッパ・サイエンス／1997 光文社文庫
・奥本大三郎 1981「男の領分──『驟雨』小論」『ユリイカ』一九八一年十一月号、青土社
・小倉千加子 2001『セクシュアリティの心理学』有斐閣選書
・小倉千加子 2007『ナイトメア──心の迷路の物語』岩波書店
・落合恵美子 1994『21世紀家族へ──家族の戦後体制の見かた・超えかた』有斐閣選書／2004 第3版、有斐閣選書
・小野和子 1998『京大・矢野事件──キャンパス・セクハラ裁判の問うたもの』インパクト出版会
・小野登志郎 2004『ドリーム・キャンパス──スーパーフリーの「帝国」』太田出版
・角田光代 2004『対岸の彼女』文藝春秋／2007 文春文庫

- 勝間和代 2008『勝間和代のインディペンデントな生き方 実践ガイド』ディスカヴァー携書
- 加藤秀一 2006「性的身体ノート——〈男語り〉の不可能性から〈新しい人〉の可能性へ」〔鷲田ほか編 2006〕
- 加納実紀代 1987『女たちの〈銃後〉』筑摩書房／1995 増補新版、インパクト出版会
- 川上未映子 2009『ヘヴン』講談社／2012 講談社文庫
- 木村涼子 1990「ジェンダーと学校文化」長尾彰夫・池田寛編著『学校文化——深層へのパースペクティブ』東信堂（1994 井上輝子ほか編『日本のフェミニズム4 権力と労働』岩波書店に再録）
- 桐野夏生 2006『グロテスク』上・下 文春文庫／元本は 2003 文藝春秋
- 桐野夏生 2009『IN』集英社／2012 集英社文庫
- 倉塚曄子 1979『巫女の文化』平凡社選書／1994 平凡社ライブラリー
- 倉橋由美子 1965『聖少女』新潮社／1981 新潮文庫
- 高知新聞社編 1955『植木枝盛日記』高知新聞社
- 小島信夫 1988『抱擁家族』講談社文芸文庫／元本は 1965 講談社
- 小谷野敦 2005『帰ってきたもてない男——女性嫌悪を超えて』ちくま新書
- 金野美奈子 2000『OLの創造——意味世界としてのジェンダー』勁草書房
- 斎藤綾子 1998『愛より速く』新潮文庫／元本は 1981 JICC出版局
- 斎藤環 2006a『生き延びるためのラカン』バジリコ／2012 ちくま文庫
- 斎藤環 2006b『家族の痕跡——いちばん最後に残るもの』筑摩書房／2010 ちくま文庫
- 斎藤環 2008『母は娘の人生を支配する——なぜ「母殺し」は難しいのか』NHKブックス
- 斎藤環 2009『関係する女 所有する男』講談社現代新書

・斎藤美奈子 2002『文壇アイドル論』岩波書店／2006 文春文庫
・酒井順子 1996『マーガレット酒井の女子高生の面接時間』角川文庫
・酒井順子 2000『少子』講談社／2003 講談社文庫
・酒井順子 2003『負け犬の遠吠え』講談社／2006 講談社文庫
・桜庭一樹 2007『私の男』文藝春秋／2010 文春文庫
・佐藤裕 2005『差別論――偏見理論批判』明石書店
・佐野眞一 2003a『東電OL殺人事件』新潮文庫／元本は 2000 新潮社
・佐野眞一 2003b『東電OL症候群』新潮文庫／元本は 2001 新潮社
・佐野洋子 2008『シズコさん』新潮社／2010 新潮文庫
・サルトル、ジャン＝ポール 1966 白井浩司・平井啓之訳『サルトル全集 第三四巻 聖ジュネ――演技者と殉教者 I』『サルトル全集 第三五巻 聖ジュネ――演技者と殉教者 II』人文書院／1971 新潮文庫 上・下
・清水ちなみ 1997『お父さんには言えないこと』文藝春秋／2000 文春文庫
・白井裕子 2006「男子生徒の出現で女子高生の外見はどう変わったか――母校・県立女子高校の共学化を目の当たりにして」『女性学年報』二七号、日本女性学研究会
・鈴木道彦 1967「日本のジュネ――または他者化した民族」『新日本文学』一九六七年二月号（いいだ・もも編・解説 1967『現代人の思想第４ 反抗的人間』平凡社／鈴木道彦 1969『アンガージュマンの思想』晶文社に再録）
・鈴木道彦 2007『越境の時――一九六〇年代と在日』集英社新書
・鈴木由加里 2008『「モテ」の構造――若者は何をモテないと見ているのか』平凡社新書

・スペース・ニキ編 1980『ダディ』（上映用資料）スペース・ニキ
・清野初美 2009『話があるの――「分かりあいたい女」と男』創風社出版
・関根英二 1993『〈他者〉の消去――吉行淳之介と近代文学』勁草書房
・曾野綾子 1999「時代の風」『毎日新聞』朝刊、一九九九年二月七日
・竹村和子 2002『愛について――アイデンティティと欲望の政治学』岩波書店
・田嶋陽子 1986「父の娘と母の娘と」鷲見八重子・岡村直美編『現代イギリスの女性作家』勁草書房
・田中貴子 1998『日本ファザコン文学史』紀伊國屋書店
・田中美津 2004『いのちの女たちへ――とり乱しウーマン・リブ論』増補新装版、パンドラ／元本は 1972 田畑書店
・田中優子 2002『江戸の恋――「粋」と「艶気」に生きる』集英社新書
・谷崎潤一郎 1925『痴人の愛』改造社／2006 中公文庫
・田房永子 2015『男しか行けない場所に女が行ってきました』イースト・プレス
・ダラ・コスタ、ジョヴァンナ・フランカ 1991 伊田久美子訳『愛の労働』インパクト出版会
・永井荷風 1971『現代日本文學大系24 永井荷風集2』筑摩書房
・永井荷風 1972「四畳半襖の下張」『面白半分』第一巻第七号
・中島梓 1998『美少年学入門』増補新版、ちくま文庫
・中島京子・伊藤詩織 2018「中島京子の『扉をあけたら』」『本の窓』二〇一八年一月号、小学館
・中村うさぎ 1999『ショッピングの女王』文藝春秋／2001 文春文庫
・中村うさぎ・石井政之 2004『自分の顔が許せない！』平凡社新書
・中村うさぎ・倉田真由美 2005『うさたまの霊長類オンナ科図鑑』角川書店

- 中村うさぎ 2005『女という病』新潮社／2008 新潮文庫
- 中村うさぎ 2006『私という病』新潮社／2008 新潮文庫
- 中村うさぎ 2007a『鏡の告白』講談社
- 中村うさぎ 2007b『セックス放浪記』新潮社／2010 新潮文庫
- 永山薫 2006『エロマンガ・スタディーズ――「快楽装置」としての漫画入門』イースト・プレス
- 永山薫・昼間たかし編著 2007『2007－2008 マンガ論争勃発』マイクロマガジン社
- ナフィーシー、アーザル 2006 市川恵里訳『テヘランでロリータを読む』白水社／新装版 2017
- ナボコフ、ウラジーミル 2006 若島正訳『ロリータ』新潮文庫／元本は 2005 新潮社
- 信田さよ子 1998『愛情という名の支配――家族を縛る共依存』海竜社／新装版 2013
- 信田さよ子 2008『母が重くてたまらない――墓守娘の嘆き』春秋社
- 林真理子 1996『不機嫌な果実』文藝春秋／2001 文春文庫
- 林真理子 2000『ミスキャスト』講談社／2003 講談社文庫
- 林真理子・上野千鶴子 2001「マリコのここまで聞いていいのかな　林さん、もう『アグネス論争』では寝返ってもいいんじゃない?」『週刊朝日』二〇〇一年三月二日号、朝日新聞社
- 林真理子 2005a『アッコちゃんの時代』新潮社／2008 新潮文庫
- 林真理子 2005b「でもね、恋愛小説は」『朝日新聞』夕刊、二〇〇五年三月二二日
- 速水由紀子 1998『あなたはもう幻想の女しか抱けない』筑摩書房
- パンドラ編 1990『バトルセックス』現代書館
- 彦坂諦 1991『男性神話』径書房
- 深澤真紀 2009『自分をすり減らさないための人間関係メンテナンス術』光文社

- 藤川隆男編 2005『白人とは何か?――ホワイトネス・スタディーズ入門』刀水書房
- 伏見憲明 2007『欲望問題――人は差別をなくすためだけに生きるのではない』ポット出版
- 藤本箕山 1678『色道大鏡』/1976 野間光辰校注『日本思想大系60 近世色道論』岩波書店
- フリーターズフリー編 2010『フェミニズムはだれのもの?――フリーターズフリー対談集』人文書院
- 星野智幸 2006『虹とクロエの物語』河出書房新社
- 本郷和人 2006「アカデミズムとおたく」『メカビ』02、講談社
- 三浦展 2009『非モテ!――男性受難の時代』文春新書
- 水田宗子 1993『物語と反物語の風景――文学と女性の想像力』田畑書店
- 溝口明代・佐伯洋子・三木草子編 1992『資料日本ウーマン・リブ史1』松香堂書店
- 宮台真司ほか 1998『〈性の自己決定〉原論――援助交際・売買春・子どもの性』紀伊國屋書店
- 宮台真司 2006『制服少女たちの選択――After 10 Years』朝日文庫/元本は 1994 講談社
- 牟田和恵 2013『部長、その恋愛はセクハラです!』集英社新書
- モア・リポート編集部編 1990『モア・リポートNOW――女の性とからだの本』集英社/1992 モア・リポート班編、集英社文庫 全三巻
- 森岡正博 2005『感じない男』ちくま新書/2013 決定版、ちくま文庫
- 山田昌弘 1996『結婚の社会学――未婚化・晩婚化はつづくのか』丸善ライブラリー
- 山田昌弘・白河桃子 2008『「婚活」時代』ディスカヴァー携書
- 吉行淳之介 1985『砂の上の植物群』新潮文庫/元本は 1964 文藝春秋新社
- 鷲田清一・荻野美穂・石川准・市野川容孝編 2006『身体をめぐるレッスン2 資源としての身体』岩

波書店

〔外国語文献 abc順〕

- Atwood, Margaret, 1985, *The Handmaid's Tale.* Toronto: McClelland and Stewart. =1990 斎藤英治訳『侍女の物語』新潮社／2001 ハヤカワ epi 文庫
- Boston Women's Health Book Collective, 1984, *The New Our Bodies, Ourselves.* New York: Simon & Schuster. =1988 藤枝澪子監修、『からだ・私たち自身』日本語翻訳グループ訳『からだ・私たち自身』松香堂書店
- Dalby, Liza C., 1983, *Geisha.* Berkeley: University of California Press. = 1985 入江恭子訳『芸者――ライザと先斗町の女たち』TBSブリタニカ
- Deleuze, Gilles et Guattari, Félix, 1972, *L'anti-Œdipe: Capitalisme et Schizophrénie.* Paris: Editions de Minuit. =1986 市倉宏祐訳『アンチ・オイディプス――資本主義と分裂症』河出書房新社
- Duby, Georges et Perrot, Michelle, 1991, *Histoire des Femmes en Occident, 2 Le Moyen Âge.* Paris: Plon. = 1994 杉村和子・志賀亮一監訳『女の歴史2 中世I』藤原書店
- Fineman, Martha, A., 1995, *The Neutered Mother, the Sexual Family, and Other Twentieth Century Tragedies.* New York & London: Routlege. = 2003 上野千鶴子監訳・解説、速水葉子・穐田信子訳『家族、積みすぎた方舟――ポスト平等主義のフェミニズム法理論』学陽書房
- Foucault, Michel, 1976–84, *L'Histoire de la Sexualité,* Tome I–III. Paris: Editions Gallimard. = 1986–87 渡辺守章ほか訳『性の歴史』全三巻、新潮社
- Foucault, Michel, 1979–86, *The History of Sexuality, Volume 1–3,* translated by Robert Hurley. New York:

Vintage Books.

- Gay, Peter, 1984, *Education of the Senses: The Bourgeois Experince, Victoria to Freud.*New York: Oxford University Press. = 1999 篠崎実・鈴木実佳・原田大介訳『官能教育』1・2、みすず書房
- Girard, René, 1965, *Deceit, Desire, and the Novel: Self and Other in Literary Structure.* Baltimore: Johns Hopkins University Press. =1971 吉田幸男訳『欲望の現象学——文学の虚偽と真実』法政大学出版局
- Hite, Shere,1976, *The Hite Report: A Nationwide Study of Female Sexuality.* New York: Macmillan. = 1977 石川弘義訳『ハイト・リポート——新しい女性の愛と性の証言』パシフィカ
- Kerber, Linda, 1998, *No Constitutional Right to be Ladies: Women and the Obligations of Citizenship.* New York: Hills and Wang.
- Lévi-Strauss, Claude, 1949, *Les Structures Élémentaires de la Parenté.* Paris: Presses Universitaires de France. = 1977–78 馬渕東一・田島節夫監訳『親族の基本構造』上・下 番町書房
- Michael, R.T., Gagnon, J.H., Laumann, E.O. & Kolata, G., 1994, *Sex in America: A Definitive Survey.* New York: Little Brown and Co. = 1996 近藤隆文訳『セックス・イン・アメリカ——はじめての実態調査』日本放送出版協会
- Morrison, Toni, 1992, *Playing in the Dark: Whiteness and Literary Imagination.* Cambridge: Harvard University Press. = 1994 大社淑子訳『白さと想像力——アメリカ文学の黒人像』朝日新聞社
- Rich, Adrienne, 1986, *Blood, Bread & Poetry: Selected Prose 1979–1985.* New York: Norton. =1989 大島かおり訳『血、パン、詩。——アドリエンヌ・リッチ女性論 1979–1985』晶文社
- Rubin, Gayle, 1975, The Traffic in Women: Notes on the "Political Economiy" of Sex, in Rayna Reiter, ed., *Toward an Anthoropology of Women.* New York: Monthly Review Press. = 2000 長原豊訳「女たちによる

交通——性の『政治経済学』についてのノート」『現代思想』二〇〇〇年二月号

- Said, Edward W., 1978, *Orientalism.* New York: Pantheon Books. = 1986 今沢紀子訳『オリエンタリズム』平凡社／1993 平凡社ライブラリー 上・下
- Saint-Phalle, Niki de, 1994, *Mon Secret.* Paris: La Différence.
- Schultz, Pamela D., 2005, *Not Monsters: Analyzing the Stories of Child Molesters.* New York: Rowman & Littlefield Publishers. = 2006 颯田あきら訳『9人の児童性虐待者』牧野出版
- Sedgwick, Eve Kosofsky,1985, *Between Men: English Literature and Male Homosocial Desire.* New York: Columbia University Press. = 2001 上原早苗・亀澤美由紀訳『男同士の絆——イギリス文学とホモソーシャルな欲望』名古屋大学出版会
- Sedgwick, Eve Kosofsky, 1990, *Epistemology of the Closet.* Berkeley: University of California Press. =1999 外岡尚美訳『クローゼットの認識論——セクシュアリティの20世紀』青土社／2018 新装版
- Willis, Paul E., 1977, *Learning to Labour: How Working Class Kids Get Working Class Jobs.* London: Saxon House = 1985 熊沢誠・山田潤訳『ハマータウンの野郎ども——学校への反抗・労働への順応』筑摩書房／1996 ちくま学芸文庫

あとがき

社会学者という職業を、ときどき因業だと思うことがある。自分にとって気持ちのよいもの、美しいもの、心温まるものではなく、むしろ不快なもの、むかつくもの、許しがたいものを対象に選び、なぜそうなるのか、その謎を理解しようとしてしまう執念に取り憑かれるからだ。そしてもちろん、その作業にはまっているあいだは、自分自身も気分の悪い思いを味わう。

書き手にとってと同様、本書は多くの読者にとって、女にとっても男にとっても——とりわけ男にとって——不愉快な読書経験をもたらすだろう。なぜならそれは多くの男女が目をそむけていたいことがらのひとつだからだ。それを一冊の本の最初から最後まで通して、これでもか、と読まされる気分がよいわけがない。

不愉快な思いをして書き継ぎ、不愉快な思いをして読まなければならない本を書いたのはなぜか？　どんなに不快であれ、そこから目をそむけてはならない現実がそこにはあるからだ。そして、わたしたちがそれを知ることによって、それがどんなに困難でも、その現実を変えられる可能性があることを知っているからだ。

もし本書の読書体験が不愉快だとしたら、それはあなたがミソジニーとは何か、を知っているからにちがいない。もしそうでないとしたら、本書は見当違いで非現実的な記述に満ちていることになる。そうであったらどんなによいだろうか……。へぇえ、信じらんなーい、こんなばかげた時代があったただなんて、と読者が驚き呆れてくれたら、わたしが述べたことはすべて過去に属することになるだろうに。

こんなに不愉快な本を書くつもりはなかった。紀伊國屋書店出版部の編集者、有馬由起子さんの慫慂《しょうよう》で、ＰＲ誌『scripta』に連載を書くことになった。忘れたころに出る季刊の、中綴じの薄い小雑誌だ。思いがけずその連載が三年半もつづいた。わたしはこの目立たない雑誌で、読者を気にせずに書きたいことを書き継いだ。そうしてみたら、思いのほか、言いたいことがたくさんあることに気がついた。三年半の連載のあいだには、いつのまにか読者がついて、連載を心待ちにしてくださる人たちもあらわれた。他の連載執筆者には田中美津、伊藤比呂美、斎藤美奈子などが名を連ね、「日本で一番フェミ（ニズム）度の高い雑誌」とまで呼ばれたこともある。

本書の最大の功労者は、仕掛け人の有馬さんである。彼女の忍耐強くかつ緻密な仕事なしには、本書は日の目を見なかった。装丁は鈴木成一さんにお願いした。『スカートの下の劇場』（一九八九年）でわたしがひんしゅくを買う書き手としてブレイクしたとき、記憶にのこる装丁をしてくださった。あれから二〇年。原点回帰とも言える本書で、ふたたび鈴木さんと出会えるのはうれしい。連載中にコメントや情報を寄せてくださった、読者の方々にも感謝したい。

本書は予期しない読者と遭遇するだろう。そこで生まれる、困惑、怒り、不快感などの反応がわたしには目に浮かぶ。それだけでなく腑に落ちる納得や溜飲の下がる思いを味わう読者もいることだろう。共感も反感も含めて、本書には波紋を拡げてほしい。そのために本書は書かれたのだから。

二〇一〇年盛夏に

上野千鶴子

文庫版あとがき

単行本の刊行は二〇一〇年、それから八年経過した。通常、単行本が文庫になるまでの期間の標準は三年。何度か文庫化のオファーがあったが、そのつど初版の担当者、紀伊國屋書店の有馬由起子さんから、息長く動いている本ですから……と断られてきた。残念なことに、紀伊國屋書店には文庫の刊行部門がない。そこを何度もなんどもくりかえし、めげずに押し続けてくれたのが、朝日新聞出版の編集者、矢坂美紀子さんだ。初版のあとがきにも書いたが、本書は有馬さんの執念の産物。手放したくなかった気持ちはよくわかる。その気持ちを尊重して、わたしはオファーをそのつど断ってきた。そして文庫化は、矢坂さんの執念の成果。矢坂さんは、本書が文庫化によってもっと多くの読者に読まれることを期待し、新しい原稿を加えて増補版にすることを提案してくださった。おふたりとも、この本に惚れ込んでくれた。著者冥利に尽きる。

初版以来の刷り部数は計十二版およそ三万部。長く静かに読み継がれてきた。本書のおかげで「ミソジニー」という概念は日本語に定着し、パソコンで「三十路に」と変換されることは少なくなった。本書のタイトルにも目次にも「フェミニズム」という語はない。「フェミニズム」に抵抗のある読者にも本書は読まれ、「腑に落ちた」「よくわかった」と言ってもらえた。若い読者からは「新鮮だった」という反応があった。フェミニズムにとって常識になっているようなことがらが、今さら若い世代に「新鮮に」読まれることに、世代の断絶を感じるが、とはいえ、「家父長制」や「性差別」という用語で呼ばれていたことがらを、ホモソーシャル・ミソジニー・ホモフォビアの三点セットの概念装置で読みとくことは、目のさめるような経験だったにちがいない。初版でばらしたとおり、本書にはセジウィックのタネ本がある。だが本書の理論とその応用とは、ただの借り物ではない。セジウィックからアイディアは借りたが、わたし自身がオリジナルに展開したものだ。概念が借り物であることを恥じる必要は少しもない。わたしたちはこうやって文化や言語圏を超えて、互いに学び合ってきたのだから。そしてスピヴァクが言うように、それがどこで生まれたものであれ、使える概念はなんでも使い倒せばいいのだから。

刊行後、本書は韓国語と中国語簡体字（中国本土）、中国語繁体字（台湾）に翻訳された。どの国でもベストセラーになっていると聞く。情けないことだが、その事実は、東アジアの社会にはミソジニーが蔓延しているという共通性があることを示す。

韓国では二〇一六年にミソジニー殺人が起きた。ソウル市郊外江南《カンナム》にある男女共用の公衆便所にひそんでいた三〇代の男が、先に来た六人の男性をやり過ごした後、入ってきた見も知らぬ女性を、「女が自分を相手にしてくれない、女が憎い」という動機で刺し殺したという、悲惨な事件である。当局が変質者による事件として処理しようとしたところを、「ミソジニー殺人」と名付けてフレーミングしたのは、韓国の女性たちである。女だという理由だけで殺される……事件は女性たちを震撼させ、自分の過去の経験を思い出させた。殺人現場はにわかに聖地となり、おびただしい数の女性たちが訪れて、思い思いにポストイットにメッセージを書き込んだ。そこにはこんな文章が書かれている。

「十三年前、私もトイレで刃物を持った男に脅かされ、強姦の被害者になったが、死んではいない。ただ運が良かっただけだ」

「わたしは生き延びた、だからわたしは黙らない」

一週間後予報されていた雨の降る前に、ソウル市長の英断でこれらのポストイットはすべてソウル女性プラザに回収された。その一部は現在でも壁を天井まで埋めて展示されている。プラザでは、そのすべてをアーカイブ化する作業が進んでいると聞いた。

この事件の前に本書の韓国語版がすでに刊行されていた。江南の事件を「ミソジニー殺人」と定義するのに、本書はいくばくかの貢献があったことだろう。事件は本書の売り上げを加速した。そのためにわたしは読者とのトークの場へ招待されたぐらいだ。日本ではめったにお目にかからない二〇代、三〇代の若い女性たちが、食い入るように通訳つきのわたしのスピーチに聴き入った。フェミニストの集まりといえば年配の女性の多い日本を思い起こして、わたしは彼我の違いを感じたものだ。

本書を大学の授業や読書会のテキストに使ってくれるひとたちは多い。

中国では、本書を大学の授業の指定文献にしているという女性の研究者に招待されて、上海の復旦大学で講義したことがある。書物に書いたことを講義で繰り返すだけではつまらないと双方向の授業を試みて、「あなたの経験したミソジニーは?」と中国人の男女学生たちに問いかけた。ひとりの女子学生が答えた。

「生まれたとたんに、なんだ女の子か、と言われました。女の子の価値は生まれたときから男の子より安い。生まれたときからミソジニーは始まっているのです」と。

「女は天の半分を支える」と言われた共産中国でもそうなのだ。というより、改革開放が始まってあからさまな市場体制が導入されてから、そして一人っ子政策のもとでは、女性差別は強まっている。中国の出生性比は男児対女児が一一三・五対一〇〇(二〇一五年)。女の子は受胎時から選別され、胎児のあいだに中絶され、出生時に葬られているかもしれない、異常な数値である。

ミソジニーは普遍的だが運命的というわけではない。歴史や社会や文化によって変化する。誰でもこの概念ツールを使って、自分の属する社会の応用問題を解きたくなるだろう。そのくらい、この概念ツールの切れ味は抜群だからだ。「ああ、あれがホモソーシャルね」「やっぱり。ホモフォビアなんだ」「ミソジニーが原因か」と。

事実韓国では「韓国版ミソジニー」の書物が刊行されたと聞いた。同じように「中国のミソジニー」「台湾のミソジニー」等々が登場するとおもしろい。そしていつかミソジニーの比較文化論ができるとよい。たとえばタイでは同性愛者に対する社会的許容度が高いが、そういう社会のホモソーシャリティのあり方は、他の社会と違うかもしれない。徴兵制のある韓国では「軍事化された男性性」の構築が問題になっているが、徴兵制のある社会とない社会でのホモフォビアのあり方には違いがあるかもしれない。そしてそのような微細な違いや亀裂から、ミソジニーからの脱洗脳の契機が垣間見えるかもしれない……。

本書に力のこもった解説を書いて下さった中島京子さんも、「私の経験したミソジニー」に言及してくださった。本書は読者の「当事者研究」を誘発するだろう。誰でも思い当たることがあるはずだから。

本書が解読可能であるかぎり、家父長制とミソジニーの重力圏から、読者は自由ではないだろう。やがて将来、本書が、理解することのできない、ふしぎな時代のふしぎな証言であるような時代は来るだろうか？

上野千鶴子

解説
自分を嫌いになる前に

中島京子

本書は、上野千鶴子さんが二〇一〇年に出版された本の文庫化である。

文庫化にあたって、最近書かれたものを急遽入れることになったと、担当編集の方から送られてきたのが、「諸君！　晩節を汚さないように――セクハラの何が問題か？」だった。単行本出版から八年が経過しているというのに、日本を覆う「ミソジニー」は一向に衰える気配もないどころか、ジャーナリスト伊藤詩織さんが元ＴＢＳワシントン支局長による準強姦を告発（刑事では不起訴、現在は民事事件として係争中である）した著書を出し、それに続いて何人かの有名な女性が自らの体験を語り、そして財務事務次官によるテレビ局記者へのセクハラがあって、この国に女性として暮らしているのがつらいと再認識させられる話題が重なったので、それらへの言及なしにこの文庫本を出版するわけにいかなくなったのだろう。

だから、私が文庫解説を書いているいまも、上野さんは歯ぎしりして怒っているのではないかと想像してしまう。その後も、著名な文芸評論家による早稲田大学院生へのセクハラ／アカハラ問題が浮上し、自民党の女性議員・杉田水脈《みお》氏が伊藤詩織さんには「落ち度」があると元TBS社員を擁護してツイッターは炎上（もちろん、その後のLGBT関連の言説で杉田氏はさらに悪名を高くしたわけだが）、そして極めつけは東京医科大学の「女子受験者一律減点」が発覚し、毎日、毎時間、毎分、これでもか、これでもかと、この国の女性差別の実態を鼻先に突きつけられている状態なのである。

嗚呼！

思えば小学校の教室で、何か理不尽なことに抵抗すべく、立ち上がって意見を述べようとするわたしに対して、何度、「女のくせに黙ってろ」という言葉が飛んできたものだったか。その制止を振り切ってさらに何か言おうとすると「ブス！」という決定的な評価が下されたものでした。「ブス！」というのは、なにかこう、それを言われたらもうおしまい、退場、のニュアンスが込められていて、口にしている男子にしてみれば、「女のくせに黙ってることもできないおまえなんか、もう女ですらない。女以下。ブス。無用。価値なし。退場」という意味だったのだろうと思われる。しかし、小学校五年生のわたしは勝気で、「ブス！」と言われたくらいで黙ろうとはしなかったため、「ブース！　ブース！　ブース！　ブース！　ブース！　ブース！」と、何回だったか忘れたけれども、わたしの発言を一言たりとも聞かないという態度を示す数だけの「ブス！」が放たれた日のことを、本書を読んで忘却の彼方から思い出してしまった。

かわいそうすぎる、五年生の自分。あんた、あの日、「ニッポンのミソジニー」の犠牲になったんだよ。

そのように記憶を発動させていき、「ああ、あのときも嫌だった」「このときもつらかった」と際限なくいろいろ思い出していくことを思うと、社会学者というお仕事はほんとうに大変だなあと思う。その大変さについて、上野さんは、まさに「あとがき」で書いていていらっしゃるわけだけれども。

しかし、本書を読むのがまったくの「不愉快な体験」（わたしが書いたのではなく、「あとがき」から引用しているのです）であるとは、わたしは思わなかった。自分の経験のいろいろな場面が、本書によってハラリと読み解かれる感覚は、ある種の快感も伴う。

三〇代の初めまで、会社勤めをしていた。雑誌社だった。とうぜん女性社員も多い職場だったから、待遇面で差をつけられることはなかったし、他業種に比べれば女性管理職の数も多かった。しかし、それとはべつに、セクハラは蔓延していたから、その不愉快さを思い出して書いてもいいのだけれども、そうではなくて、こんなことを思い出す。

月刊誌の編集部は忙しく、撮影や入稿や校了のころにはなんとなく殺気立っている。アルバイトの女性を一人雇って補助作業をしてもらっていたのだが、この女性があまり勤勉なほうではなかった。どこかへお茶を飲みに行っていたり、給湯室で同期アルバイトと歓談にいそしんだりしている。定時で仕事は終わりだが、男性社員のアフター5の誘いなどには積極的につきあう。しかし、雑誌の都合でちょっとしたモデル的な人材が必要なときは、有用でもあった。美人でスタイルがよかったのだ。だから、「ごめん、読者モデルが急に一人来られなくなったから、○○さん、スタジオに来てくれる？」なんて頼みごとをすると、「ハァイ」と愛想よくスタジオに直行する。性格は明るいのだが、結果、事務作業は滞る。そこである日、わたしの隣の席の同僚男性が、たまりかねて編集長に進言した。

「これじゃ、仕事が回んねえっすよ。そろそろ、観賞用じゃねぇアルバイトも一人、雇いましょうよ」

観賞用。その場にいたスタッフは全員笑った。男も女も。

言い得て妙だと感じたからだ。

この元同僚男性は、もちろんニッポンの男の典型であるような、ホモソーシャル、ホモフォビア、ミソジニーの三点セットを体現する人ではあったが、なかなか言葉のセンスもあったし、なんというか、お上手だった。というのは、その場にいた女性スタッフはわたしも含めて、「観賞用」に笑いながらどこかで自尊心をくすぐられたからだ。「わたしたちは観賞用ではない。わたしたちは編集やヘアメイクやスタイリングや校正や、そういった仕事の能力を評価されてここにいる。きれいなだけで使えないあの子とは違う」と思われてる」。そう感じることは不快ではなかった。ただ、同時に、男性の同僚たちが、美人でスタイルのいいアルバイトの女の子を毎日「観賞」できることを喜んでいるという事実も、不思議な程抵抗なく受け入れていた。

件の彼女に彼の発言を聞かせることはなかったが、もし耳に入ったとしても、「この編集部で男たちの『観賞』に値するのはわたしだけだ」と、逆方向から自尊心をくすぐられたかもしれない。あるいは少し言葉のトゲを感じただろうか。

この、ごく些細なエピソードを思い出したのは、わたしがまさに「自分で達成する価値と、他人つまり男から与えられる価値との両方が必要」な時代（当時はそれが始まったとされる九〇年代半ばだった）に生きていると感じたからだ。同僚男性に「観賞されたい」と直接的に願ったことはないが、彼らが女性を「観賞用アルバイト」と呼ぶことにまったく抵抗を覚えなかった事実は、わたしの内面に「ニッポンのミソジニー」が深く浸透していることを示してはいないだろうか。

ところで本書の三一〇ページに、唐突に自分の名前が登場して驚いたのだが、たしかにわたしは雑誌の企画で伊藤詩織さんと対談したことがあり、「もし、私たちの世代がちゃんと声を上げていれば、社会も少しは変わっていたかもしれない」と発言した。これは実感で、わたしが二〇代だったころと何一つ変わらないセクハラの現状を若い女性が耐えている事実に、情けない気持ちになったからだ。

わたしが若いときにおそろしかったのは、実際のセクハラももちろんだが、それを上手にいなしてこそ仕事のできる女だと考えている年上の女たちだった。そんなことは折り込み済みで業界に入ってきたんだろう、セクハラごときでガタガタすんな、ここはあんたみたいなケツの青いお嬢ちゃんが来るとこじゃないんだよ。みたいなオーラを漂わせる女の先輩というのがいて、「嫌ならとっととやめな」と言われそうで、怖かった。だから、そういう「先輩」には、できればなりたくないと思っている。

こうした問題は、マスコミ業界やハリウッドのような、一見派手に見える世界だけの話なんかではない。先日、わたしは介護ヘルパーをしている友だちと会ったのだが、彼女が突然、堰を切ったように「#MeToo」を始めた。ヘルパーとして独り暮らしの男性の家に行くと、ひどい勘違いをされることがあるのだという。家で自分の世話をする女は、妻か愛人のように扱っていいと思っている老人男性は少なからずいるのだ。着替えの介助でパンツを脱がすなら、その先もやってくれ、とでもいうように。相手が認知症ならかわしようもあるが、問題は意識もはっきりしていて力もそこそこある老人のほうだという。

「だけど、『プロならそんなことくらいやり過ごせ』とか『若い子じゃあるまいし、自意識過剰じゃないか』という反応が返るかと思うと、上司にも言いにくくて」

と、彼女はこぼした。

ああ、ここにも「ニッポンのミソジニー」ありと、わたしは思った。まさに、ミソジニーの中を、わたしたちは毎日泳ぐようにして生きているのだ。

本書を読むことの効用は、それが、甘受すべき自明のことではないことを証明してくれるところだ。たしかに、わたしたちはみんなミソジニーに汚染された世界に育っていて、来たるべき人間像はまだ定かではないのだろう。モテたいと思ったり、自己嫌悪に陥ったり、母を恨んでみたり、いろいろグダグダしながら進むしかない。

でも、もし、何かのせいで、自分のことを嫌いになりそうになったら、あるいは、すでにじゅうぶん、自分を肯定できずに苦しんで歳月を送っているのであれば、「女ぎらい　ニッポンのミソジニー」と向き合ってみることをおすすめする。

植えつけられてしまった「女ぎらい」が自分を嫌わせているだけで、自分はその「女」になる必要はないのかもしれない、自分はもっと愛するに値する存在なのかもしれないと、気づくきっかけになるのではないだろうか。

（なかじま　きょうこ／作家）

女《おんな》ぎらい　ニッポンのミソジニー　朝日文庫

2018年10月30日　第1刷発行

著　者　上野千鶴子《うえのちづこ》

発行者　須田　剛
発行所　朝日新聞出版
〒104-8011　東京都中央区築地5-3-2
電話　03-5541-8832（編集）
03-5540-7793（販売）
印刷製本　大日本印刷株式会社

ISBN978-4-02-261943-3

朝日文庫

上野 千鶴子

身の下相談にお答えします

家族関係、恋愛問題、仕事のトラブル……あなたの悩みを丸ごと解決。朝日新聞土曜別刷be人気連載「悩みのるつぼ」から著者担当の五〇本を収録。

上野 千鶴子

また 身の下相談にお答えします

夫がイヤ、子無し人生へのバッシング、夫婦の老後問題など、読者の切実な悩みの数々に、明快に答える。上野教授ならではの痛快な人生相談。

上野 千鶴子

老いる準備

介護すること されること

ベストセラー『おひとりさまの老後』の著者による、安心して「老い」を迎え、「老い」を楽しむための知恵と情報が満載の一冊。《解説・森 清》

上野 千鶴子／小笠原 文雄

上野千鶴子が聞く 小笠原先生、ひとりで家で死ねますか？

がんの在宅看取り率九五％を実践する小笠原医師に、おひとりさまの上野千鶴子が六七の質問。類書のない「在宅ひとり死」のための教科書。

信田 さよ子

共依存

苦しいけれど、離れられない

愛という名のもとに隠れた支配「共依存」の罠を解明し、引きこもり、アルコール依存症、ＤＶに悩む家族を解決へと導く。《解説・熊谷晋一郎》

信田 さよ子

あなたの悩みにおこたえしましょう

結婚への不安、ＤＶ被害、親子関係、依存症……。人生のさまざまな悩みに、ベテランカウンセラーがＱ＆Ａ方式で対応策を提示。《解説・酒井順子》